財務諸表のための価格調査に関する実務指針

企業会計のための時価評価

編著 社団法人 日本不動産鑑定協会
財務諸表に係る鑑定評価等対応特別委員会

まえがき

　1960年代、欧米において世界的に展開する資金の移動や企業間の提携、資本投資等国境を超えた統一的会計基準の必要性が高まってきました。その後70年代に入り、わが国を含む先進国の会計専門家団体が、国際的に統一された会計基準の策定に努めてきました。

　わが国では2005年、国際的な会計基準のコンバージェンスに合意し、2007年には国際財務報告基準（IFRS）と日本の会計基準との差異をなくすという合意に至りました。これにより、わが国では2011年6月より国際財務報告基準（IFRS）と同様の会計基準が採用されることとなり、企業連携、投資等において、財務会計分野の国際競争力を具備する環境が整うことになります。

　また、わが国の財団法人財務会計基準機構では、このような国際化の進展とあわせて、2002年には「固定資産の減損に係る会計基準」、2008年には「棚卸資産の評価に関する会計基準」、2010年には「賃貸等不動産の時価等の開示に関する会計基準」「企業結合に関する会計基準」を順次公表してきました。

　社団法人日本不動産鑑定協会では、財務諸表に係る鑑定評価等対応特別委員会をもって、これらの会計基準が公表される都度、各会計基準に対応した不動産評価に関する実務指針を作成し、会員に対して研修を行ってきました。

　さらに国土交通省では、2009年3月に国土審議会土地政策分科会不動産鑑定評価部会報告「社会の変化に対応したよりよい鑑定評価に向けて」が公表されたことを受けて、同年8月に「不動産鑑定士が不動産に関する価格等調査を行う場合の業務の目的と範囲等の確定及び成果報告書の記載事項に関するガイドライン」を発出しました。このガイドラインによって、「鑑定評価基準にすべて則った鑑定評価」と「鑑定評価基準に一部則らない価格等調査」（鑑定評価基準に則っている程度により調査内容はさまざま）が、峻別されることとなりました。

まえがき

　財務諸表を通じて投資家をはじめとする一般社会に与える影響が大きいことから、国土交通省においては、2009年12月に目的別ガイドラインのひとつとして、「財務諸表のための価格調査の実施に関する基本的考え方」を発出しました。

　日本不動産鑑定協会では、固定資産の減損、棚卸資産の評価は既に実務指針を作成公表しているところから、前記「基本的考え方」のうちの賃貸等不動産を対象にして、2010年1月に「賃貸等不動産の時価等の開示に関する価格調査の実務指針」をとりまとめ、同年3月31日からの適用に間に合わせました。

　このたび財務諸表に係る鑑定評価等対応特別委員会では、過去にとりまとめた財務諸表関連評価の実務指針について、その後の会計基準の修正、鑑定評価基準の改正やガイドラインの発出等を勘案して、全般的な見直しを行うとともに、それらを1冊に編綴し出版することといたしました。

　なお、本書のうちの意見に当たる部分は、前記特別委員会の見解にとどまるものであることをお断りしておきます。

　今後は、財務諸表関連の不動産評価の必要性と相まって、評価の透明性、信頼性等がいっそう高く要求されるものと思われます。本書が不動産鑑定士だけでなく、企業の総務財務会計等の担当者、企業評価の研究者等にも理論と実務の両面から、役立つことを期待しています。

　本書の出版に当たっては、日本不動産鑑定協会の井野好伸主任研究員、事務局鷲巣誠一課長、本橋一久課長、住宅新報社実務図書編集部の方々のご尽力をいただきましたことに深く感謝を申し上げます。

　平成22年5月
　　　　　　　　　社団法人日本不動産鑑定協会副会長
　　　　　　　　　財務諸表に係る鑑定評価等対応特別委員会委員長
　　　　　　　　　　　　　　　　　緒方　瑞穂

財務諸表に係る鑑定評価等対応特別委員会　委員及び担当

岩指　良和	㈶日本不動産研究所	Ⅰ-9、Ⅱ-2	
	（2010年3月31日まで）		
岩田　祝子	東急不動産㈱	Ⅰ-9、Ⅱ-2	
橘田　万里惠	三菱UFJ信託銀行㈱	Ⅱ-1、Ⅱ-3	
杉浦　綾子	㈱緒方不動産鑑定事務所	Ⅰ-1～8	
森井　正太郎	森井総合鑑定㈱	Ⅱ-4	
安　智範	㈱ときわ綜合事務所	Ⅱ-1、Ⅱ-3	

企業会計のための時価評価
―― 財務諸表のための価格調査に関する実務指針 ――

目　次

まえがき

I. 総　論

1. 背景・目的 …………………………………………………………………… 8
2. 本実務指針の位置づけ ……………………………………………………… 10
3. 用語の定義 …………………………………………………………………… 12
4. 財務諸表のための評価業務における各種概念の整理 …………………… 16
　　4-1.「不動産の鑑定評価に関する法律」と「価格等調査ガイドライン」に
　　　　おける評価業務概念の整理 …………………………………………… 16
　　4-2.「財表価格調査の基本的考え方」における評価業務概念の整理 …… 17
5. 適用範囲 ……………………………………………………………………… 21
6. 重要性の確認 ………………………………………………………………… 22
7. 不動産鑑定士による「財務諸表のための価格調査」運用上の留意点 … 23
　　7-1. 不動産鑑定業者選定に当たっての留意事項（審査体制、利害関係等）… 24
　　7-2. 依頼書兼承諾書と標準委託約款について ………………………… 27
　　7-3. 受託審査について ……………………………………………………… 30
　　7-4. 確認書について ………………………………………………………… 31
　　7-5. 報告書審査について …………………………………………………… 34
8. 原則的時価算定（鑑定評価基準に則らない価格等調査）成果報告書記載例 … 35
9. 原則的時価算定とみなし時価算定 ………………………………………… 43
　　9-1. 原則的時価算定 ………………………………………………………… 43
　　9-2. みなし時価算定 ………………………………………………………… 61
　　9-3. その他 …………………………………………………………………… 67

II. 各 論

II-1. 固定資産の減損に関する価格調査 ……… 70
1. 背景・目的 ……… 70
2. 減損会計基準等の概要 ……… 72
3. 価格調査が求められる場面 ……… 82
4. 対象不動産の確定 ……… 88
5. 価格調査の時点 ……… 90
6. 求める価格の種類又は価格を求める方法 ……… 91
7. 依頼受付時の留意事項 ……… 94
8. 正味売却価額における時価の価格調査を行うに際しての留意事項 ……… 97

II-2. 棚卸資産（販売用不動産等）に関する価格調査 ……… 109
1. 背景・目的 ……… 109
2. 棚卸資産会計基準等の概要 ……… 111
3. 価格調査等が求められる場面 ……… 114
4. 対象不動産の確定 ……… 116
5. 価格調査の時点 ……… 118
6. 求める価格の種類又は価格を求める方法 ……… 119
7. 依頼受付時の留意事項 ……… 121
8. 価格調査を行うに際しての留意事項 ……… 125

II-3. 賃貸等不動産に関する価格調査 ……… 134
1. 背景・目的 ……… 134
2. 賃貸等不動産会計基準等の概要 ……… 136
3. 価格調査が求められる場面 ……… 140
4. 対象不動産の確定 ……… 144
5. 価格調査の時点 ……… 144
6. 求める価格の種類又は価格を求める方法 ……… 145
7. 依頼受付時の留意事項 ……… 147
8. 価格調査を行うに際しての留意事項 ……… 150

II-4. 企業結合等に関する価格調査 ……………………………………… 156
1. 背景・目的 …………………………………………………………… 156
2. 適用時期等 …………………………………………………………… 157
3. 基本原則 ……………………………………………………………… 158
4. 用語の定義 …………………………………………………………… 158
5. 価格調査が求められる場面 ………………………………………… 159
6. 価格調査を行うに際しての留意事項 ……………………………… 162
7. 今後の見通し ………………………………………………………… 164

III. 資　料

- 財務諸表の価格調査の実施に関する基本的考え方 ……………………… 167
- 不動産鑑定士が不動産に関する価格等調査を行う場合の業務の目的と
  範囲等の確定及び成果報告書の記載事項に関するガイドライン ……… 177
- 不動産鑑定士が不動産に関する価格等調査を行う場合の業務の目的と
  範囲等の確定及び成果報告書の記載事項に関するガイドライン運用上
  の留意事項 ……………………………………………………………………… 189
- 「価格等調査ガイドライン」の取扱いに関する実務指針 ………………… 201
- 不動産鑑定業者の業務実施態勢に関する業務指針 ………………………… 217
- 不動産鑑定士の役割分担等及び不動産鑑定業者の業務提携に関する
  業務指針 ………………………………………………………………………… 227
- 価格等調査業務の契約書作成に関する業務指針 …………………………… 237

I. 総論

I. 総論

1. 背景・目的

　企業会計基準のグローバル化の進展は、特に 2002 年の国際会計基準審議会(IASB)[*1]と米国財務会計基準審議会(FASB)[*2]が、国際財務報告基準(IFRS)[*3]と米国基準との中長期的な統合に向けて合意(「ノーウォーク合意」)した以降、急激にその収斂の速度を速めている。

　わが国も、2005 年、企業会計基準委員会(ASBJ)[*4]と国際会計基準審議会(IASB)が会計基準のコンバージェンス(収斂)に向けて合意を行って以降、その取り組みを進めてきたが、2007 年、企業会計基準委員会(ASBJ)と国際会計基準審議会(IASB)は、さらに国際財務報告基準(IFRS)と日本基準の差異を 2011 年 6 月までになくすという新たな合意(「東京合意」)を公表した。

　このような状況の中で、2009 年、国土交通省国土審議会は、国土審議会土地政策分科会不動産鑑定評価部会報告書「社会の変化に対応したよりよい鑑定評価に向けて」(以下「国土審議会報告書」という。)を公表し、不動産鑑定士及び不動産鑑定業者に対し、企業会計基準のグローバル化の進展に伴う不動産の時価評価の一部義務化に適切に対応するよう求めている。

(表 1　わが国における不動産の時価評価に関連する企業会計基準)

		公表(修正)年月	適用年度の開始日
①	固定資産の減損に係る会計基準	2002 年 8 月	2005 年 4 月 1 日
②	棚卸資産の評価に関する会計基準 (企業会計基準第 9 号)	2008 年 9 月	2008 年 4 月 1 日
③	賃貸等不動産の時価等の開示に関する会計基準 (企業会計基準第 20 号)	2008 年 11 月	2010 年 3 月 31 日
④	企業結合に関する会計基準 (企業会計基準第 21 号)	2008 年 12 月	2010 年 4 月 1 日

(財)財務会計基準機構；https://www.asb.or.jp/asb/asb_j/documents/accounting_standards/

[*1] 国際会計基準審議会 (International Accounting Standards Boards；IASB)
[*2] 米国財務会計基準審議会 (Financial Accounting Standards Board；FASB)
[*3] 国際財務報告基準 (International Financial Reporting Standards；IFRS)
[*4] 企業会計基準委員会 (Accounting Standards Board of Japan；ASBJ)

I. 総論

　また、このような企業会計における不動産の時価評価の一部義務化は、同時に、企業保有不動産の効率的な活用を促すことにもなり、企業のCRE戦略[*5]のための鑑定評価や関連サービスへのニーズの増大も期待されている。

　なお、国土審議会報告書が、「財務諸表のための価格調査」に特に求めている要請事項は次の3点である。

（社会的な要請）

　「財務諸表のための価格調査」は、財務諸表を通じて投資家や債権者等社会の広い範囲の者に影響を与えるため、これを前提としたより信頼性の高い鑑定評価等業務が求められる。

（依頼者からの要請）

　企業会計における不動産の時価評価の一部義務化のみならず、CRE戦略の進展は、従来、鑑定評価等を依頼することのなかった企業等からの依頼増加を生じさせると推測される。したがって、鑑定評価等の発注に慣れていない依頼者でも、適切に鑑定業者を選択し、安心して依頼を行い、その結果を入手することができる環境作りが求められる。

（技術的な要請）

① 広範囲に存在する大量の不動産を同時に共通視点で時価評価を行うことが少なからず求められる。

② 不動産の評価のみならず、企業会計制度にもある程度通じた知識が求められる。

　本実務指針はこのような要請を受けて、国土交通省が公表した「不動産鑑定士が不動産に関する価格等調査を行う場合の業務の目的と範囲等の確定及び成果報告書の記載事項に関するガイドライン」（以下「価格等調査ガイドライン」という。）及び「財務諸表のための価格調査の実施に関する基本的考え方」（以下「財表価格調査の基本的考え方」という。）に基づき、財務諸表の作成や企業会計に関連して、不動産鑑定士が価格調査を行う場合の実務指針として取りまとめたものである。[*6]

[*5] CRE（Corporate Real Estate）戦略とは、企業が利用（所有・貸借）する不動産、すなわち企業不動産について、「企業価値向上」の観点から経営戦略的視点に立って見直しを行い、不動産投資の効率性を最大限向上させていこうという考え方を示すもの。―国土交通省「企業不動産の合理的な所有・利用に関する研究会報告書（平成19年3月）より―

[*6] 当該「財務諸表のための価格調査の実施に関する基本的考え方」は、当初「価格等調査ガイドライン」の目的別ガ

2. 本実務指針の位置づけ

本実務指針の位置づけをまとめると図1のようになる。

(図1 不動産鑑定評価基準[*7]、価格等調査ガイドライン、財表価格調査の基本的考え方、実務指針、業務指針等の位置づけ)

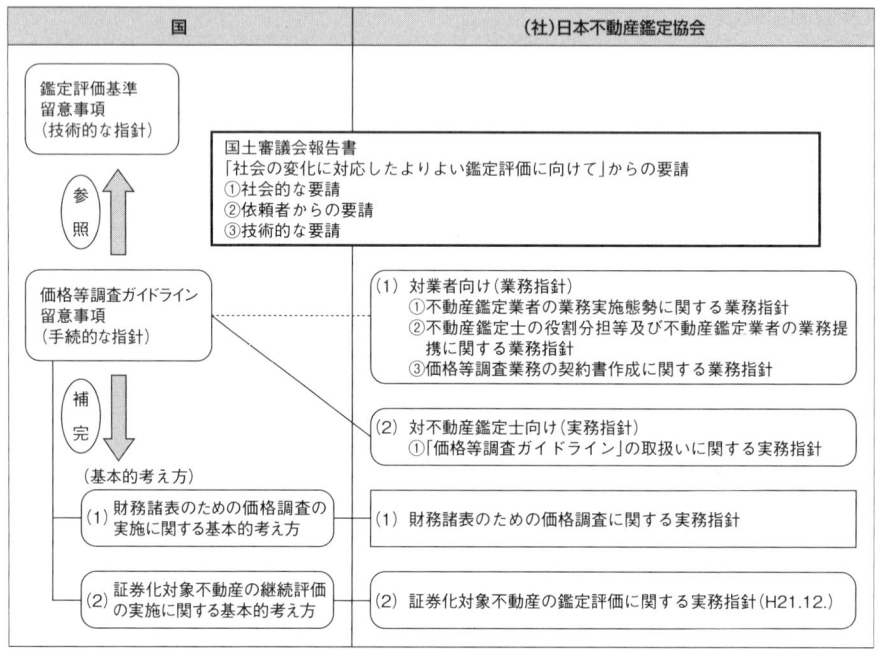

国は、国土審議会報告書の要請を受け、「価格等調査ガイドライン」及び目的別価格等調査の実施に関するルールについての基本的な考え方として「財表価格調査の基本的考え方」、「証券化対象不動産の継続評価の実施に関する基本的考え方」[*8]の整備を行ったが、これに対応して、社団法人日本不動産鑑定協会(以下「鑑定協会」という。)は、各種業務指針及び実務指針を作成した。

イドラインの1つである「財務諸表のための価格調査に関するガイドライン」として2009年7月9日から同年8月7日、パブリックコメントの募集に付されたが、その後、ガイドラインに替わる「実施に関する基本的考え方」として発出公表された。
[*7] ここでいう不動産鑑定評価基準は、不動産鑑定評価基準と不動産鑑定評価基準運用上の留意事項を含んだものを指す(以下、「鑑定評価基準」と略す)。

I. 総論

　本実務指針は、このうち、「財表価格調査の基本的考え方」に対応した実務指針である。

　なお、国が公表した「ガイドライン」及び各種目的別「基本的考え方」に対応する鑑定協会の指針の位置づけをまとめると概ね表2のとおりとなる。

(表2　鑑定協会の指針の種類)

① 業務指針	不動産鑑定業者が、鑑定業等実務を行うに当たり指針とすべきものとして、かつ当該実務の適正さを確認するための指針として㈳日本不動産鑑定協会が公表するものである。 鑑定業等実務を行う際には、原則として準拠するものとする。
② 実務指針	不動産鑑定士が、鑑定評価等実務を行うに当たり指針とすべきものとして、かつ当該実務の適正さを確認するための指針として㈳日本不動産鑑定協会が公表するものである。 鑑定評価等実務を行う際には、原則として準拠するものとし、準拠できない場合又は他の方法に拠る場合には、その根拠を明示しなければならない。

---

*8「ガイドライン」は、不動産の鑑定評価に関する法律第3条第1項に規定する不動産の鑑定評価であるか、同条第2項に規定するいわゆる隣接・周辺業務であるかを問わず、価格等調査を行う場合に、不動産鑑定士が従うべき業務の方法等を示すものであり、鑑定評価基準に則った鑑定評価を行う場合でも、鑑定評価基準のほか、「ガイドライン」にも従うものとされている。各種の目的別「基本的考え方」は、「価格等調査ガイドライン」を適切に実行するための具体的方法についての考え方を提示したものであり、鑑定評価基準に拠るべき場合も含め、目的に応じた最低限の評価手法・手順を具体的に提示したものである。ただし、「基本的考え方」は、現時点において遵守することが適当と考えられる事項をまとめたものであるため、国土交通省は今後の実務状況を踏まえ、必要に応じて検討を加える予定でもある。なお、「価格等調査ガイドライン」は、不当鑑定か否かを判断する際の判断根拠として鑑定評価基準同様、処分基準に新たに取り入れられている。財務諸表のための価格調査又は証券化対象不動産の継続評価が、「価格等調査ガイドライン」に適切に従っているかどうかの具体的な判定は、目的別「基本的考え方」に沿っているかどうかを一つの実質的な考慮材料として判断される（すなわち、「基本的考え方」に準拠していないことをもって直ちに不当鑑定となるものではないが、逸脱理由については合理的に説明できるようにしておく必要がある）。

3. 用語の定義

用　　語	定　　義
不動産鑑定士が不動産に関する価格等調査を行う場合の業務の目的と範囲等の確定及び成果報告書の記載事項に関するガイドライン	国土交通省より公表されたガイドライン。(前記2．本実務指針の位置づけ参照) 本実務指針においては「価格等調査ガイドライン」という。 なお、不動産の鑑定評価に関する法律、鑑定評価基準、価格等調査ガイドライン、「財表価格調査の基本的考え方」における評価業務の概念整理については、後記図3 (P18) 参照。
財務諸表のための価格調査の実施に関する基本的考え方	国土交通省より公表された価格調査の実施に関する基本的考え方。 (前記2．本実務指針の位置づけ参照) 本実務指針においては「財表価格調査の基本的考え方」という。 ＊6 (P9)、＊8 (P11) 参照。
企業会計基準等	次に掲げる基準、指針等をいう。 (固定資産の減損関連) ① 「固定資産の減損に係る会計基準及び同注解」 　企業会計審議会 H14.8.9. ② 「固定資産の減損に係る会計基準の適用指針」 　企業会計基準適用指針第6号 (棚卸資産関連) ③ 「棚卸資産の評価に関する会計基準」 　企業会計基準第9号 ④ 「販売用不動産等の評価に関する監査上の取り扱い」 　監査・保証実務委員会報告第69号 (賃貸等不動産関連) ⑤ 「賃貸等不動産の時価等の開示に関する会計基準」 　企業会計基準第20号 ⑥ 「賃貸等不動産の時価等の開示に関する会計基準の適用指針」 　企業会計基準適用指針第23号 (企業結合関連) ⑦ 「企業結合に関する会計基準」 　企業会計基準第21号 ⑧ 「事業分離等に関する会計基準」 　企業会計基準第7号 ⑨ 「企業結合会計基準及び事業分離等会計基準に関する適用指針」 　企業会計基準適用指針第10号 ⑩ 「連結財務諸表に関する会計基準」 　企業会計基準第22号

I．総論

用　語	定　義
固定資産	有形固定資産、無形固定資産及び投資その他の資産が含まれる。 (企業会計基準適用指針第6号第68項)
棚卸資産	企業がその営業目的を達成するために所有し、かつ、売却を予定する資産のほか、従来から棚卸資産に含められてきた販売活動及び一般管理活動において短期的に消費される事務用消耗品等も棚卸資産に含まれる。 (企業会計基準第9号第3項及び30項) 棚卸資産のうち、販売用不動産等は次のように定義されている。 販売用不動産等とは、販売用不動産及び開発事業等支出金（未成工事支出金等で処理されているものを含む）をいう。 (監査・保証実務委員会報告第69号)
賃貸等不動産	棚卸資産に分類されている不動産以外のものであって、賃貸収益又はキャピタルゲインの獲得を目的として保有されている不動産（ファイナンス・リース取引の貸手における不動産を除く）をいう。したがって、物品の製造や販売、サービスの提供、経営管理に使用されている場合は賃貸等不動産には含まれない。 (企業会計基準第20号第4項) 賃貸等不動産には、次の不動産が含まれる。 (1)　貸借対照表において投資不動産（投資の目的で所有する土地、建物その他の不動産）として区分されている不動産 (2)　将来の使用が見込まれていない遊休不動産 (3)　上記以外で賃貸されている不動産 (企業会計基準第20号第5項) 賃貸等不動産には、将来において賃貸等不動産として使用される予定で開発中の不動産や継続して賃貸等不動産として使用される予定で再開発中の不動産も含まれる。また、賃貸を目的として保有されているにもかかわらず、一時的に借手が存在していない不動産についても、賃貸等不動産として取り扱う。 (企業会計基準第20号第6項) 不動産の中には、物品の製造や販売、サービスの提供、経営管理に使用されている部分と賃貸等不動産として使用される部分で構成されるものがあるが、賃貸等不動産として使用される部分については、賃貸等不動産に含める。なお、賃貸等不動産として使用される部分の割合が低いと考えられる場合は、賃貸等不動産に含めないことができる。 (企業会計基準第20号第7項)

用　語	定　義
価格調査	「価格等調査ガイドライン」における、価格等調査のうち、賃料調査を除くもの。 なお、「価格等調査ガイドライン」における価格等調査の定義は次のとおりとなっている。 『「価格等調査」とは、不動産の価格等を文書等に表示する調査をいう（業務の過程で価格等を示すものも全て含む）。 なお、価格等調査は、不動産の鑑定評価に関する法律第3条第1項の業務（鑑定評価業務）の場合のほか、同条第2項の業務（いわゆる隣接・周辺業務）の場合がある。』
鑑定評価基準に則った鑑定評価	鑑定評価基準の全ての内容に従って行われる価格等調査をいい、例えば、他の手法の適用が困難でないにもかかわらず、鑑定評価基準に定める鑑定評価の手法のうちの一のみを適用した価格等調査等鑑定評価基準の一部分のみを適用・準用した価格等調査は含まれない。
原則的時価算定	企業会計基準等において求めることとされている不動産の価格を「財表価格調査の基本的考え方」に定める方法により求める価格調査。 原則として鑑定評価基準に則った鑑定評価を行う。 例外（＝鑑定評価基準に則らない価格調査を行う）としては、 鑑定評価基準に則ることができない場合や、 鑑定評価基準に則らないことに合理的な理由がある場合 があげられ、これら例外の例をあげると次のようになる。 (例外の例示) ① 造成工事中又は建築工事中の状態を所与として対象不動産に建物以外の建設仮勘定（未竣工建物及び構築物に係る既施工部分）を含む価格調査を行う場合 ② 造成工事又は建築工事の完了後の状態を前提として行う価格調査を行う場合 ③ 土壌汚染の可能性を考慮外とする価格調査を行う場合 ④ 建物環境についてアスベスト等の有害物質の存在の可能性を考慮外とする価格調査を行う場合 ⑤ 埋蔵文化財又は地下埋設物の埋蔵又は埋設の可能性を考慮外とする価格調査を行う場合 ⑥ 過去に鑑定評価基準に則った鑑定評価が行われたことがある不動産の再評価を行う場合 「財表価格調査の基本的考え方」Ⅲ．脚注1 　ただし、直近に行われた鑑定評価基準に則った鑑定評価又はそれ以外の原則的時価算定を行ったときから、相対的に説得力が高いと認められる鑑定評価手法の選択適用により求められた価格や適切に市場価格を反映していると考えられる指標に重要な変化が生じていない場合には、直近に行われた鑑定評価基準に則った鑑定評価又はそれ以外の原則的時価算定に、対象不動産の種類に応じた適切な調整を行い時価を算定することを妨げない。 ＊　原則的時価算定である旨を成果報告書に記載しなければならない。

Ⅰ. 総 論

用　語	定　義
みなし時価算定	企業会計基準等において求めることとされている不動産の価格を「財表価格調査の基本的考え方」に定める方法により求める価格調査。 原則的時価算定以外の方法で、鑑定評価手法を選択的に適用し、又は一定の評価額や適切に市場価格を反映していると考えられる指標等に基づき、企業会計基準等において求めることとされている不動産の価格を求める価格調査。 ＊　みなし時価算定である旨を成果報告書に記載しなければならない。

4. 財務諸表のための評価業務における各種概念の整理

4-1. 「不動産の鑑定評価に関する法律」と「価格等調査ガイドライン」における評価業務概念の整理

不動産鑑定士の業務としては、「不動産の鑑定評価に関する法律」により、表3に整理した2つの業務が規定されており、両者を含めて「鑑定評価等業務」と総称している。

このうち、①鑑定評価業務は不動産鑑定士のみに認められている、いわゆる、排他的、独占業務であるが、②隣接・周辺業務にはそのような定めはない。

なお、鑑定評価業務(法第3条第1項)に該当する場合には、鑑定評価書等の成果報告書へ不動産鑑定士が署名・押印することが必要となるが、隣接・周辺業務(法第3条第2項)に該当する場合には、記名でも良いということになっている。

(表3 不動産の鑑定評価に関する法律による鑑定評価等業務の分類)

鑑定評価等業務	① 鑑定評価業務 (3条1項業務)	不動産の経済価値を判定し、その結果を価額に表示する業務 (不動産の鑑定評価に関する法第2条第1項)
		(参考) 不動産鑑定業: 自ら行うと他人を使用して行うとを問わず、他人の求めに応じ報酬を得て、不動産の鑑定評価を業として行うことをいう。 (同法第2条第2項)
		不動産鑑定士でない者等による鑑定評価の禁止: 不動産鑑定士でない者は、不動産鑑定業者の業務に関し、不動産の鑑定評価を行ってはならない。 (同法第36条第1項)
	② 隣接・周辺業務 (3条2項業務)	不動産鑑定士の名称を用いて、不動産の客観的価値に作用する諸因に関して調査若しくは分析を行い、又は不動産の利用、取引若しくは投資に関する相談に応じることを業とすることができる。ただし、他の法律においてその業務を行うことが制限されている事項については、この限りでない。 (同法第2条第2項)

これに対し、「価格等調査ガイドライン」でいうところの価格等調査とは、不動産の価格等(価格又は賃料)を文書等(文書又は電磁的記録)に表示する調査をいい、これには業務の過程で価格等を示すものも含まれると定義さ

れている。

　鑑定評価等業務と価格等調査業務の主な相違を図で示すと図2のようになる。

(図2　不動産の鑑定評価に関する法律と価格等調査ガイドラインにおける評価業務概念の整理)

	法第3条第1項(鑑定評価業務)	法第3条第2項(隣接・周辺業務)
不動産の鑑定評価に関する法律	鑑定評価等業務	
	不動産の経済価値を判定し、その結果を価額に表示すること　不動産鑑定士の署名・押印が必要	不動産の客観的価値に作用する諸要因に関して調査若しくは分析を行い、又は不動産の利用、取引若しくは投資に関する相談に応じること
価格等調査ガイドラインの適用範囲	価格等調査業務	〈価格等調査以外の調査〉原則として、価格等を表示しない調査
	〈鑑定評価基準に則った鑑定評価〉	〈鑑定評価基準に則らない価格等調査〉	
	「鑑定評価基準に則る」とは鑑定評価基準の全ての内容に従うことをいう	鑑定評価基準に従っている程度によりその内容は様々なものがある	経済価値を判定しない価格等調査	
	成果報告書の名称は「不動産鑑定評価書」	成果報告書の名称は不動産鑑定評価書以外の名称を使用　例えば「調査報告書」、「価格調査書」、「意見書」	

　両評価業務の概念の整理は、「不動産の鑑定評価に関する法律」と「価格等調査ガイドライン」の適用範囲の相違とも関連してくるのであるが、主な違いは、原則として価格等を表示しない「価格等調査以外の調査」[*9]を含んでいるのかいないのかによることになる。

4-2.「財表価格調査の基本的考え方」における評価業務概念の整理

　次に、4-1で述べた評価業務概念に「財表価格調査の基本的考え方」における原則的時価算定とみなし時価算定の分類を重ね合わせてみると、図3のようになる[*10]。

[*9] 価格等調査以外の調査の例示としては、経済価値の判定を含まない調査業務や時点修正等の変動率のみを提示するサービス、価格等調査を除くマーケット調査、公表可能な事例の列挙等があげられる。

[*10] 財表価格調査には、価格「等」の表記がない。この場合の「等」は賃料を意味するが、財務諸表のための価格調査には、賃料評価が含まれないため「等」が除かれている。したがって、この点も財表価格調査の評価業務概念の特徴の1つではあるが、ここでは説明を省略した。

(図3 不動産の鑑定評価に関する法律、価格等調査ガイドライン、財表価格調査の基本的考え方における評価業務概念の整理)

	法第3条第1項(鑑定評価業務)			法第3条第2項(隣接・周辺業務)
不動産の鑑定評価に関する法律	鑑定評価等業務			
	不動産の経済価値を判定し、その結果を価額に表示すること 不動産鑑定士の署名・押印が必要			不動産の客観的価値に作用する諸要因に関して調査若しくは分析を行い、又は不動産の利用、取引若しくは投資に関する相談に応じること
価格等調査ガイドラインの適用範囲	価格等調査業務			〈価格等調査以外の調査〉
	〈鑑定評価基準に則った鑑定評価〉	〈鑑定評価基準に則らない価格等調査〉		
	「鑑定評価基準に則る」とは鑑定評価基準の全ての内容に従うことをいう	鑑定評価基準に従っている程度によりその内容は様々なものがある	経済価値を判定しない価格等調査	原則として、価格等を表示しない調査
	成果報告書の名称は「不動産鑑定評価書」	成果報告書の名称は不動産鑑定評価書以外の名称を使用 例えば「調査報告書」、「価格調査書」、「意見書」		
財表価格調査の基本的考え方の適用範囲	〈原則的時価算定〉	〈みなし時価算定〉	〈みなし時価算定業務の一部〉	
	鑑定評価基準に則った価格調査が基本であるが、一部従わなくてもよい場合がある。	法第3条第1項に該当する価格調査	法第3条第2項に該当する価格調査	
	①	②	③	④	⑤

鑑定評価基準に従っている程度

図3で整理したように、原則的時価算定とみなし時価算定は、ともに価格等調査ガイドラインの価格等調査業務であると同時に、不動産の鑑定評価に関する法律第3条第1項の鑑定評価業務に該当する業務でもあるが、第2項の隣接・周辺業務すなわち図3の矢印④、⑤に該当する業務ではないという点に、まずはご留意いただきたい[11]。

以下、矢印①〜⑤の業務について、簡単に説明していく。

矢印①：原則的時価算定、鑑定評価基準に則った鑑定評価
　　　　鑑定評価業務(法第3条第1項)に該当し、成果報告書の名称も「不動産鑑定評価書」として発行される。

矢印②：原則的時価算定の例外事項、鑑定評価基準に則らない価格調査
　　　　財表価格調査の基本的考え方において6つの例外事項として列挙されているような価格調査であり、これは、鑑定評価業務(法

---

[11] ただし、依頼者に提供する「財務諸表のための価格調査」業務の多様化という観点からは、矢印④「みなし時価算定業務の一部」というメニューも存在することにはなる。

第3条第1項)に該当するものの、その成果報告書の名称は、不動産鑑定評価書以外の名称、例えば「調査報告書」、「価格調査書」、「意見書」等の名称で発行することになる。

矢印③：みなし時価算定、鑑定評価基準に則らない価格調査
鑑定評価業務(法第3条第1項)に該当するという点と鑑定評価基準に則らない価格調査であるという点、成果報告書の名称が不動産鑑定評価書以外の名称である点は、矢印②の業務と同じであるが、矢印③の業務は、「経済価値の判定」に踏み込んではいるものの、「みなし時価算定」に分類されるものであり、価格調査の基本的事項の確定や手順、成果報告書の記載について、原則的時価算定の例外事項以外の省略も認められているという点が、矢印②の業務と異なることになる。

矢印④：みなし時価算定業務の一部、鑑定評価基準に則らない価格調査
隣接・周辺業務(法第3条第2項)に該当し、成果報告書の名称は不動産鑑定評価書以外の名称となる。
業務の例としては、相続税路線価を単純に0.8で割り戻した数字の提供等、「不動産鑑定士による経済価値の判定」というフィルターを通さない、単純な各種指標に基づく価額の提供、決められた単純計算によって求められる価額の提供等があげられる。
なお、適用範囲及び算定方法を逸脱しない限り、みなし時価算定によって求めた価格も「企業会計基準等に規定する時価」とみなされるが、矢印④に該当する業務は、「企業会計基準等に規定する時価」を求めるために必要な作業、つまり、市場価格を反映していると考えられる指標に基づく価額を求める作業のうち、単に、依頼者から指定された「ある市場価格を反映していると考えられる指標」等を不動産鑑定士が提供するにすぎないため、これをもって、そのまま、みなし時価算定による「企業会計基準等に規定する時価」とすることはできない。

この場合、たとえ、依頼者が不動産鑑定士によって提供された指標を利用したとしても、「不動産鑑定士による鑑定評価等」[*12] や「不動産鑑定評価基準(国土交通省)による方法」[*13] には該当せず、あくまでも「自社における合理的な見積り」[*14] に該当する点にご留意いただきたい。

矢印⑤：価格等調査以外の調査
隣接・周辺業務(法第3条第2項)に該当し、当該業務は、「不動産の鑑定評価に関する法律」適用下の鑑定評価等業務には含まれるが、「価格等調査ガイドライン」の適用外、つまり価格等調査業務には含まれない。
この業務の例としては、経済価値の判定を含まない調査業務や時点修正等の変動率のみを提示するサービス、価格等調査を除くマーケット調査、公表可能な事例の列挙等があげられる。

これまで、矢印④、⑤ばかりでなく、矢印③「みなし時価算定」のような業務も、隣接・周辺業務(法第3条第2項)であると認識していた方も多かったのではないかと思うが、「価格等調査ガイドライン」において、業として行う③のようなサービスでも、経済価値の判定に踏み込んでいれば、排他的・独占的な鑑定評価業務(法第3条第1項)に該当すると整理されたため、特に注意が必要である。

[*12] 賃貸等不動産の時価等の開示に関する会計基準の適用指針（企業会計基準適用指針第23号）第28項参照
[*13] 同適用指針第11項参照
[*14] 同適用指針第28項参照
[*15] なお、証券化対象不動産に該当する場合であっても、「証券化対象不動産の継続評価の実施に関する基本的考え方」Ⅱ．に定める適用範囲に該当しないときは、「財表価格調査の基本的考え方」及び本実務指針は適用され、原則的時価算定を行うことになるため、注意が必要である。
[*16] 通常の「価格等調査ガイドライン」のみが適用される。

I. 総論

5. 適用範囲

　本実務指針は、「財表価格調査の基本的考え方」に基づき、財務諸表の作成や企業会計に関連して、不動産鑑定士が価格調査を行う場合を適用範囲としている。

　ただし、対象不動産が証券化対象不動産に該当する場合であって、「証券化対象不動産の継続評価の実施に関する基本的考え方」に定める適用範囲に該当する場合には、同基本的考え方が適用され、「財表価格調査の基本的考え方」及び本実務指針は適用されない。[*15]

　また、Ｍ＆Ａの事前相談業務についても「財表価格調査の基本的考え方」及び本実務指針は適用されない。[*16]

(表4　適用範囲及び算定方法)

調査場面		重要性がある不動産		重要性が乏しい不動産
1. 固定資産の減損				
	(1) 減損の兆候把握	原則的時価算定又は、みなし時価算定	＝	原則的時価算定又は、みなし時価算定
	(2) 減損損失の認識の判定	原則的時価算定又は、みなし時価算定	＝	原則的時価算定又は、みなし時価算定
	(3) 減損損失の測定（使用価値を求める際の将来の正味売却価額）	原則的時価算定又は、みなし時価算定	＝	原則的時価算定又は、みなし時価算定
	(4) 減損損失の測定（現在の正味売却価額）	原則的時価算定◎	≠	原則的時価算定又は、みなし時価算定
2. 棚卸資産の評価＊1				
	(1) 正味売却価額	原則的時価算定◎	≠	原則的時価算定又は、みなし時価算定
	(2) 大規模分譲地内複数画地			
	① 代表画地（1つ）	原則的時価算定◎	≠	原則的時価算定又は、みなし時価算定
	② 代表画地以外	原則的時価算定又は、みなし時価算定	＝	原則的時価算定又は、みなし時価算定
	(3) 一棟区分所有建物内複数専有部分（価格形成要因大半共通）			
	① 代表専有部分（1つ）	原則的時価算定◎	≠	原則的時価算定又は、みなし時価算定
	② 代表専有部分以外	原則的時価算定又は、みなし時価算定	＝	原則的時価算定又は、みなし時価算定
3. 賃貸等不動産の時価等の注記				
	(1) 総額の重要性が乏しいか否かの判断材料	原則的時価算定又は、みなし時価算定	＝	原則的時価算定又は、みなし時価算定
	(2) 個々の賃貸等不動産についての価格調査＊2	原則的時価算定◎	≠	原則的時価算定又は、みなし時価算定
4. 企業結合等		上記1.〜3.の資産の分類に応じて峻別		

＊1　棚卸資産の、大規模分譲地内複数画地及び一棟区分所有建物内複数専有部分の詳細な扱いについてはP124参照。
＊2　「再評価」及び「時点修正」等の扱いについては、P43〜46参照。

6. 重要性の確認

　原則的時価算定を行う場合とみなし時価算定を行う場合の峻別が、対象不動産の重要性が乏しいものであるか否かの判断に依拠する場合[17]の、当該重要性の判断は依頼者である企業が行う。

　つまり、企業会計上、対象不動産の重要性が乏しいものであるか否かは、不動産鑑定士が判断すべき事項ではなく、企業会計基準等を適用する依頼者である企業が判断する事項であるということになる。

　したがって、財務諸表のための価格調査を行うに当たっては、対象不動産の重要性が乏しいものであるか否かを依頼者に確認しなければならない。[18]

　なお、この場合、依頼者が行った「重要性が乏しいものであるか否かの判断」の妥当性について不動産鑑定士が独自の調査や判断を行う必要はない。

---

[17] 具体的には、前記（表4　適用範囲及び算定方法）の≠の場合
[18] ただし、例えば賃貸等不動産の総額に重要性が乏しいか否かを判断する際の不動産の時価を求める目的で不動産鑑定士が価格調査の依頼を受けた場合等は除く。

7. 不動産鑑定士による「財務諸表のための価格調査」運用上の留意点

財務諸表のための価格調査における不動鑑定士（不動産鑑定業者）の業務の流れを示すと、概ね図4のとおりとなる。

(図4　業務の流れ)

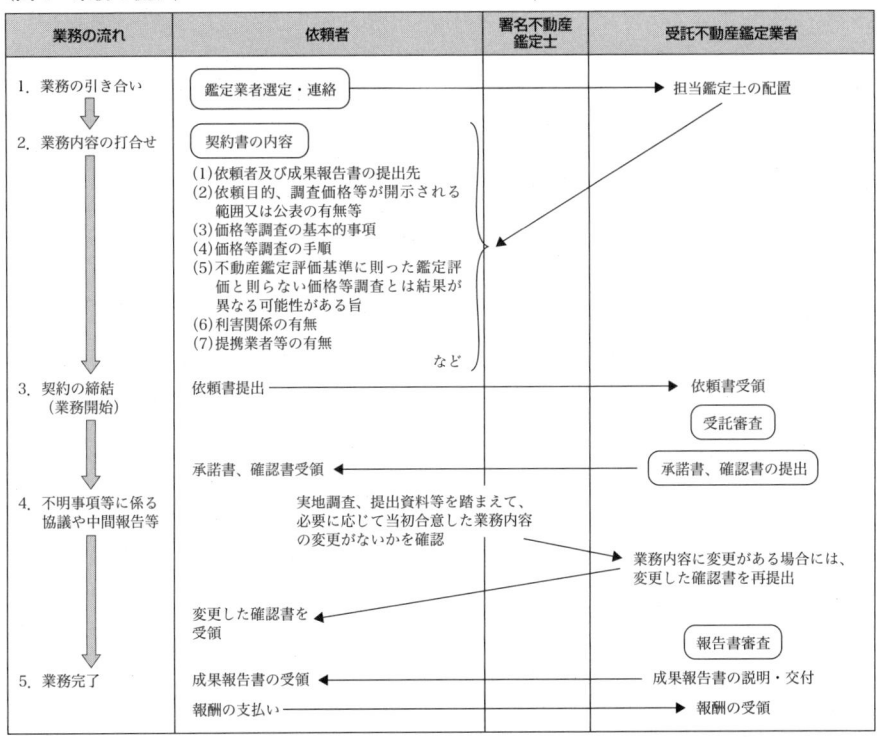

鑑定協会　「不動産鑑定評価制度の見直しに関する研修会」資料に基づき加筆・加工

　この業務の流れは、不動産鑑定業者の内部統制を確立させるためだけでなく、依頼内容や調査範囲の明確化、すなわち調査レベルに応じた報酬や責任を明確化するという、いわゆる「スコープ・オブ・ワーク」の考え方も取り入れている。

　これらの考え方は、具体的には、契約書の内容や確認書の内容等に反映されている。

7-1. 不動産鑑定業者選定に当たっての留意事項(審査体制、利害関係等)

7-1-1. 不動産鑑定士の役割分担と責任の範囲

　財務諸表のための価格調査や証券化対象不動産のための価格調査においては、成果報告書へ署名・押印を行う不動産鑑定士(署名不動産鑑定士[19]という)以外の不動産鑑定士による報告書審査が必要となる[20]ため、不動産鑑定業者の選定に当たっては、審査体制についての確認が必要となる。

　成果報告書の作成に係る者には①から④の者がおり、すべて成果報告書に記載されることになる。

① 　関与不動産鑑定士(署名不動産鑑定士)[21]
　　1)総括不動産鑑定士[22]
　　2)総括不動産鑑定士以外の署名不動産鑑定士[23]
② 　記名不動産鑑定士[24]
③ 　関与不動産鑑定業者[25]
④ 　他の専門家[26]

　これらの者の一般的な責任の範囲をまとめると表5のとおり。

---

[19] 鑑定評価の結果に重要な影響を与える業務を担当し、成果報告書に署名・押印する不動産鑑定士。

[20] 鑑定協会「不動産鑑定業者の業務実施態勢に関する業務指針」7. 品質管理 (3)、「不動産鑑定士の役割分担等及び不動産鑑定業者の業務提携に関する業務指針」5. 署名不動産鑑定士、記名不動産鑑定士が担当する業務 (3) 注3参照。

[21] 不動産の鑑定評価に関与した不動産鑑定士全員をいう。したがって、他の不動産鑑定業者に所属する不動産鑑定士に、鑑定評価の結果に重要な影響を与える業務の全部又は一部を再委託した場合には、この者も含まれる。

[22] 依頼者に提出する成果報告書について、作成に係る複数の不動産鑑定士を指揮するとともに、鑑定評価の結果を検証することを主たる業務とする署名不動産鑑定士。ただし、実地調査は必須業務ではない。なお、業務提携の際に総括不動産鑑定士を置かない場合には、受託不動産鑑定業者に所属する不動産鑑定士が、必ず署名不動産鑑定士にならなければならない。

[23] 鑑定評価の結果に重要な影響を与える業務を担当する署名不動産鑑定士。

[24] 次の不動産鑑定士が該当する。
　① 総括不動産鑑定士又は総括不動産鑑定士以外の署名不動産鑑定士の指揮監督下で行う、鑑定評価の結果に重要な影響を与えない程度の支援業務等を担当する不動産鑑定士。
　② 署名不動産鑑定士とは独立した立場で行われる受託審査や成果報告書の審査を行う不動産鑑定士
　　なお、成果報告書への署名・押印は必須ではなく、記名でよい。

[25] 不動産の鑑定評価に、関与不動産鑑定士を従事させた不動産鑑定業者のすべてをいう(提携先も含む)。

[26] 例えば、土壌汚染やアスベスト調査等を担当するER会社等に属する専門家が該当する。

I. 総論

(表5 一般的な不動産鑑定士等の責任の範囲)

		監督処分 (41条)	懲戒処分 (40条)	契約上の責任 (対依頼者)	損害賠償責任 (対依頼者)	説明責任
受託業者	不動産鑑定業者	○		○	○	
	署名不動産鑑定士		○		○	○
	記名不動産鑑定士				○	
		監督処分 (41条)	懲戒処分 (40条)	契約上の責任 (対受託業者)	損害賠償責任 (対受託業者)	説明責任
提携業者	不動産鑑定業者	○		○	○	
	署名不動産鑑定士		○		○	○
	記名不動産鑑定士				○	

＊監督処分、懲戒処分のかっこ書きは「不動産の鑑定評価に関する法律」の条文
＊出典：鑑定協会「不動産鑑定士の役割分担等及び不動産鑑定評価業者の業務提携に関する業務指針」より

7-1-2. 評価機関の独立性（利害関係の有無等）

2009年に改正された鑑定評価基準により、関与不動産鑑定士・関与不動産鑑定業者と評価対象不動産、依頼者、提出先、開示先[27]との利害関係の有無を確認し、成果報告書に記載することが義務付けられた。

詳細については、次頁表6のとおり。

---

[27] 提出先とは、成果報告書を依頼者以外の者に提出する場合の、当該依頼者以外の者のこと。
開示先とは、依頼者以外の者へ成果報告書等（ドラフト段階のものを含む）を提示し、内容をみせることのほか、当該成果報告書等のコピーの提供や、依頼者が成果報告書の内容を加工して他の者へ提示する場合の、当該依頼者以外の者のこと。

(表6 明らかにすべき関与不動産鑑定士及び関与不動産鑑定業者に係る主たる利害関係について)

	関与不動産鑑定士	関与不動産鑑定業者
1．対象不動産	i．対象不動産に関する利害関係の有無 ii．対象不動産に関し利害関係を有する者との縁故又は特別の利害関係の有無及びその内容	i．対象不動産に関する利害関係の有無 ii．対象不動産に関し利害関係を有する者との縁故又は特別の利害関係の有無及びその内容
2．依頼者	いずれも前事業年度（財務諸表が未調製の場合には前々事業年度）で勘案	
1）資本的関係	①依頼者の議決権の20％以上を保有している場合 ②その他これと同等以上の資本的関係がある場合 ①、②に該当する場合 　i．議決権の割合 　ii．その他特別の資本的関係に該当することとなった事項	①依頼者又は関与不動産鑑定業者のいずれか一方が、他方の子会社、関連会社である場合 ②その他これらと同等以上の資本的関係がある場合 ①、②に該当する場合 　i．出資割合 　ii．その他特別の資本的関係に該当することとなった事項
2）人的関係	①依頼者又は依頼者の代表が関与不動産鑑定士である場合 ②その他これと同等以上の人的関係がある場合 ①、②に該当する場合 これら特別の人的関係に該当することとなった事項	①依頼者又は依頼者の代表が関与不動産鑑定業者又は関与不動産鑑定業者の代表である場合 ②その他これと同等以上の人的関係がある場合 ①、②に該当する場合 これら特別の人的関係に該当することとなった事項
3）取引関係	—	①依頼者からの借入が関与不動産鑑定業者の負債の過半を占める場合 ②依頼者からの売上が関与不動産鑑定業者の売上の過半を占める場合 ③依頼者との取引額が関与不動産鑑定業者の受託額の過半を占める場合 ④その他これらと同等以上の取引関係がある場合 ①〜④に該当する場合 　i．負債割合 　ii．売上割合 　iii．取引額の割合 　iv．その他これら特別の取引関係に該当することとなった事項

3. 提出先及び開示先*28	関与不動産鑑定士及び関与不動産鑑定業者と ①資本的関係 ②人的関係 ③取引関係につき、 2. 依頼者の欄を準用する。

鑑定評価基準の内容に基づき作表

　成果報告書への記載については、後記「8．原則的時価算定（鑑定評価基準に則らない価格等調査）成果報告書記載例」Ⅵ．関与不動産鑑定士及び関与不動産鑑定業者に係る利害関係等　p41　参照。

7-2. 依頼書兼承諾書と標準委託約款について

　依頼者への説明責任や守秘義務の徹底遵守といった観点から、受託不動産鑑定業者は、契約を行う際に、あらかじめ、契約内容や業務提携を行う業者の有無、また、業務提携を行う場合にはそれぞれの責任の範囲を明確に説明する必要があり、これらは契約[*29]書等の書面の交付により行われる（依頼書兼承諾書、標準委託約款については、後記記載例等参照）。

[*28] 提出先・開示先が未定の場合や明らかにならない場合には、その旨を記載すれば足りる。
[*29] なお、価格等調査業務は、医師、弁護士、公認会計士等の職業専門家の業務同様、有償委任契約であるため、印紙税法上の課税義務はない。
　鑑定協会　http://www.fudousan-kanteishi.or.jp/japanese/minaoshi/20100223nta/20100223-nta.pdf
　国税庁　　http://www.nta.go.jp/tokyo/shiraberu/bunshokaito/inshi/04/01.htm　参照

7-2-1. 依頼書兼承諾書（記載例）

㈱○○不動産鑑定事務所
　　代表取締役　○○　○○　様

　　　　裏面価格調査業務標準委託約款に基づき、下記のとおり価格調査業務を依頼します。

　　　　　　　　　　　　　　　　　　　　　　平成○年○月○日
　　　　　　　　　　　　　（委託者）

　　　　　　　　　　　　　　　　　　　　○○株式会社　　　　　　　　印
　　　　　　　　　　　　　　　　　　　　　代表取締役社長　○○　○○

記

1 業務の種類	☐ 鑑定評価基準に則った鑑定評価	
	☑ 鑑定評価基準に則らない価格等調査	
2 対象不動産の概要	土地	☑ 所在・地番	別紙のとおり
		地目	
		数量	000.00 ㎡
	建物	☑ 家屋番号	別紙のとおり
		構造・用途	
		数量	延　0,000.00 ㎡
3 業務の目的と範囲等の確定	受託者は、業務の目的と範囲等の確定に係る確認書を、本依頼の承諾に際して委託者に別途提出すること。		
4 再委託	☑ 再委託は行わないこと。		
	☐ 再委託を行う場合には、再委託先、再委託業務の範囲等についてあらかじめ当社の承諾を得ること。		
5 業務納期	☑ 別途定める　☐ その他（　　　　　　　　　　　　　　　　　）		
6 委託報酬	☑ 貴社見積もりに基づき000,000円（税込）　ただし、キャンセルとなった場合は当該不動産の価格調査の進捗状況によりキャンセル料を支払う（キャンセル料の計算は、株式会社○○不動産鑑定事務所作成「不動産鑑定報酬基準（平成21年7月改定）」による）。		
	☐ その他（　　　　　　　　　　　　　　　　　　　　　　　　　）		
7 支払方法	☑ 銀行振込による		
	支払条件（　　　　　　　　　　　　　　　　　　　　　　　　　）		
	支払時期（　　　　　　　　　　　　　　　　　　　　　　　　　）		
	☐ その他（　　　　　　　　　　　　　　　　　　　　　　　　　）		
8 発行部数	☑ 正本　1部　☑ 副本　1部　☐ その他（　　　　　　　　　　）		
9 特記事項			

　　　上記のとおり、承諾致します。
　　　なお、業務開始後において、提供された資料、現地調査等の結果により、業務の種類の変更、業務納期の延長又は報酬の変更の可能性があることをあらかじめ了承願います。

　　　　　　　　　　　　　　　　　　　　　平成○年○月○日
　　　　　　　　　　　　　（受託者）

　　　　　　　　　　　　　　　　　　　　㈱○○不動産鑑定事務所　　　印
　　　　　　　　　　　　　　　　　　　　　代表取締役　○○　○○

7-2-2. 標準委託約款

価格調査業務標準委託約款

（総則）
第1条 本業務委託約款は、委託者（以下「甲」という。）及び受託者（以下「乙」という。）が、乙が不動産の鑑定評価に関する法律第3条第1項又は第2項に定める業務として価格等調査業務（不動産の価格又は賃料を文書又は電磁的記録に表示する調査に関する業務をいい、以下「本件業務」という。）を行うにあたり締結する契約（以下「本契約」という。）について必要な事項を定めるものである。

（契約の成立）
第2条 甲が乙に対して依頼書を提出して依頼し、乙がそれを承諾したときに、依頼書兼承諾書（以下「本契約書」という。）記載の内容で本契約が成立する。

（業務の目的と範囲等の確定）
第3条 乙は、甲に対し、本契約締結時に、国土交通省が定める「不動産鑑定士が不動産に関する価格等調査を行う場合の業務の目的・範囲等の確定及び成果報告書の記載事項に関するガイドライン」に基づき確定した「業務の目的と範囲等の確定に係る確認書（以下「確認書」という。）」を交付しなければならない。なお、調査開始後に確認書記載事項に変更が生じたときは、乙は、変更事項に対応して変更された確認書を再度交付するものとする。

（責務）
第4条 甲及び乙は、日本国の法令を遵守し、信義を重んじ、誠実に本契約を履行する。
2 甲及び乙は、乙が本件業務を遂行するにあたり、次に掲げる責務を遵守しなければならない。
(1) 甲は、乙に対して、本件業務を遂行するために必要となる資料、情報等を遅滞なく提供し、現地調査が支障なく行われるよう協力しなければならない。また、本件業務が証券化対象不動産に係る場合であって、甲がエンジニアリング・レポートを別途依頼する場合には、発注後すみやかにその仕様を乙に開示しなければならない。
(2) 甲は、乙に対して、専門職業家としての独立性や客観性を損なう恐れのある働きかけを行ってはならない。
(3) 本件業務は、社団法人日本不動産鑑定協会の会員であって、かつ、本件業務が証券化対象不動産に係る場合には同協会が実施する証券化研修等を修了している不動産鑑定士に担当させなければならない。
(4) 乙は、善良なる管理者の注意義務をもって本件業務を遂行し、本件業務の成果として鑑定評価書等を作成し、甲又は甲の指定する者に対して交付しなければならない。
(5) 乙は、本件業務の内容、進捗状況等について甲から説明を求められたときは、誠意をもって対応しなければならない。

（免責事項）
第5条 乙は、本件業務の特性を鑑み、次に掲げる事項について了承する。
(1) 対象不動産の権利関係、契約関係の確認及び物的状況の調査は、登記記録及び同付属地図並びに甲が乙に提供した資料に基づいて行われるものであり、その事実関係、内容等について乙が明示的又は黙示的に保証するものではないこと。
(2) 対象不動産の確認は、目視の範囲において外観から調査するものであり、土壌汚染、地中埋設物、埋蔵文化財、アスベスト、建物内部に存在する瑕疵等については、鑑定評価書に記載するもの以外はそれらについて乙が責任を負うものではなく、かつ、将来それらの存在が判明したとしても乙が責任を負うものではないこと。
(3) 本件業務の結論として提示する鑑定評価額等は、現実の取引価格及び将来において成立する取引価格等を保証するものではないこと。

（地位の承継）
第6条 甲は、あらかじめ乙の承諾を得て、その地位を承継することができる。

（業務種類の変更）
第7条 業務開始後の調査等により必要が生じた場合には、甲の承諾を得て、本契約の業務の種類を変更することができる。

（業務の納期の変更）
第8条 乙は、やむを得ない事由がある場合には、甲の承諾を得て納期を延期することができる。

（再委託）
第9条 乙は、本件業務の全部（対象不動産が複数ある場合には各対象不動産ごとに全部か一部かを判断する。以下同じ。）を一括して第三者に再委託してはならない。なお、本件業務の一部を第三者に再委託するときは、再委託前に詳細を示して、甲の承諾を得なければならない。
2 前項の規定は、乙がコピー、ワープロ、印刷、製本等の軽微な業務を再委託しようとするときには、適用しない。

（業務の完了）
第10条 本件業務は、乙が甲に対して、鑑定評価書の成果報告書を交付することにより完了する。ただし、業務完了後であっても、乙は、甲に対して、本件業務の内容に関する正当な問い合わせに対応しなければならない。

（委託報酬の支払い）
第11条 本件業務の委託報酬は本契約書に定める額とする。ただし、乙の業務遂行にあたって、本契約成立時に予測できない事情が生じた場合には、甲乙協議の上、委託報酬を増減することができる。
2 甲は、前項の委託報酬を、本契約書に定める時期に、乙の指定する方法で支払うものとする。

（鑑定評価書等の取扱い）
第12条 甲は、鑑定評価書等の全部又は一部を、第3条で定める確認書に記載する目的および利用方法以外に使用してはならない。ただし、あらかじめ文書等で乙の承認を得た場合にはこの限りではない。

（秘密保持）
第13条 乙は、不動産の鑑定評価に関する法律第38条に基づき、甲の承諾がある場合又は正当な理由がある場合を除き、本件業務を遂行するにあたって知り得た秘密（以下「本件秘密情報」という。）を第三者に漏らしてはならない。
2 前項の正当な理由には、以下の事項が含まれるものとする。
(1) 甲より開示されるまでに既に乙が本件秘密情報を保有していたとき
(2) 本件秘密情報が甲より開示されるまでに公知であったとき
(3) 乙が甲より本件秘密情報の開示を受けた後、乙の責めによらずに公知となったとき
(4) 乙が法令により本件秘密情報を開示する義務を負うとき、又は法律上権限ある官公署により当該情報の開示を命じられたとき
(5) 第9条に基づき、再委託を行ったとき

（個人情報の取扱い）
第14条 乙は、本件業務に関して知り得た個人情報を、本件業務以外に使用してはならない。

（甲による合意解約）
第15条 甲は、いつでも、甲乙協議の上、本件業務の終了した部分に相当する委託報酬額を支払って、本契約を解約することができる。

（乙による合意解約）
第16条 乙は、次の各号に該当するときは、本契約を解約することができる。
(1) 天災その他不可抗力により本件業務の履行ができないと認められる時
(2) 対象不動産の確認が困難な場合等、本件業務の履行ができないと認められる時
(3) 甲の行為により本件業務の履行ができないと認められる時
(4) 甲が本契約の解約に同意した時
2 乙は、本件業務の開始後において、前項の規定により本契約を解約したときは、本件業務の終了した部分に相当する委託報酬を請求することができる。

（契約の解除）
第17条 甲又は乙は、相手方が本契約に違反し、その違反により契約の目的を達成できないことが明らかとなったと認められる時には、本契約を解除することができる。

（損害賠償）
第18条 甲又は乙は、債務不履行により損害が生じた場合には、相手方に対し、これによって生じた損害を賠償する責任を負う。
2 乙が前項の損害賠償責任を負う場合、乙が本件業務を行うにつき普通でかつ過失がないときは、前項の規定にかかわらず、本件業務の委託報酬額の2倍をその責任限度額とする。

（損害保険の付保）
第19条 乙は、業務の遂行にあたり、可能な限り賠償責任保険を付するものとする。

（裁判管轄）
第20条 本契約に関する紛争については、日本法に準拠するものとし、その専属的合意管轄裁判所は、東京地方裁判所とする。

（その他）
第21条 本契約に定めのない事項は、法令、慣習に従い甲乙誠意を持って協議するものとする。

社団法人日本不動産鑑定協会（平成21年9月1日作成）

7-3. 受託審査について

　業務の受託に当たっては、不動産鑑定業者として行うことが適切な業務であるか否かについて、原則として受付担当者や署名不動産鑑定士以外の者が審査しなければならず、不適切と判断されたものは業務を受託することができない(受託審査項目例については、表7を参照)。

(表7　価格調査業務受託審査表（例）)

価格調査業務受託審査表（例）

物件名及び所在

1. 受託する業務内容の適否	
① 不動産鑑定業者として行うことが適当な業務である	☐
② 原則的時価算定とみなし時価算定の峻別が適切になされた業務である	☐
③ 当該区分(※)・類型として行うことが適当な業務である	☐
④ 無理なく実施できる業務である	☐
⑤ 他の専門家の協力を必要としない業務である	☐
⑥ 他の専門家の協力を必要とする場合、その協力を得ることができる	☐
⑦ 不当に依頼を誘引することなく受託している	☐
⑧ 対象不動産等の価格その他判断内容等について、依頼者等から不正な指示を受けることなく受託している	☐
⑨ 依頼者等との間に縁故または特別の利害関係等はなく、公平な価格等調査を害する恐れのない業務である	☐
⑩ 対象不動産に関して特別な利害関係等はなく、公平な価格等調査を害する恐れのない業務である	☐
⑪ その他不動産鑑定業者としての社会的信頼を損なう危険等のない業務である	☐
(※)鑑定評価基準に則ったものか否かの区分	
2. 報酬の適否	
① 報酬基準等に従った説明を行った	☐
② 不当なダンピング等のない報酬となっている	☐
③ 報酬基準等に定められた報酬以外の不正な金品等の授受が行われることなく受託している	☐
3. (報酬以外の)依頼者への説明の適否	
① 業務の性格(原則的時価算定であるかみなし時価算定であるか否か、鑑定評価基準に則る鑑定評価であるか否か等)の説明を行った	☐
② 業務の具体的な状況を明示し、了解された	☐
③ 鑑定評価基準に則った鑑定評価業務以外の受託に際しては、鑑定評価基準に則った鑑定評価との相違及び業務の実施方法等の必要な事項の説明を行った	☐

確認者欄	確認年月日	確認印
	平成　　年　　月　　日	

7-4. 確認書について

　受託審査上、問題がなければ、不動産鑑定業者は、依頼者に依頼の承諾書と「業務の目的と範囲等の確定に係る確認書(以下、「確認書」という。)」を交付する。

　ただし、業務の目的と範囲等については、契約の締結までに必ずしもすべての内容を確定することができるとは限らず、現地調査等を踏まえて変更する場合も多いことから、確認書は、契約の締結時から成果報告書の交付前の間、最終的に内容を確定するまで何度でもやり取りを行うことになる[30](確認書については表8を参照)。

　原則として、確認する内容は「価格等調査ガイドライン」及び「価格等調査ガイドラインの取扱いに関する実務指針」に従うものとし、加えて次の事項の確認及び説明を依頼者に行うものとする。

【付加確認事項】
① 原則的時価算定を行うのか、みなし時価算定を行うのかの別及び価格調査業務の種類並びに成果報告書の名称
② 実地調査実施の有無、その必要性

---

[30] ただし、変更の都度、交付しなければならないものではく、成果報告書の交付までに最終的に確定した確認書を依頼者へ交付すれば足りる。

(表8 確認書（記載例））

平成22年12月　日

〇〇株式会社　御中

業務の目的と範囲等の確定に係る確認書（例）

株式会社〇〇不動産鑑定事務所
代表取締役　〇〇〇〇　　印

　本確認書は、国土交通省が定めた「不動産鑑定士が不動産に関する価格等調査を行う場合の業務の目的と範囲等の確定及び成果報告書の記載事項に関するガイドライン」に基づき、業務の目的と範囲等に関して以下のとおり確定し、契約の締結までに交付するものです。
　なお、契約の締結後に当該文書に記載された事項に変更があった場合には、成果報告書の交付までに、変更を明記した文書を再交付します。

記

1　価格等調査の種類等
　① 価格等調査の種類：　鑑定評価基準に則らない価格等調査
　② 鑑定評価基準に則らない理由：
　　☐ 内部における使用にとどまるため
　　　（詳細）
　　☐ 公表される第三者又は開示・提出先の判断に大きな影響を及ぼさないため
　　　（詳細）
　　☐ 開示・提出先の承諾が得られているため（但し、公表されない場合に限る）
　　　（詳細）
　　☐ 鑑定評価基準に則ることができないため
　　　（詳細）
　　☑ 依頼目的、調査価格等が開示される範囲又は公表の有無等を勘案した合理的な理由があるため
　　　（詳細）国土交通省「財務諸表のための価格調査の実施に関する基本的考え方」Ⅴ．２③、④、⑤に該当するため

　（注）本調査は、鑑定評価基準に則らない価格等調査であり、後記4又は5のとおり、鑑定評価基準との相違があるため、本調査による結果と鑑定評価基準に則った鑑定評価を行った場合の結果は、異なる可能性があります。

2　依頼者等
　① 依頼者：　〇〇株式会社
　② 依頼者代理人：　　　　　　　　　　　　　　　（※)依頼者の代理人からの依頼の場合
　③ 報告書宛名：　〇〇株式会社
　④ 依頼目的：　企業会計基準第20条に基づく財務諸表作成にあたっての重要性のある賃貸等不動産の時価の注記のため

3　公表又は依頼者以外の者への開示・提出の有無等
　　（予定や未定の場合を含む。この場合、可能性があれば属性等を記載）
　① 調査価格等の公表の有無：　☑ 無　☐ 有　（公表方法）ただし、賃貸等不動産の総額を財務諸表へ注記する。
　② 調査価格等の開示の有無：　☐ 無　☑ 有　（開 示 先）〇〇〇〇株式会社
　③ 成果報告書の提出の有無：　☐ 無　☑ 有　（提 出 先）〇〇〇株式会社
　　＊依頼者の監査法人である　〇〇監査法人　への提出は有　（内部利用に該当）

　（注）業務終了後に、上記の内容を変更して公表・開示・提出する場合や提出先・開示先が広がる場合には、署名不動産鑑定士の承諾が必要であるため、あらかじめ当社宛文書等にて照会願います。

4　価格調査の基本的事項
　① 対象不動産：

権利	所在及び地番、家屋番号等	地目、建物の構造・用途	数　量
土地	別紙のとおり		
建物			

Ⅰ．総論

② 類型等： 貸家及びその敷地
③ 価格調査の条件
　対象確定条件： 対象不動産の現状を所与
　想定上の条件： 土壌汚染の可能性、建物環境についてアスベスト等の有害物質の存在、埋蔵文化財または地下埋設物の埋蔵または埋設の可能性（以下、土壌汚染等の可能性と略す）については、ご依頼者が別途調査・査定を実施するため、これらを考慮外とする価格調査。
④ 価格調査の時点： 平成22年3月31日　（価格調査の基準日）
⑤ 価格を求める方法又は価格の種類： 個々の案件につき、別途定める。
⑥ 鑑定評価基準に則った鑑定評価との主な相違点：

項　目	相違の有無	主　な　相　違　点
対象確定条件	☑無 □有	
想定上の条件	□無 ☑有	上記③を参照
価格調査の時点	☑無 □有	
価格を求める方法又は価格の種類	□無 ☑有	鑑定評価基準に則らない価格等調査であるため、鑑定評価基準で定める価格等の種類は用いない。

5　価格調査の手順
　① 調査スケジュール（予定）
　　　☑ 個々の案件につき、別途定める
　　　□ 右記　実地調査： 　　　中間報告： 　　　納品：
　② 実地調査の有無及びその方法
　　a　実地調査の有無： ☑有 □無
　　b　内覧の有無： ☑有 □無（立会人）
　　c　その他特記事項：
　③ 資料の収集及び整理の方法
　　ご提示資料及び独自調査によって資料の収集及び整理を行う。
　④ 適用する価格調査の手法
　　個々の案件につき、別途定める。
　⑤ 鑑定評価基準に則った鑑定評価との主な相違点

項　目	相違の有無	主　な　相　違　点
対象不動産の確認	□無 ☑有	想定上の条件にかかる要因について、現地調査における存否の確認を行わない
資料の収集及び整理	□無 ☑有	想定上の条件にかかる要因について、資料の収集を行わない
資料の検討及び価格形成要因の分析	□無 ☑有	想定上の条件にかかる要因について、検討、分析を行わない
適用する価格等調査の手法	☑無 □有	
試算価格の調整及び調査価格の決定	☑無 □有	
成果報告書への記載事項	□無 ☑有	土壌汚染等の可能性にかかる要因については記載を行わない。

6　利害関係等
　① 不動産鑑定士または不動産鑑定業者の対象不動産に関する利害関係等： 無
　② 依頼者と不動産鑑定士または不動産鑑定業者との間の利害関係： 無
　③ 開示・提出先と不動産鑑定士または不動産鑑定業者との間の利害関係： 無

上記の内容を確定し、次のとおり確認しました。なお、上記記載内容に疑義が有る場合には、当社まで可及的速やかに申し出を行ってください。

確認した日：	平成22年1月7日
確認を行った相手方：	○○株式会社　代表取締役社長　○○様
確定担当不動産鑑定士：	○○○○

以　　上

7-5. 報告書審査について

個々の業務における成果報告書の品質管理(質の維持・向上)を行うため、成果報告書を依頼者へ交付する前に、必ず、署名不動産鑑定士以外の不動産鑑定士が「報告書審査」を行うことになっている(報告書審査項目例については、表9を参照)。

(表9 成果報告書審査表(例))

成果報告書審査表(例)

物件名及び所在

成果報告書審査項目		審査担当鑑定士	作成担当鑑定士
1.対象不動産及び調査価格	① 原則的時価算定、みなし時価算定等を適用する旨の記載があるか	☐	☐
	② 鑑定評価基準に則らない場合、鑑定評価基準に則った鑑定評価とは結果が異なる可能性がある旨の記載があるか	☐	☐
	③ 鑑定評価基準に則らない場合、目的外使用・範囲外開示等を想定していない旨の記載はあるか	☐	☐
	④ 調査価格(鑑定評価額)に転記ミス、誤記(桁違い)はないか	☐	☐
	⑤ 対象不動産の漏れはないか(依頼書・確認書・登記記録と整合しているか)	☐	☐
	⑥ 開示範囲・公表の有無等の記載は適切か(依頼書・確認書との整合)	☐	☐
2.基本的な事項	① 財表価格調査の基本的考え方に則った条件が設定されているか	☐	☐
	② 不動産の種別・類型、価格・資料の種類は適切か	☐	☐
	③ 条件は実現性、合法性、関係当事者及び第三者の利益を害さず、過不足なく、適切に付されているか	☐	☐
	④ 価格調査の価格時点は適切か(実査日、価格調査を行った日、発行日との整合性等依頼書との照合)	☐	☐
	⑤ 価格調査の鑑定評価との相違点・妥当性の根拠の記載があるか	☐	☐
3.対象不動産の確認	① 物的確認、権利の確認、賃貸借契約内容の確認に問題はないか	☐	☐
	② 採用数量の妥当性(確認資料との照合)	☐	☐
4.価格形成要因の分析	① 市場分析は適切か(他の地域・用途の分析が記載されていないか)	☐	☐
	② 対象不動産の行政的規制の記載に誤りがなく、適切か	☐	☐
	③ 土壌汚染・アスベスト・地下埋設物等の有無に係る判断・記載内容は適切か	☐	☐
	④ 両地条件の記載に誤りはなく、適切か	☐	☐
	⑤ 土地建物一体としての市場性の分析は適切か(手法との整合性)	☐	☐
	⑥ 土地、建物及びその敷地の最有効使用は適切か	☐	☐
	⑦ 都市計画(用途地域・容積率等)・要因資料・ERとの照合	☐	☐
5.査定等	① 価格調査の方針は不動産鑑定評価基準・価格等調査ガイドライン・財表価格調査の基本的考え方・確認書に照らし、必要十分な手法を適用しているか	☐	☐
	② 手法不採用の理由は適切に記載されているか	☐	☐
	③ 価格査定において価格形成要因に係る説明は十分か、査定数値は適切か	☐	☐
	④ DCF法において、収支変動の根拠説明及び賃室稼働率と水光費との関係、建物公租公課の経年減価は適切か	☐	☐
	⑤ 還元利回り・割引率・最終還元利回り、投下資本収益率、期待利回り等各種利回りは整合性が保たれ適切か	☐	☐
	⑥ 土地残余法の想定建物、開発法の開発計画は適切か(CADを適用すべき案件は、適切に適用又は外注しているか)	☐	☐
	⑦ 査定ファイル等及び本文中の加減乗除の再計算	☐	☐
	⑧ 査定ファイルと要因資料との照合	☐	☐
	⑨ 本文と別表の照合	☐	☐
6.調査価格の決定	① 試算価格の再吟味及び説得力に係る判断は適切に行われているか	☐	☐
	② 各試算価格の開差の理由及び調査価格は適切か	☐	☐
7.その他	① 公示地、基準地の記載内容と官報・公報の照合	☐	☐
	② ERの照合	☐	☐
	③ 確認資料・要因資料・査定ファイルとの照合	☐	☐
成果報告書発行時の確認項目	成果報告書の内容確認	業者最終確認者	作成担当鑑定士
	① 原稿等の修正箇所は正しく反映されているか	☐	☐
	② 誤字・脱字等はないか	☐	☐
	③ 落丁・誤綴り等はないか	☐	☐
	④ 附属資料の内容は適切か	☐	☐
	⑤ 記名鑑定士名の記載、署名鑑定士の署名はあるか	☐	☐
	⑥ 業者印・鑑定士印は押印されているか	☐	☐
依頼書等の確認		業者最終確認者	確認担当鑑定士 / 作成担当鑑定士
	① 正式な依頼書を受領済みか	☐	☐ ☐
	② 確認書・修正確認書は提出済みか	☐	☐ ☐

8. 原則的時価算定（鑑定評価基準に則らない価格等調査）成果報告書記載例

原則的時価算定のうち、鑑定評価基準に則らない価格等調査に該当する成果報告書の記載例を示す。

「財務諸表のための価格調査の実施に関する基本的考え方」に基づく原則的時価算定

「原則的時価算定」「みなし時価算定」等の別を明示する。

発行番号　〇〇第〇〇〇〇号
発行日付　平成〇年〇月〇日

タイトルには「鑑定」や「評価」という用語を用いない。これらはタイトル名の例示。

［調査報告書／価格調査書／意見書］

（依頼者）
　　〇〇株式会社　様

（依頼者以外の提出先）
　　〇〇〇株式会社　様

依頼者以外へ提出する場合のみ記載

＊本記載例は、鑑定評価基準に則らない価格等調査であるが、法律上は鑑定評価と考えられるため、提携先であっても、価格等調査の主たる部分に関与（単なる支援は除く。）した場合には、業者名を記載するとともに、署名・押印が必要となる。
　　記載例としてはこのようになる。

東京都〇〇区〇〇町〇丁目〇番〇号
　株式会社〇〇不動産鑑定事務所
　　代表取締役　　〇〇　〇〇

不動産鑑定士　　〇〇　〇〇　印
不動産鑑定士　　〇〇　〇〇　印

〔提携：株式会社△△不動産鑑定事務所〕
　不動産鑑定士　　〇〇　〇〇　印

Ⅰ．業務の目的と範囲等に関する事項

1．依頼目的
　企業会計基準第 20 号「賃貸等不動産の時価等の開示に関する会計基準」に基づく財務諸表作成に当たっての重要性のある賃貸等不動産の時価の注記のため。

2．原則的時価算定とみなし時価算定の峻別
　上記 1．を目的とするため、原則的時価算定を行う。

3．不動産鑑定評価基準に則った鑑定評価と則らない価格調査の峻別
　「不動産鑑定士が不動産に関する価格等調査を行う場合の業務の目的と範囲等の確定及び成果報告書の記載事項に関するガイドライン（平成 21 年 8 月 28 日　国土交通省、以下、「価格等調査ガイドライン」と略す。）」Ⅰ．4．及び「財務諸表のための価格調査の実施に関する基本的考え方（平成 21 年 12 月 24 日　国土交通省）」Ⅴ．2．に基づき、不動産鑑定評価基準に則らないことについて次の合理的な理由があるため、不動産鑑定評価基準に則らない価格調査を行う。

〈価格等調査ガイドライン〉

☐	調査価格が依頼者の内部における使用にとどまる場合
☐	公表・開示・提出される場合でも公表される第三者又は開示・提出先の判断に大きな影響を与えないと判断される場合
☐	調査価格が公表されない場合ですべての開示・提出先の承諾が得られた場合
☐	不動産鑑定評価基準に則ることができない場合
☑	その他、当該ガイドライン「Ⅱ．2．依頼目的、調査価格等が開示される範囲又は公表の有無等」等を勘案して不動産鑑定評価基準に則らないことに合理的な理由がある場合

I. 総論

〈財務諸表のための価格調査の実施に関する基本的考え方〉

☐	造成工事中又は建築工事中の状態を所与として対象不動産に建物以外の建設仮勘定(未竣工建物及び構築物に係る既施工部分)を含む価格調査を行う場合
☐	造成工事中又は建築工事の完了後の状態を前提として行う価格調査を行う場合
☑	土壌汚染の可能性を考慮外とする価格調査を行う場合
☑	建物環境についてアスベスト等の有害物質の存在の可能性を考慮外とする価格調査を行う場合
☑	埋蔵文化財又は地下埋設物の埋蔵又は埋設の可能性を考慮外とする価格調査を行う場合
☐	過去に不動産鑑定評価基準に則った鑑定評価又はそれ以外の原則的時価算定が行われたことがある不動産の再評価を行う場合

4. 依頼者及び調査報告書の提出先

項目	氏名又は名称
調査報告書の依頼者	○○株式会社
調査報告書の提出先	○○株式会社 ○○○株式会社

5. 開示範囲又は公表の有無

項目	有無	開示・提出先／公表方法
調査価格の依頼者以外の者への開示	有	○○監査法人 ○○○○株式会社
調査価格の公表	無	ただし、賃貸等不動産の総額を財務諸表へ注記する。

6. 事後の公表・開示範囲の拡大の際の承諾の必要性

　後日、本調査価格が公表されることとなる場合又は5．で記載した開示範囲が広がる場合には、当該公表又は開示の前に当社宛文書等を交付して、本調査の担当不動産鑑定士の承諾を得る必要がある。

7. 不動産鑑定評価基準との相違及び当該相違の合理的な理由

　本調査は、不動産鑑定評価基準に定める基本的事項及び鑑定評価の手順と相違しているが、主な相違点及び当該相違の合理的な理由は、次のとおりである。

(1) 基本的事項
①相違の有無及び内容

> 相違点がある項目のみ記載

基本的事項	相違の有無	不動産鑑定評価基準に則った鑑定評価との主な相違点（有の場合のみ記載）
対象確定条件	無	
想定上の条件	有	土壌汚染の可能性、建物環境についてアスベスト等の有害物質の存在、埋蔵文化財又は地下埋設物の埋蔵又は埋設の可能性（以下、単に「土壌汚染等の可能性」と略す。）を考慮外とする価格調査
価格調査の時点	無	
価格を求める方法又は価格の種類	有	鑑定評価基準に則らない価格等調査であるため、鑑定評価基準で定める価格等の種類は用いない。

②当該相違の合理的な理由

　土壌汚染等については、ご依頼者が別途調査・査定を実施するため、これを考慮外とすることは、「財務諸表のための価格調査の実施に関する基本的考え方」及び「財務諸表のための価格調査に関する実務指針（社団法人日本不動産鑑定協会）」に基づき合理的であると判断されるため。

Ⅰ. 総論

(2)調査の手順
①相違の有無及び内容

調査の手順	相違の有無	不動産鑑定評価基準に則った鑑定評価との主な相違点（有の場合のみ記載）
対象不動産の確認	有	土壌汚染等の可能性については実地調査において存否の確認を行わず、条件により考慮外としている。
資料の収集及び整理	有	土壌汚染等の可能性については資料収集を行わず、条件により考慮外としている。
資料の検討及び価格形成要因の分析	有	土壌汚染等の可能性については独自調査を行わず、条件により考慮外としている。
適用する価格調査の手法	無	
試算価格の調整及び調査価格の決定	無	
成果報告書への記載事項	有	土壌汚染等の可能性にかかる要因については記載を行わない。

②当該相違の合理的な理由

「財務諸表のための価格調査の実施に関する基本的考え方」及び「財務諸表のための価格調査に関する実務指針」に従って価格調査を行うため合理的であると判断される。

(注意) 以下の内容は、主な項目のみ記載しているものであり、項目についてもあくまで例示である。

Ⅱ．[調査価格／調査価額／意見価格]
　金〇〇〇,〇〇〇,〇〇〇円

> 調査価格のタイトルには「鑑定」や「評価」という用語を用いない。

- 上記の結果は「財務諸表のための価格調査の実施に関する基本的考え方」及び「財務諸表のための価格調査に関する実務指針」に基づく、原則的時価算定によるものであり、企業会計基準等に規定する時価に該当する。

- 上記の結果は、価格調査の基本的事項及び手順が不動産鑑定評価基準に則っていないため、不動産鑑定評価基準に則った鑑定評価を行った場合には結果が異なる可能性がある。

- 本調査は、前記で記載した依頼目的以外での使用及び記載されていない者への開示は想定していない。

> 当該記載は、省略不可

Ⅲ．対象不動産の表示

区分	所在及び地番、家屋番号	地目、建物の構造・用途	評価数量
土地			
建物			

Ⅳ．価格調査の基本的事項
1．対象不動産の種別及び類型、賃料の区分
2．価格調査の条件
　（1）　対象確定条件
　（2）　想定上の条件
3．価格調査の時点
4．価格の算出方法／価格の種類等

Ⅴ．価格調査を行った年月日

Ⅵ．関与不動産鑑定士及び関与不動産鑑定業者に係る利害関係等

	項目	関与不動産鑑定士	関与不動産鑑定業者
①	対象不動産に関する利害関係、又は対象不動産に関し利害関係を有する者との縁故若しくは特別の利害関係の有無	なし	なし
②	ご依頼者との間の特別の資本的関係、人的関係及び取引関係の有無	なし	なし
③	本調査報告書がご依頼者以外の者へ開示される場合の当該開示先又は本調査報告書がご依頼者以外の者へ提出される場合の当該提出先との間の特別の資本的関係、人的関係及び取引関係の有無	なし	なし

Ⅶ．対象不動産の確認

1．物的確認
2．権利の態様の確認

Ⅷ．調査価格決定の理由の要旨

〔Ⅰ〕価格形成要因の分析

1．一般的要因の分析
2．地域分析
3．個別分析

〔Ⅱ〕調査
（調査の方針）

1．価格調査の手法の適用
2．〔調査価格／調査価額／意見価格〕の決定

Ⅸ．付記事項

1．不動産鑑定士等の役割分担

業者分類	業者名	不動産鑑定士の氏名	署名押印（※）	業務内容
受託業者	○○不動産鑑定事務所	AA　AA	◎	・不動産鑑定士の指揮及び価格調査の結果の検証
		BB　BB	○	・調査の手順の全段階
		CC　CC		・調査業務の受託審査
		DD　DD		・報告書の審査
提携業者	△△不動産鑑定事務所	EE　EE	○	・対象不動産の確認、積算価格の試算
		FF　FF		・事例資料の収集及び整理の支援
	□□調査会社 ××建築設計事務所	－	－	・開発想定図面の作成

（※）本調査に署名押印する不動産鑑定士は、本調査に関与した不動産鑑定士であり、その役割によって総括不動産鑑定士とそれ以外の不動産鑑定士に分かれる（◎：総括不動産鑑定士、○：総括不動産鑑定士以外の不動産鑑定士）。

2．○○○

> 受託審査と報告書審査が必須とされているのは、当面の間は、証券化と財務諸表作成の目的の価格等調査を行う場合に限られる。

> 署名・押印した不動産鑑定士及びそれ以外に支援した不動産鑑定士、他の専門家について業務内容を含めて記載（関与不動産鑑定士以外は署名・押印は不要）。

I. 総論

9. 原則的時価算定とみなし時価算定

以下、「財表価格調査の基本的考え方」に基づいて「原則的時価算定」と「みなし時価算定」を行う際の具体的な方法について整理する。

9-1. 原則的時価算定

> **財表価格調査の基本的考え方**
>
> Ⅲ. 用語の定義
> この基本的考え方における用語の定義は、次のとおりとする。
> 1. 「原則的時価算定」とは、企業会計基準等において求めることとされている不動産の価格を求めるため、Ⅴ. 2. の方法[1]により行われる価格調査をいう。
>
> [1] ただし、直近に行われた不動産鑑定評価基準に則った鑑定評価又はそれ以外の原則的時価算定を行ったときから、相対的に説得力が高いと認められる鑑定評価手法の選択的適用により求められた価格や適切に市場価格を反映していると考えられる指標に重要な変化が生じていない場合には、直近に行われた不動産鑑定評価基準に則った鑑定評価又はそれ以外の原則的時価算定に、対象不動産の種類に応じた適切な調整を行い時価を算定することを妨げない。

原則的時価算定の定義における上記脚注1では、不動産鑑定評価基準に則った鑑定評価又はそれ以外の原則的時価算定（以下「原則的時価算定等」という。）は、直近に行われた原則的時価算定等に「適切な調整」を行って時価を算定することができることを示している。過去に行った価格調査の結果に対して新たな時点の価格を求める作業としては、①再度価格調査を行う「再評価」と呼ばれるものと、②過去の価格調査に適切な調整を行い新たな時点の価格を求める価格調査を行う「時点修正」と呼ばれるものがあるが、実務上の「再評価」と「時点修正」の区分は必ずしも明確ではない。「財表価格調査の基本的考え方」では、原則的時価算定に含まれる不動産鑑定評価基準に則らない価格調査としての「再評価」（Ⅴ. 2. (1)⑥参照）について、Ⅴ. 2. (3)③で手順を整理していることから、脚注1における算定は、当該再評価以外の算定方法で新たな時点の価格を求めることを示し

ているものと考えられる。したがって、この実務指針では、脚注1による算定、すなわち直近の原則的時価算定等に「適切な調整」を行い時価を算定する価格調査を「時点修正」と定義する。

(表10 原則的時価算定における再評価と脚注1による算定（時点修正）の比較)

	原則的時価算定における再評価	脚注1による算定（時点修正）
定義	「財表価格調査の基本的考え方」の原則的時価算定として、過去に原則的時価算定等を行った不動産の価格調査を再度行うもの	左記に定める再評価以外の手順により、直近の原則的時価算定等に適切な調整を行って時価を算定するもの
特徴	「財表価格調査の基本的考え方」Ⅴ.2.(3)③により、不動産鑑定評価基準に定める価格調査の手順の一部を省略したものも「原則的時価算定」に含まれるが、それ以外は不動産鑑定評価基準に則る必要がある。	・原則的時価算定に準じた算定と考えられるが、不動産鑑定評価基準に則る必要はない。 ・過去の原則的時価算定等に適切な調整を行う必要がある。
現地調査	必要	しなくても良い
算定方法	直近の原則的時価算定等において相対的に説得力が高い鑑定評価手法を最低限適用する。	・手法の選択適用による方法 ・一定の指標の変動率による方法 　　　　　　　　　　　　　　　など

　時点修正の要件としては、「相対的に説得力が高いと認められる鑑定評価手法の選択的適用により求められた価格や適切に市場価格を反映していると考えられる指標に重要な変化が生じていないこと」が示されているが、さらに以下の要件についても満たすべきである。
① 直近の原則的時価算定等が適切に算定されていること（原則として不動産鑑定士が自ら行ったものであること）。
② 直近の原則的時価算定等を行ったときから長期間経過していないこと。
　時点修正による算定は、直近に行われた原則的時価算定等による価額が適切に算定されていることが前提である。したがって、適切に算定されているかどうかを検証する必要があるが、自ら行っていない場合は当該検証作業が困難なため、時点修正を行って算定すべきではない。
　時点修正による価格調査には、一定の評価額（例えば、収益物件であれば収益還元法により求めた価額）を用いて算定するものと、適切に市場価

格を反映していると考えられる指標を用いて算定するものが考えられる。更地では、土地の指標(公示価格、都道府県基準地価格、路線価による相続税評価額、固定資産税評価額等)の変動率により算定することが可能な場合もあるが、収益用の複合不動産の場合には、例えば収益還元法により価格を算定するなど、相対的に説得力のある手法を適用して時点修正による算定を行うべきである。また、時点修正による算定を行う際に採用した変動率等の算定根拠については成果報告書に明確に記載すべきである。

なお、時点修正による算定は、「原則的時価算定」の定義における脚注で記載されていることから、原則的時価算定に準じた算定として考えることができるが、簡便な算定方法であることから、成果報告書の記載事項はみなし時価算定に準じて記載することも許容される。

企業会計基準等では、時点修正での対応について明記されていないことが一般的であるため、時点修正の可能な期間は、原則として直近の原則的時価算定等の価格時点から12ヶ月未満とする。これは、財務諸表のための価格調査は年度末を価格時点とすることが多く、業務の集中を避けるために事前に原則的時価算定を行い、その後、年度末を価格時点とする時点修正[31]で対応することが考えられるからである。ただし、適用される企業会計基準等に時点修正での対応(類する内容も含む)の記載がある場合は、この限りではない(詳細については各論参照。現時点では「賃貸等不動産の時価等の開示に関する会計基準」(以下「賃貸等不動産会計基準」という。)のみが該当する)。

なお、適用される企業会計基準等により時点修正での対応が認められる場合で、「相対的に説得力が高いと認められる鑑定評価手法の選択的適用により求められた価格や適切に市場価格を反映していると考えられる指標に重要な変化が生じていない」ときについても、直近に行われた原則的時価算定等が行われた時点から長期間経過している場合は、再評価以外の原則的時価算定を行うべきである。どの程度経過したら長期間経過したとするかは、各種経済指標の変化、固定資産評価額の評価替えの有無、賃貸借の契約期間と改訂のタイミングなどを総合的に考慮して決定すべきである

---

[31] 適用される企業会計基準による時点修正での対応の可否については依頼者に確認する必要がある。

が、GIPS 基準[*32]の 2005 年版では、不動産投資は「少なくとも 36 ヶ月ごとに外部評価しなければならない。」(GIPS 基準 2005 年日本語版 6.A.2) と規定され、また、2010 年改訂公開草案では「2012 年 1 月 1 日以降の運用実績については、不動産投資は、独立した外部の、専門職として認定、公認、又は免許された商業用資産を評価する資格のある評価人又は鑑定人により、少なくとも 12 ヶ月ごとに評価しなければならない。」(GIPS 基準 2010 年改訂公開草案 (社) 日本証券アナリスト協会訳 6.A.2) と規定されていることから、12 ヶ月以上 36 ヶ月未満の期間が一つの目安となると考えられる。

9-1-1. 総則

> **財表価格調査の基本的考え方**
>
> Ⅴ．価格調査の実施の指針
> 　2．原則的時価算定の実施の指針
> 　　(1) 総則
> 　　　原則的時価算定においては、不動産鑑定評価基準に則った鑑定評価を行うこととする。ただし、不動産鑑定評価基準に則ることができない場合その他不動産鑑定評価基準に則らないことに合理的な理由がある場合（これらの場合を例示すれば①から⑥までに掲げるものがある。）には、この限りではない。この場合において、不動産鑑定評価基準に則らない価格調査を行う場合の具体的な要件、手続等については、(2) 以下の定めるところによる。

原則的時価算定は、「不動産鑑定評価基準に則った鑑定評価」が原則である。ただし、「不動産鑑定評価基準に則ることができない場合その他不動産鑑定評価基準に則らないことに合理的な理由がある場合」には、「不動産鑑定評価基準に則らない価格調査」も原則的時価算定に含まれる場合があることに留意する。その場合の例示として①～⑥が示されている。

[*32] GIPS 基準 (Global Investment Performance Standards：グローバル投資パフォーマンス基準) とは、資産運用会社が運用実績のパフォーマンスを提示するための基準として準拠する必要のある基準である。日本では (社) 日本証券アナリスト協会が採択している。

I. 総論

　なお、原則的時価算定によって算出された価格は、不動産鑑定評価基準に則った鑑定評価であるか否かにかかわらず、企業会計基準等に規定する時価（公正な評価額）に該当するものと考えられる。「賃貸等不動産会計基準」では、重要性のある不動産については、「原則的な時価算定[33]」である「不動産鑑定評価基準による方法又は類似の方法[34]」で時価を求めることとされている。そのため、原則的時価算定のうち不動産鑑定評価基準に則っていない価格調査が「不動産鑑定評価基準による方法」に該当するのかが問題となる。しかし、前記の理由から、原則的時価算定に該当する価格調査は、全て「不動産鑑定評価基準による方法」に該当すると考えられ、「原則的時価算定」と「原則的な時価算定」の関係を図示すると以下のとおりとなる。

　なお、「類似の方法」は、企業が日本国外に保有している不動産の時価を算定する方法を示していると考えられることから、日本国内の賃貸等不動産の時価を算定する「原則的な時価算定」は「原則的時価算定」に等しいと考えられる。

(図5　「原則的時価算定」と「原則的な時価算定」の関係)

〈財表価格調査の基本的考え方〉

原則的時価算定
原則：不動産鑑定評価基準に則った鑑定評価
例外：①〜⑥の価格調査で不動産鑑定評価基準に則らないもの

脚注1による算定（原則的時価算定に準じた算定）

〈賃貸等不動産会計基準〉

原則的な時価算定
不動産鑑定評価基準による方法
類似の方法

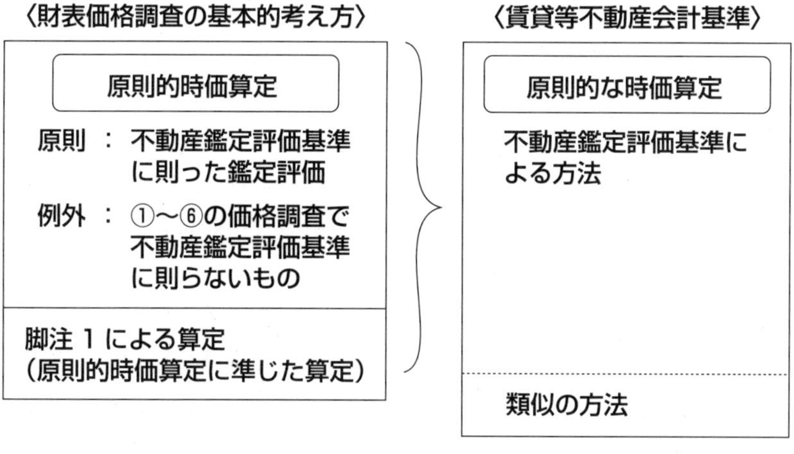

[33]「「不動産鑑定評価基準」（国土交通省）による方法又は類似の方法」（賃貸等不動産適用指針第23号第11項、第12項）

[34]「「不動産鑑定評価基準」に類似する方法としては、海外において用いられている不動産の評価方法などが含まれる」（企業会計基準委員会　公開草案に対するコメント）

> **財表価格調査の基本的考え方**
> ① 造成工事中又は建築工事中の状態を所与として対象不動産に建物以外の建設仮勘定（未竣工建物及び構築物に係る既施工部分）を含む価格調査を行う場合。

　造成工事中又は建築工事中の建設仮勘定は、既施工部分の資産性、第三者対抗要件の有無、施工会社等の留置権の問題、またそもそも不動産でないことから、鑑定評価の対象とならない。そのため、「未竣工建物の既施工部分(例えば基礎や鉄骨柱等)」の価値を加えた土地の価格を求める価格調査は、不動産鑑定評価基準に則ることができない。
　ただし、検査済証の交付又は仮使用の承認を得ており対象不動産としての確認が可能な場合は、不動産鑑定評価基準に則った鑑定評価を行うことができる。

> **財表価格調査の基本的考え方**
> ② 造成工事又は建築工事の完了後の状態を前提として行う価格調査を行う場合。

　「棚卸資産の評価に関する会計基準」(以下「棚卸資産会計基準」という。)に関し、棚卸資産の「完成後販売見込額」を求める価格調査については、造成工事又は建築工事の完了後の状態を前提として行うこととなる。他の企業会計基準では要請されないことから、依頼の受付時には留意すべきである。
　当該価格調査は、価格調査を行う時点において対象不動産が存在しないため、確認ができないことから、不動産鑑定評価基準に則らない価格調査を行うこととなる。その場合、造成工事又は建築工事の完了後の状態を前提に現在時点の価格調査を行う場合と将来の販売時点(将来時点)の価格調査を行う場合が考えられるが、将来の予測は困難であることから、原則として造成工事又は建築工事の完了後の状態を前提とする将来の販売時点(将来時点)の価格調査は行うべきではない。

I．総 論

　なお、造成工事又は建築工事中の建物等で、検査済証の交付又は仮使用の承認を得ているなど完成後の対象不動産として十分確認でき、実現性、合法性、関係当事者及び第三者の利益を害する恐れがないか等の観点から妥当なものと認められる場合には、不動産鑑定評価基準に則った鑑定評価を行う。

> **財表価格調査の基本的考え方**
> ③　土壌汚染の可能性を考慮外とする価格調査を行う場合。
> ④　建物環境についてアスベスト等の有害物質の存在の可能性を考慮外とする価格調査を行う場合。
> ⑤　埋蔵文化財又は地下埋設物の埋蔵又は埋設の可能性を考慮外とする価格調査を行う場合。

　土壌汚染、建物環境に係るアスベスト等の有害物質の存在又は埋蔵文化財若しくは地下埋設物の埋蔵若しくは埋設の可能性を考慮外とする価格調査で、不動産鑑定評価基準に則らないものを行う場合は、合理的な理由がある場合のみ原則的時価算定となる。

> **財表価格調査の基本的考え方**
> ⑥　過去に不動産鑑定評価基準に則った鑑定評価又はそれ以外の原則的時価算定が行われたことがある不動産の再評価を行う場合。

　過去に「財表価格調査の基本的考え方」又は他の目的（売買等）で行われた不動産鑑定評価基準に則った鑑定評価が行われたことがある不動産の再評価で不動産鑑定評価基準に則らないものを行う場合は、「財表価格調査の基本的考え方」記載の要件、手順等を満たしている場合のみ原則的時価算定となる。

9-1-2. 基本的事項

> **財表価格調査の基本的考え方**
> (2) 価格調査の基本的事項
> 　以下の場合を除くほか、原則的時価算定における基本的事項は、原則として、不動産鑑定評価基準に則るものとする。

　原則的時価算定における価格調査の基本的事項については、対象確定条件及び想定上の条件について記載した以下の①・②の場合を除いては、原則として不動産鑑定評価基準に則るものとする。

> **財表価格調査の基本的考え方**
> ① 対象確定条件
> 　原則的時価算定における対象確定条件については、企業会計基準等を適用する依頼者である企業の依頼目的に照らして妥当と認められる条件を設定する場合以外は、現状を所与とした条件を設定しなければならない。

　原則的時価算定においては、関係当事者及び第三者への影響が大きいため、現況と異なる対象確定条件を付することは許されず、原則として現状を所与として行うこととなる。

　対象不動産の確認資料としては、資産台帳などの帳簿を利用することとなるが、例えば「建物付属設備」が「機械装置」の科目に計上されている場合もあることから、帳簿上の科目にとらわれず対象となる不動産の範囲を適切に把握すべきである。

　企業会計基準等を適用する依頼者の依頼目的に照らして妥当と認められる条件については、付することが認められ、当該場合を例示すれば、以下のとおりである。

(a) 対象不動産が建物及びその敷地の場合に当該建物については別途依頼者が査定又は考慮する際の土地のみを対象とする場合(建物等がな

い独立のもの(更地)としての価格調査を行う場合と、建物等が存する状態を所与としてその構成部分の土地(建付地)を対象とする価格調査を行う場合があるが、更地としての価格は、建付地の価格と異なる可能性があることから、依頼目的と照らして妥当と認められるか検討し、更地としての価格と建付地の価格が異なる可能性があることについて、明記又は記載すべきである。)

(b) 賃貸等不動産会計基準に関し、連結対象会社間の賃貸借契約を無いものとして行う場合

(c) 棚卸資産会計基準に関し、現に造成工事中又は建築工事中の仕掛販売用不動産(開発事業等支出金)の価格を求める際に、開発素地としての土地のみを対象とする更地としての価格を求める場合(仕掛販売用不動産が現に開発過程にある不動産(一般的には半製品・仕掛品)という性質上、既に対象不動産に投下した造成工事費又は建築工事費については依頼者側で当然に把握及び考慮しているため、開発素地としての土地の原価となる時価を把握すれば足りることから、企業会計上合理性・妥当性が認められる。)

なお、棚卸資産会計基準に関し価格調査を行う場合には、「販売見込額」と「正味売却価格」のどちらを求めるのか依頼者とよく打ち合わせ、その際の条件を依頼者と明確にする必要がある。例えば、新築1棟マンションといっても、マンション販売業者に卸す場合の価格を求めるのか、エンドユーザーに売却する前提で販売総額を求めるのか、賃貸用であれば、完成直後に売却するのか、賃貸に供してから売却するのか、前提によって求める価格が異なってくる。造成工事又は建築工事の完了後の状態を前提として価格調査を行う場合は、原則として開発許可又は建築確認等必要な法令上の許認可を受け、かつ、価格時点において当該工事に着手している必要があると考えられる。そのため、当該法令上の許認可の有無について関係する役所で確認し、あわせて、計画図等の設計図書等で当該工事完成後の状況及び実施状況を確認し、実現可能性を検討すべきである。当該企業の作成した開発及び販売計画については、当該計画の適切性、実現可能性の

検討を慎重に行い、法的規制、経済市況等の外部要因のほか、その企業の実績から問題があると判断される場合には、適宜計画内容の修正を行い、必要に応じて現況を所与とした価格調査を行うべきである。

当該工事が未着手、又は開発許可若しくは建築確認等行政上の手続きが未了である場合には、その理由をよく調査確認し、当該計画の適切性、実現可能性が確認できない場合には、企業の依頼目的を再度確認し、条件設定の妥当性を再検討すべきである。

また、造成工事又は建築工事が未竣工の状態を所与とする価格調査で当該工事に既に着手している場合には、「未竣工建物の既施工部分」がどのような位置づけになるのか(そのまま工事を引き継ぐか、それとも撤去するか等)を、対象地の最有効使用の観点から判断する必要がある。

> **財表価格調査の基本的考え方**
>
> ② 想定上の条件
> 原則的時価算定においては、土壌汚染、建物環境に係るアスベスト等の有害物質の存在又は埋蔵文化財若しくは地下埋設物の埋蔵若しくは埋設(以下「土壌汚染等」という。)の可能性についての調査、査定又は考慮が依頼者により実施されると認められる場合には、価格等調査ガイドラインⅠ.5.の合理的な理由があるものとして、土壌汚染等の可能性を考慮外とする想定上の条件を付加することができる。

原則的時価算定においては、原則として地域要因や個別的要因について現況と異なる想定上の条件を付加してはならない。ただし、土壌汚染等の可能性を考慮外とする想定上の条件は、実現性、合法性、関係当事者及び第三者の利益を害する恐れがないか等の観点から妥当なものと認められる場合(不動産鑑定評価基準に則った鑑定評価となる)と土壌汚染等の可能性についての調査、査定又は考慮が依頼者により実施されると認められる場合(不動産鑑定評価基準に則らない価格調査となる)には、付加することができる。

不動産鑑定評価基準に則った鑑定評価となるためには、想定上の条件を

付加した理由として、下記例示程度の記載ができることが条件となる。

【記載例】

> 対象不動産には土壌汚染が確認されているが、当該土壌汚染を除去する費用については、財務諸表に明示され、投資家等はそのリスクを把握することができ、その実現性、合法性については株式会社○○による環境調査報告書等により確認できることから、当該土壌汚染の影響を考慮外とする鑑定評価。

　不動産鑑定評価基準に則らない価格調査となる場合の例として、「財表価格調査の基本的考え方」の脚注3では、「依頼者において、土壌汚染対策法(平成14年法律第53号)に規定する土壌汚染状況調査(これに準じる調査を含む)が実施される場合、引当金として計上される場合、財務諸表に土壌汚染等に係る注記(例：資産除去債務の概要、合理的に見積ることができない旨等の注記)がなされる場合等が挙げられる。」としている。いずれの場合に該当するかを、業務の目的と範囲の確認時に想定上の条件の付加理由として明記しなければならない。また、土壌汚染等の可能性についての調査、査定又は考慮が依頼者により実施されると明記した場合には、当該リスクについては依頼者側で負担することとなるため、不動産鑑定士としての独自調査は求められない。

　「土壌汚染状況調査」とは、土壌汚染対策法第2章(第3条から第5条)に基づく調査のことをいい、土地所有者等(所有者、管理者又は占有者)が、環境大臣指定の指定調査機関に依頼して環境省令で定める方法により行うものである。土壌汚染対策法では、土壌汚染状況調査を行う状況を規定しているが、当該状況に該当しない場合に任意に指定調査機関に依頼して環境省令で定める方法により行う調査及び各自治体の条例、要綱、指導指針などに基づいて行う調査が「準じる調査」に該当するものと考えられる。

　なお、棚卸資産会計基準に関し、未竣工建物を含む不動産の造成工事又は建築工事の完了後の状態を前提とする完成後販売価格を求める場合には、想定上の条件を付加することとなる。

9-1-3. 手　順

> **財表価格調査の基本的考え方**
>
> （3）　価格調査の手順
> 　原則的時価算定における価格調査の手順は、以下の①から③までにより不動産鑑定評価基準に定める手順と異なる手順で行う場合を除き、原則として、不動産鑑定評価基準に則るものとする。

　原則的時価算定の価格調査の手順は、以下の①～③に該当する場合以外は、原則として、不動産鑑定評価基準に則るものとする。

> **財表価格調査の基本的考え方**
>
> ①　（1）①又は②に掲げる価格調査を行う場合には、建設仮勘定に対応する建物等の既施工部分の進捗状況又は付加された想定上の条件に応じて価格調査の対象となる部分を適切に確定するものとする。また、不動産鑑定評価基準総論第5章第1節（対象不動産の確定）及び第8章第4節（対象不動産の確認）のうち、造成工事が完了していない土地又は未竣工建物等に係る物的確認及び権利の態様の確認以外の部分について、不動産鑑定評価基準に則るものとする。

　造成工事中又は建築工事中の状態を所与として対象不動産に建物以外の建設仮勘定（未竣工建物及び構築物に係る既施工部分）を含む不動産鑑定評価基準に則らない価格調査を行う場合、又は、造成工事又は建築工事の完了後の状態を前提として不動産鑑定評価基準に則らない価格調査を行う場合は、価格調査の対象となる部分を適切に確定するとともに、不動産鑑定評価基準に則ることができない想定上の条件による部分以外は、不動産鑑定評価基準に則って対象不動産の確定・確認を行うこととなる。

I．総論

> **財表価格調査の基本的考え方**
>
> ②　(1)③から⑤までに掲げる価格調査を行う場合には、不動産鑑定評価基準総論第5章第1節（対象不動産の確定）及び第8章第4節（対象不動産の確認）のうち当該想定上の条件に係る部分以外は、不動産鑑定評価基準に則るものとする。

　土壌汚染等に関し、不動産鑑定評価基準に則らない価格調査（土壌汚染の可能性を考慮外とする価格調査、建物環境についてアスベスト等の有害物質の存在の可能性を考慮外とする価格調査、埋蔵文化財又は地下埋設物の埋蔵又は埋設の可能性を考慮外とする価格調査）を行う場合は、当該想定上の条件に係る部分以外は、不動産鑑定評価基準に則って対象不動産の確定・確認を行うこととなる。

> **財表価格調査の基本的考え方**
>
> ③　(1)⑥に掲げる価格調査を行う場合において、自ら実地調査を行い又は過去に行ったことがあり、直近に行われた不動産鑑定評価基準に則った鑑定評価又はそれ以外の原則的時価算定が行われた時点と比較して、当該不動産の個別的要因（不動産鑑定評価基準各論第3章第3節Ⅲの表に掲げる専門性の高い個別的要因を含む。以下同じ。）並びに当該不動産の用途や所在地に鑑みて公示価格その他地価に関する指標や取引価格、賃料、利回り等の一般的要因及び地域要因に重要な変化がないと認められるときは、鑑定評価手法（不動産鑑定評価基準総論第7章の鑑定評価の方式をいう。以下同じ。）のうち、直近に行われた不動産鑑定評価基準に則った鑑定評価又はそれ以外の原則的時価算定における試算価格の調整において相対的に説得力が高いと認められた鑑定評価手法は少なくとも適用するものとする。ただし、原則として、対象不動産が賃貸されている不動産である場合については、収益還元法を適用しなければならない。なお、これらの鑑定評価手法の適用に当たっては、不動産鑑定評価基準総論第7章第1節（価格を求める鑑定評価の手法）及び不動産鑑定評価基準各論第1章（価格に関する鑑定評価）に則るものとする。

直近に行われた原則的時価算定等が行われた時点と比較して価格形成要因に重要な変化がないと認められるときは、鑑定評価手法を一部省略して再評価することができる。ただし、直近に行われた原則的時価算定等において説得力が高いと認められた鑑定評価手法は少なくとも適用し、特に対象不動産が賃貸されている不動産である場合は、収益還元法を適用する必要がある。鑑定評価手法を適用するに当たっては不動産鑑定評価基準に則るものとし、価格調査の手順を省略することはできない。そのため、再評価においても実地調査は必要である。

　また、再評価を行う場合は直近の価格調査の内容を検証すべきであり、不動産鑑定士自らが過去に実地調査を行っていない場合は、再評価を行うべきではない。なお、「自ら」とは不動産鑑定士を意味し、不動産鑑定業者が同一であっても担当不動産鑑定士が異なる場合は該当しないが、担当不動産鑑定士が同一であれば不動産鑑定業者が異なっていてもよい。また、複数の担当不動産鑑定士がいる場合は、一名以上が過去に行ったことがあれば足りる。

　価格形成要因の重要な変化の有無に関する判断については、以下の例示に掲げる事項を、実地調査、依頼者への確認、要因資料の分析等により明らかにすべきである。

個別的要因：①敷地の併合や分割(軽微なものを除く。)、区画形質の変更を伴う造成工事(軽微なものを除く。)、建物に係る増改築や大規模修繕工事(軽微なものを除く。)等の実施の有無、②公法上若しくは私法上の規制・制約等(法令遵守状況を含む。)、修繕計画、再調達価格、建物環境に係るアスベスト等の有害物質、土壌汚染、地震リスク、耐震性、地下埋設物等に係る重要な変化、③賃貸可能面積の過半を占める等の主たる借主の異動、借地契約内容の変更(少額の地代の改定など軽微なものを除く。)等の有無

一般的要因及び地域要因：不動産に関連する税制又は法令等の改正（いずれも軽微なものを除く。）、同一需給圏の範囲若しくは近隣地域の標準的使用又は対象不動産に係る市場の特性に係る変化、対象不動産の経済的要因からの適応状態に係る変動等

　また、「財表価格調査の基本的考え方」では、判断根拠の成果報告書への記載は求められていないが、不当な鑑定評価等業務に該当するかどうかの判断基準の一つとなることから、根拠資料を整理・保存しておくべきである。

　なお、価格形成要因に重要な変化がないと認められるときは、再評価を繰り返すことも可能であるが、直近に行われた原則的時価算定等が行われた時点から長期間経過している場合は、再評価以外の原則的時価算定を行うべきである。どの程度経過したら長期間経過したとするかは、p46に記載のとおりGIPS基準における12ヶ月以上36ヶ月未満の期間が一つの目安となると考えられる。

9-1-4. 成果報告書の記載事項

> **財表価格調査の基本的考え方**
>
> (4) 成果報告書の記載事項等
> ① (2)又は(3)により、不動産鑑定評価基準に則らないものを行う場合には、価格等調査ガイドラインⅢ.1)及び2)の記載を行うものとする。

　原則的時価算定に含まれる不動産鑑定評価基準に則らない価格調査を行う場合は、「価格等調査ガイドライン」Ⅲ.1)及び2)に基づき、成果報告書の調査価格等の近傍などわかりやすい場所に不動産鑑定評価基準に則った鑑定評価と結果が異なる可能性がある旨、並びに依頼目的及び開示される範囲等についての確認事項を記載する必要がある。

また、賃貸等不動産会計基準に関して、「原則的な時価算定[*35]」である「不動産鑑定評価基準による方法」で時価を求める場合については、「財表価格調査の基本的考え方」及びこの実務指針に基づく原則的時価算定(時点修正による原則的時価算定に準じた算定も含む)によって算出された価格は、不動産鑑定評価基準に則った鑑定評価であるか否かにかかわらず、企業会計基準等に規定する時価(公正な評価額)に該当する旨を記載することが望ましい。

　なお、記載内容について例示すると以下のとおりである。

[*35]「「不動産鑑定評価基準」(国土交通省)による方法又は類似の方法」(賃貸等不動産適用指針第23号第11項、第12項)

Ⅰ．総 論

【記載例】
① 不動産鑑定評価基準に則っていない原則的時価算定の場合

> Ⅱ．［調査価格等／調査価額／意見価格］
> 　金〇〇〇,〇〇〇,〇〇〇円
>
> - 上記の結果は、価格調査の基本的事項及び手順が不動産鑑定評価基準に則っていないため、不動産鑑定評価基準に則った鑑定評価を行った場合には結果が異なる可能性がある。
> - 本調査は、前記で記載した依頼目的以外での使用及び記載されていない者への開示等は想定していない。
> - 上記の結果は、「財務諸表のための価格調査の実施に関する基本的考え方」（国土交通省）及び「財務諸表のための価格調査に関する実務指針」（日本不動産鑑定協会）に基づく原則的時価算定によるものであり、企業会計基準等に規定する時価に該当する。

② 直近の原則的時価算定等に時点修正を行った場合

> Ⅱ．［調査価格等／調査価額／意見価格］
> 　金〇〇〇,〇〇〇,〇〇〇円
>
> - 上記の結果は、価格調査の基本的事項及び手順が不動産鑑定評価基準に則っていないため、不動産鑑定評価基準に則った鑑定評価を行った場合には結果が異なる可能性がある。
> - 本調査は、前記で記載した依頼目的以外での使用及び記載されていない者への開示等は想定していない。
> - 上記の結果は、「財務諸表のための価格調査の実施に関する基本的考え方」（国土交通省）及び「財務諸表のための価格調査に関する実務指針」（日本不動産鑑定協会）に基づき、直近の不動産鑑定評価基準に則った鑑定評価（又はそれ以外の原則的時価算定）に適切な調整を行った原則的時価算定に準じた算定をしたものであり、企業会計基準等に規定する時価に該当する。

> **財表価格調査の基本的考え方**
>
> ② (3) ③により、(1) ⑥に掲げる価格調査であって不動産鑑定評価基準に則らないものを行う場合（直近に行われた不動産鑑定評価基準に則った鑑定評価又はそれ以外の原則的時価算定において適用された鑑定評価手法の一部を適用しない場合）には、価格等調査ガイドラインⅡ．4．(4)の明記及びⅢ．4．(4)の記載については、不動産鑑定評価基準総論第5章第3節に定める価格の種類ではなく、適用した鑑定評価手法を明記又は記載するものとする。

　「財表価格調査の基本的考え方」に基づき不動産の再評価を行う場合に直近に行われた原則的時価算定等において適用された鑑定評価手法の一部を適用しない場合には、「価格等調査ガイドライン」Ⅱ．「業務の目的と範囲等の確定」4．(4)「価格等を求める方法又は価格等の種類」の明記及びⅢ．「業務の目的と範囲等に関する成果報告書への記載事項」4．(4)「価格等を求める方法又は価格等の種類」の記載については、不動産鑑定評価基準総論第5章第3節に定める価格の種類ではなく、適用した鑑定評価手法を明記又は記載するものとする。

　その他の不動産鑑定評価基準に則らない原則的時価算定を行った場合の業務の目的と範囲等の確定に係る確認書への明記事項及び成果報告書への記載事項については、「価格等調査ガイドライン」及び「価格等調査ガイドラインの取扱いに関する実務指針」の内容にしたがうことになる。

　したがって、「価格等調査ガイドライン」Ⅱ．4．(5)「想定上の条件」及び(6)「不動産鑑定評価基準に則った鑑定評価との主な相違点及びその妥当性」及びⅡ．5．(5)「不動産鑑定評価基準に則った鑑定評価との主な相違点及びその妥当性」の明記並びにⅢ．4．(6)「不動産鑑定評価基準に則った鑑定評価との主な相違点及び妥当性の根拠」及びⅢ．5．(2)「不動産鑑定評価基準に則った鑑定評価との主な相違点及び妥当性の根拠」の合理的な理由の記載については、以下のとおり記載することが考えられる。

【記載例】

・本調査は、「財務諸表のための価格調査の実施に関する基本的考え方」（国土交通省）及び「財務諸表のための価格調査に関する実務指針」（日本不動産鑑定協会）に従った価格調査であるため

9-2. みなし時価算定

9-2-1. 総　則

> **財表価格調査の基本的考え方**
> 3. みなし時価算定の実施の指針
>   (1) 総　則
>   　みなし時価算定は、鑑定評価手法を選択的に適用し、又は一定の評価額や適切に市場価格を反映していると考えられる指標等に基づき、企業会計基準等において求めることとされている不動産の価格を求めるものである。

　企業会計基準等においては、「一定の評価額や適切に市場価格を反映していると考えられる指標等に基づく価額は時価とみなすことができる」とされている。
　「鑑定評価手法を選択的に適用」するとは、適用すべき手法のうち、その手法の適用が困難であるか否かの判断を行うことなく特定の手法のみを選択適用することをいう。
　「一定の評価額」とは、不動産鑑定評価基準に則った鑑定評価額や、特定の手法を適用して求めた価額のほか、合理的な方法で査定されたものであればよく、必ずしも不動産鑑定士が行った評価に限定されるものではない。例えば、不動産仲介業者等が提供するいわゆる実勢価格や、査定価格といわれるものも含まれる。
　「適切に市場価格を反映していると考えられる指標」とは、例えば、土地

については、公示価格、都道府県基準地標準価格、路線価による相続税評価額、固定資産税評価額等があげられる。みなし時価算定に当たっては、これらの価格及び指標等を適切に選択、補修正して求めることとなる。

なお、みなし時価算定は、「企業会計基準等において求めることとされている不動産の価格を求めるものである」ので、言い換えれば、みなし時価算定によって算出された価格は、企業会計基準等に規定する公正な評価額に該当するものと考えられる。

9-2-2. 基本的事項

> **財表価格調査の基本的考え方**
> (2) 価格調査の基本的事項
> みなし時価算定における基本的事項は、以下に定めるとおりとする。
> ① 対象不動産の確定及び確認
> 対象不動産の確定及び確認にあたっては、実地調査を行うものとする。ただし、以下のいずれかの場合にはこの限りではない。

「実地調査」は、みなし時価評価にあっても通常の鑑定評価と同様に行わなければならないが、以下(i)〜(iv)に該当する場合は省略ができる。

> **財表価格調査の基本的考え方**
> (i) Ⅳ 1. ①から③までの目的で行われる価格調査の場合

① 減損の兆候の把握における市場価格の著しい下落を判定する際に行われる不動産の時価算定を行う目的
② 減損損失の認識の判定における割引前将来キャッシュフローに含める将来の正味売却価額を算出する際の不動産の時価を求める目的(現在の正味売却価額で代替する場合を含む。)
③ 減損損失の測定における使用価値を求める場合の使用後の処分によって生じるキャッシュフローとして将来の正味売却価額を算出する際の不

動産の時価を求める目的(現在の正味売却価額で代替する場合を含む。)

> **財表価格調査の基本的考え方**
> (ii) 賃貸等不動産の総額に重要性が乏しいか否かを依頼者が判断する際の不動産の時価を求める目的で行われる価格調査の場合

> **財表価格調査の基本的考え方**
> (iii) 過去に不動産鑑定評価基準に則った鑑定評価又はそれ以外の原則的時価算定が行われたことがある不動産の再評価を行う場合であり、かつ、実地調査を過去に自ら行ったことがあり、直近に行われた不動産鑑定評価基準に則った鑑定評価又はそれ以外の原則的時価算定が行われた時点と比較して、当該不動産の個別的要因並びに当該不動産の用途や所在地に鑑みて公示価格その他地価に関する指標や取引価格、賃料、利回り等の一般的要因及び地域要因に重要な変化がないと認められる場合

　原則的時価算定のほか、目的のいかんにかかわらず、不動産鑑定評価基準に則っているすべての評価が再評価の対象となる(証券化対象不動産を除く)。

　「過去に自ら行った」とは、原則として、本人が作成担当不動産鑑定士として過去において実地調査を行っていることを意味する(p56、9-1-3.「手順」参照)。

　なお、原則的時価算定では、「過去に原則的時価算定等が行われたことがある不動産の再評価を行う場合」に、直近の原則的時価算定等において相対的に説得力が高い評価手法のみを適用する場合がある。みなし時価算定における「鑑定評価手法を選択的に適用したもの」とは評価手法の一部しか適用しない点は共通であるが、原則的時価算定の場合には、評価手法を一部しか適用しないこと以外は不動産鑑定評価基準に則っている必要があることに留意したい。

(表11 2.(1)⑥再評価との相違の整理)

原則的時価算定(「財表価格調査の基本的考え方」2.(1)⑥再評価)	直近の原則的時価算定等において相対的に説得力が高い評価手法のみを適用する(手法の一部を省略することがありうる)こと以外は不動産鑑定評価基準に従う。
みなし時価算定(「財表価格調査の基本的考え方」3.(1)評価手法を選択的に適用)	手法を選択的に適用して評価。その他の部分については案件に応じ、不動産鑑定評価基準の適用を適切に判断する。

> **財表価格調査の基本的考え方**
> (ⅳ) 依頼者から対象不動産の物的状況及び権利の態様に関する状況等に関する合理的な推定を行うに足る資料の提供を受けた場合

「財表価格調査の基本的考え方」では、当該資料の例示として、土地については登記簿謄本、所在図、公図、確定実測図、現況写真等、建物については登記簿謄本、建物図面、竣工図、建築確認通知書、検査済証等、現況写真等、土地又は建物が賃貸されている場合においては賃貸借契約書等を挙げている。いずれも、価格調査の時点になるべく近いものを収集する必要がある。

なお、資料が不足している場合や、資料の取得時点が古い場合等で、合理的な推定を行うことができないと判断される場合は、実地調査を行わなければならない。

> **財表価格調査の基本的考え方**
> ② 想定上の条件
> みなし時価算定においては、価格等調査ガイドラインⅠ.5.の合理的な理由があるものとして、土壌汚染等の可能性を考慮外とする想定上の条件を付加することができる。

I．総論

　みなし時価算定では、下記3項目の調査については、「価格等調査ガイドライン」Ⅰ．5にある「依頼目的、調査価格等が開示される範囲又は公表の有無等に照らして当該想定上の条件を付加することが合理的である理由」があるものとして想定上の条件を付加することができる。

- 土壌汚染の可能性を考慮外とする価格等調査
- 建物環境についてアスベスト等の有害物質の存在の可能性を考慮外とする価格等調査
- 埋蔵文化財又は地下埋設物の埋蔵又は埋設の可能性を考慮外とする価格等調査

　「価格等調査ガイドライン」では、原則として、想定上の条件を付加する場合には、当該想定上の条件を付加することが合理的である理由及び不動産鑑定評価基準に則った鑑定評価との主な相違点及びその妥当性について検証し、その内容について、業務の目的と範囲等の確定に係る確認書や成果報告書等への明記、記載することを求めている。

　ただし、みなし時価算定においては、土壌汚染等の可能性を考慮外とする想定上の条件を付加した場合の「価格等調査ガイドライン」Ⅱ．4．(5)及び(6)、Ⅱ．5．(5)、Ⅲ．4．(6)並びにⅢ．5．(2)の合理的理由については、「財務諸表のための価格調査の実施に関する基本的考え方」（国土交通省）及び「財務諸表のための価格調査に関する実務指針」（日本不動産鑑定協会）に従った価格調査である」旨記載すれば足ることとする。

　なお、「価格等調査ガイドライン」Ⅰ．5にある特定の想定上の条件のうち、未竣工建物を含む不動産の竣工を前提として行う価格等調査[36]については、「価格等調査ガイドライン」に従い、当該想定上の条件を付加することが合理的である理由及び不動産鑑定評価基準に則った鑑定評価との主な相違点及びその妥当性について、その内容を検証の上、業務の目的と範囲等の確定に係る確認書や成果報告書等に明記、記載しなければならないことに留意すべきである。

---

[36] 建物が建築中で、その建物が鑑定評価の対象として認められる程度に完成している場合（工事完了検査済証の取得が可能な状態で、建物が不動産鑑定評価基準総論第5章第1節鑑定評価の基本的事項における対象不動産の確定、確認が可能な程度に完成している場合（原則として検査済証の交付又は仮使用の承認を請けている場合））を除く。

> **財表価格調査の基本的考え方**
>
> ③　価格の算出方法等
>   みなし時価算定における価格等調査ガイドラインⅡ．4．(4) の明記及びⅢ．4．(4) の記載については、不動産鑑定評価基準総論第5章第3節に定める価格の種類ではなく、価格を求めた方法を明記又は記載するものとする。

「価格等調査ガイドライン」では、「業務の目的と範囲等の確定に係る確認書」に明記しなければならない項目の中に「価格等を求める方法又は価格等の種類」を挙げており、さらにこの項目は、成果報告書にも記載しなければならないとしている。

「財表価格調査の基本的考え方」では、みなし時価算定においては、不動産鑑定評価基準総論第5章第3節に定める価格の種類（正常価格、限定価格、特定価格、特殊価格）ではなく、価格を求めた方法を明記又は記載することとされた。

9-2-3.　手　順

> **財表価格調査の基本的考え方**
>
> (3)　価格調査の手順
>   みなし時価算定における価格調査の手順については、適用される企業会計基準等の趣旨、対象不動産の立地条件・規模・構造・用途等を勘案して適切な手法を採用しなければならない。

みなし時価算定の手法適用に当たっての留意事項については、各論を参照のこと。

9-2-4. 成果報告書の記載事項

> **財表価格調査の基本的考え方**
>
> (4) 成果報告書の記載事項
>   成果報告書には、価格等調査ガイドラインⅢ．に定める事項の他、調査価格の算出に至る過程（適用した手法に基づく算出過程、算出結果を妥当と認めた理由）を記載しなければならない。ただし、以下に掲げる目的で行われる価格調査については、この限りではない。
>   (i) Ⅳ1．①から③までの目的
>   (ii) 賃貸等不動産の総額に重要性が乏しいか否かを依頼者が判断する際の不動産の時価を求める目的

　財務諸表のための価格調査の成果報告書には、「価格調査ガイドライン」Ⅲ．に定める事項の他、調査価格の算出に至る過程も記載しなければならない。

　ただし、固定資産の減損処理における減損の兆候の把握、減損損失の認識の判定及び減損損失の測定（使用価値を求める場合）における将来の正味売却価額を求める場合、及び賃貸等不動産の総額に重要性が乏しいかどうかの判断を行う際のみなし時価算定に限っては、算出に至る過程の記載を省略してもかまわないものとする。

9-3. その他

　原則的時価算定又はみなし時価算定を行う場合には、「価格等調査ガイドライン」のほか、「財表価格調査の基本的考え方」に従うものとする。また、原則的時価算定として、不動産鑑定評価基準に則った鑑定評価を行う場合には、不動産鑑定評価基準にも従う。なお、対象不動産が証券化対象不動産に該当する場合であって「証券化対象不動産の継続評価の実施に関する基本的考え方」Ⅱ．に定める適用範囲に該当するときは、同基本的考え方を適用するものとし、「財表価格調査の基本的考え方」は適用しない。

ちなみに、「財表価格調査の基本的考え方」は、あくまで価格調査を行う場合に適用されるものであるので、時点修正率や還元利回り等に対する意見、レビュー（既存の成果報告書の手順、記載項目等の妥当性の検証）等価格調査ではない業務は、「価格等調査ガイドライン」及び「財表価格調査の基本的考え方」は適用外となる。なお、その場合にあっても、価額そのものについて言及したときは、「価格等調査ガイドライン」「財表価格調査の基本的考え方」及び本実務指針にも従わなければならない。

　なお、財務諸表のための価格調査の成果報告書では、この報告書が「原則的時価算定」を行ったものなのか、それとも「みなし時価算定」であるかを明確にしておく必要がある。依頼目的や鑑定評価の基本的事項等本文中の記載においては、その旨を明示し、誤解を与えないような表現を心がけるべきであるが、それ以外にも、表紙又は本文（鑑定評価額等の記載を含む）より先の部分に下記記載例のような表示を入れる等、依頼者等が一見して理解できるような工夫をすることが望ましい。[*37]

【記載例】

- 「「財務諸表のための価格調査の実施に関する基本的考え方」に基づく原則的時価算定」
- 「「財務諸表のための価格調査の実施に関する基本的考え方」に基づくみなし時価算定」
- 「「財務諸表のための価格調査の実施に関する基本的考え方」脚注1による原則的時価算定に準じた算定」

[*37] 「価格等調査ガイドライン」及び「財表価格調査の基本的考え方」の適用範囲外である、不動産の鑑定評価に関する法律第3条第2項（隣接・周辺業務）に該当するみなし時価算定の補助的作業を行った場合においても、例えば「財務諸表に関する価格調査以外の法律第3条第2項の隣接・周辺業務」と表紙に記載する等、みなし時価算定と異なる旨を明確にすることが望まれる。

II. 各論

Ⅱ-1. 固定資産の減損に関する価格調査

1. 背景・目的

(1) 背景

わが国において、固定資産の減損に係わる会計基準は、

平成14年8月 「固定資産の減損に係る会計基準の設定に関する意見書」（以下「減損会計意見書」という。）、「固定資産の減損に係る会計基準」（以下「減損会計基準」という。）、「固定資産の減損に係る会計基準注解」（以下「減損会計基準注解」という。）

平成15年10月 「固定資産の減損に係る会計基準の適用指針」（以下「適用指針」という。）

が公表されている。

　この背景として、1990年代半ば以降のデフレ経済のもと、不動産をはじめ固定資産の価格や収益性が著しく低下している状況において、それらの帳簿価額が価値を過大に表示したまま将来に損失を繰り延べているのではないかという疑念が示され、このような状況が、わが国企業の財務諸表の信頼性を損ね、また、減損に関する処理基準が整備されていないため、企業は恣意的に固定資産の評価減を行うおそれがあった。

　固定資産の減損について適正な会計処理を行うことにより、投資者に的確な情報を提供するとともに、会計基準の国際的調和を図るなどの観点から会計基準の整備がなされた。

(2) 目 的

　本章は、「減損会計意見書」「減損会計基準」「減損会計基準注解」「適用指針」（以下「減損会計基準等」という。）に基づき、固定資産の減損処理を検討・実施する企業等からの依頼により、不動産鑑定士が価格調査を行うに当たり指針とすべきものとして、また、「価格等調査ガイドライン」「運用上の留意事項」「財表価格調査の基本的考え方」に示されている用語の概念並び

に手続きの流れを「減損会計基準等」との関連において明確に整理し、価格調査の実務の統一を図ることや、価格調査を活用する関係者の参考資料としても位置づけている。

　したがって、価格調査を行う際には、原則として準拠するものとし、準拠できない場合又は他の方法による場合には、その根拠を明示しなければならない。

2. 減損会計基準等の概要

(1) 用語の定義
① 固定資産の減損

固定資産の減損とは、資産の収益性の低下により投資額の回収が見込めなくなった状態であり、減損処理とは、そのような場合に、一定の条件の下で回収可能性を反映させるように帳簿価額を減額する会計処理である。(「減損会計意見書」三．3)

② 回収可能価額

回収可能価額とは、資産又は資産グループ[*38]の正味売却価額と使用価値のいずれか高い方の金額をいう。

③ 正味売却価額

正味売却価額とは、資産又は資産グループの時価から処分費用見込額を控除して算定される金額をいう。

〈現在時点における正味売却価額〉

正味売却価額　＝　時価　－　処分費用見込額

- ○ 市場価格が存在する場合には、原則として、市場価格に基づく価額を時価とする。
- ○ 市場価格が観察できない場合には、合理的に算定された価額を時価とする。
- ○ 不動産については、「不動産鑑定評価基準」に基づいて算定する。自社における合理的な見積りが困難な場合には、不動産鑑定士から鑑定評価額を入手して、それを合理的に算定された価額とすることができる。

　なお、重要性が乏しい不動産については、一定の評価額や適切に市場価格を反映していると考えられる指標を、合理的に算定された価額

[*38] 資産グループ：他の資産又は資産グループのCFから概ね独立したCFを生み出す最小単位のこと。(「減損会計基準」二1(6)①参照)

とみなすことができる。
○ その他の固定資産については、コスト・アプローチやマーケット・アプローチ、インカム・アプローチによる見積方法が考えられるが、資産の特性等によりこれらのアプローチを併用又は選択して算定する。

〈将来時点における正味売却価額〉
○ 当該時点以後の一期間の収益見込額を、その後の収益に影響を与える要因の変動予測や予測に伴う不確実性を含む当該時点の収益率(最終還元利回り)で割り戻した価額から処分費用見込額の当該時点における現在価値を控除して算定する。
○ 上記方法により将来時点の正味売却価額を算定することが困難な場合は、現在の正味売却価額(償却資産の場合には、現在の正味売却価額から適切な減価額を控除した金額)を用いることができる。
○ 現在の市場価格や合理的に算定された価額である時価を容易に入手できない場合は、現在における一定の評価額や適切に市場価格を反映していると考えられる指標を利用して、現在の正味売却価額を算定することができる。
○ 資産の減価償却計算に用いられている税法規定等に基づく残存価額に重要性が乏しい場合には、当該残存価額を、当該資産の経済的残存使用年数経過時点における正味売却価額として用いることができる。

④ 時　価

時価とは公正な評価額をいい、通常、それは観察可能な市場価格をいう。市場価格が観察できない場合には、合理的に算定された価額が時価となる。合理的に算定された価額は、市場価格に準ずるものとして、合理的な見積りに基づき算定される。

⑤ 使用価値

使用価値は、資産又は資産グループの継続的使用と使用後の処分によって生ずると見込まれる将来キャッシュ・フローの現在価値をいう。

〈キャッシュ・フロー見積りの留意点〉
- ○ 取締役会等の承認を得た中長期計画の前提となった数値を、企業の内外の情報と整合的に修正し、現在の使用状況や合理的な使用計画等を考慮する。
- ○ 中長期計画が存在しない場合、企業は、企業の内外の情報に基づき、現在の使用状況や合理的な使用計画等を考慮する。
- ○ 中長期計画の見積期間を超える期間の将来キャッシュ・フローは、原則として、中長期計画の前提となった数値に、それまでの計画に基づく趨勢を踏まえ一定又は逓減する成長率の仮定をおいて見積る。
- ○ 資産又は資産グループの将来キャッシュ・フローの見積りに際しては、現金基準に基づいて見積る方法のほか、発生基準に基づいて見積った金額に当該資産又は資産グループの減価償却費などの重要な非資金損益項目を加減した金額を用いることができる。
- ○ 将来キャッシュ・フローの見積りには、利息の受取額を含めない。
- ○ 固定資産の使用に伴って直接的に生ずると考えられる利息の受取額は、将来キャッシュ・フローの見積りに含めることができる。
- ○ 使用価値の算定に際して用いられる割引率

  勘案事項
  - ・当該企業における当該資産又は資産グループに固有のリスクを反映した収益率
  - ・当該企業に要求される資本コスト
  - ・当該資産又は資産グループに類似した資産又は資産グループに固有のリスクを反映した市場平均と考えられる合理的な収益率
  - ・当該資産又は資産グループのみを裏付けとして大部分の資金調達を行ったときに適用されると合理的に見積られる利率

なお、「財表価格調査の基本的考え方」には、使用価値の算定について記載がないことから、本実務指針では、使用価値については言及していない。

⑥ 共用資産

複数の資産又は資産グループの将来キャッシュ・フローの生成に寄与す

る資産のうち、のれん以外のもの。

⑦ 主要な資産
　資産グループの将来キャッシュ・フロー生成能力にとって最も重要な構成資産をいい、資産のグルーピングを行う際に判断要素として、企業は、当該資産を必要とせずに資産グループの他の構成資産を取得するかどうか、企業は当該資産を物理的及び経済的に容易に取り替えないかどうか、という観点から決定される。

⑧ 経済的残存使用年数
　原則として当該資産が今後、経済的に使用可能と予測される年数と考えられるが、税法耐用年数等に基づく残存耐用年数と著しい相違がある等の不合理と認められる事情のない限り、当該残存耐用年数を経済的残存使用年数とみなすことができる。

(2) 減損会計適用の流れ

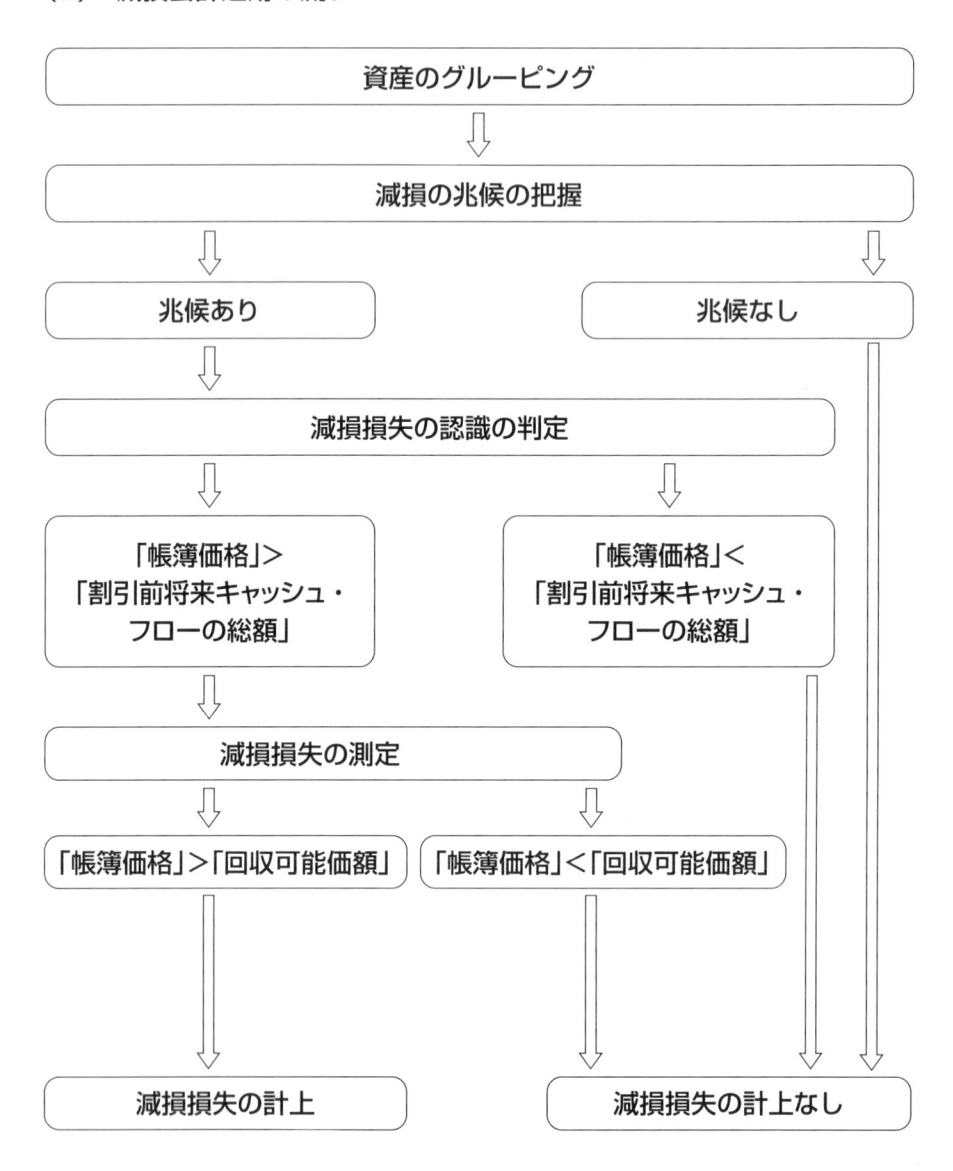

```
           ┌─────────────────────────┐
           │    資産のグルーピング    │
           └─────────────────────────┘
                      ↓
           ┌─────────────────────────┐
           │    減損の兆候の把握      │
           └─────────────────────────┘
              ↓                    ↓
        ┌─────────┐           ┌─────────┐
        │ 兆候あり │           │ 兆候なし │
        └─────────┘           └─────────┘
              ↓
   ┌─────────────────────────┐
   │   減損損失の認識の判定   │
   └─────────────────────────┘
       ↓                ↓
┌──────────────┐  ┌──────────────┐
│「帳簿価格」> │  │「帳簿価格」< │
│「割引前将来キャッシュ・│  │「割引前将来キャッシュ・│
│ フローの総額」│  │ フローの総額」│
└──────────────┘  └──────────────┘
       ↓
┌──────────────────────┐
│    減損損失の測定     │
└──────────────────────┘
       ↓                    ↓
┌──────────────────┐ ┌──────────────────┐
│「帳簿価格」>「回収可能価額」│ │「帳簿価格」<「回収可能価額」│
└──────────────────┘ └──────────────────┘
       ↓                          ↓        ↓      ↓
┌──────────────┐              ┌──────────────────┐
│ 減損損失の計上│              │ 減損損失の計上なし│
└──────────────┘              └──────────────────┘
```

(3) 対象資産

固定資産(有形固定資産、無形固定資産、投資その他の資産)が対象となる。

ただし、他の基準に減損処理の定めのある資産は対象外である。(「金融商品に係る会計基準」における金融資産、「税効果会計に係る会計基準」における繰延税金資産、「研究開発費等に係る会計基準」において無形固定資産として計上されている市場販売目的のソフトウェア等)

(4) 資産のグルーピング

① 資産のグルーピングの必要性

複数の資産が一体となって独立したキャッシュ・フローを生み出す場合、減損損失を認識するかどうかの判定及び減損損失の測定に際して、合理的な範囲で資産のグルーピングを行う必要がある。

② 資産のグルーピングの手順

(a) 店舗や工場などの資産と対応して継続的に収支の把握がなされている単位を識別し、グルーピングの単位を決定する基礎とする。

(b) グルーピングの単位を決定する基礎から生ずるキャッシュ・イン・フローが、他の単位から生ずるキャッシュ・イン・フローと相互補完的であり、当該単位を切り離したときには他の単位から生ずるキャッシュ・イン・フローに大きな影響を及ぼすと考えられる場合には、当該他の単位とグルーピングを行う。

③ 遊休資産等の取扱い

資産の処分や事業廃止に関わる意思決定を行い、その代替的な投資が予定されていない重要な資産や、将来の使用が見込まれていない重要な遊休資産は、他の資産又は資産グループのキャッシュ・フローから概ね独立したキャッシュ・フローを生み出す最小の単位として取り扱う。なお企業が将来の使用を見込んでいる遊休資産は、その見込みに沿って、グルーピングを行うことになる。

(5) 減損の兆候

① 減損の兆候

　減損の兆候とは、資産又は資産グループの収益性が低下したことにより、投資額を回収できない可能性を示す事象が発生していることをいう。減損の兆候を把握することとしたのは、対象資産すべてについて、減損損失を認識するかどうかの判定を行うことが、実務的に大きな負担となることを配慮したためである。

　減損の兆候の判定は、基本的には企業が、下表のような企業内部の情報や企業外部の要因に関する情報などの通常の企業活動において実務的に入手可能な情報に基づいて判定することとされている。

(1)　企業内部の情報	①　内部管理目的の損益報告 ②　事業の再編等に関する経営計画など
(2)　企業外部の要因に関する情報	①　経営環境に関する情報 ②　資産の市場価格に関する情報など

② 兆候の例示

(a)　営業活動から生ずる損益又はキャッシュ・フローが継続してマイナスとなっているか、又はマイナスとなる見込みである場合。(概ね過去2期。ただし、当期の見込みが明らかにプラスとなる場合は該当しない。)

(b)　使用範囲又は方法について回収可能価額を著しく低下させる変化が生じたか、又は生ずる見込みである場合(主要な資産の変化も含まれる。)

(c)　経営環境(市場環境、技術的環境、法律的環境等)の著しい悪化の場合

(d)　市場価格の著しい下落(少なくとも50％程度下落した場合が該当)の場合

> ### 減損会計基準等　　　　　　　　　　（資料：企業会計基準委員会）
>
> ① 資産又は資産グループが使用されている営業活動から生ずる損益又はキャッシュ・フローが継続してマイナスとなっているか、あるいは、継続してマイナスとなる見込みであること。
> ② 資産又は資産グループが使用されている範囲又は方法について、当該資産又は資産グループの回収可能価額を著しく低下させるような変化が生じたか、あるいは、生ずる見込みであること（注2）
> 　　（注2）「資産又は資産グループが使用される範囲又は方法について生じる当該資産又は資産グループの回収可能価額を著しく低下させるような変化」とは、
> 　　　　1) 資産又は資産グループが使用されている事業を廃止又は再編成すること。
> 　　　　2) 当初の予定よりも著しく早期に資産又は資産グループを処分すること。
> 　　　　3) 資産又は資産グループを当初の予定と異なる用途に転用すること。
> 　　　　4) 資産又は資産グループが遊休状態になったこと。
> 　　　　5) 資産又は資産グループの稼働率が著しく低下した状態が続いており、著しく低下した稼動率が回復する見込みがないこと。
> 　　　　6) 資産又は資産グループに著しい陳腐化等の機能的減価が観察できること。
> 　　　　7) 建設仮勘定に係る建設が、計画の中止又は大幅な延期が決定されたことや当初の計画に比べ著しく滞っていること。
> 　　　　　　等をいう。
> ③ 資産又は資産グループが使用されている事業に関連して、経営環境が著しく悪化したか、あるいは、悪化する見込みであること
> ④ 資産又は資産グループの市場価格が著しく下落したこと
>
> 「減損会計基準」二1、なお、②1)～4)については「減損会計基準注解」（注2)、②5)～7)については「適用指針」第13項(5)～(7)

(6) 減損損失の認識の判定

　減損の兆候があると判断された場合、次のステップとして減損損失を認識するかどうかの判定を行う必要がある。その判定は、資産又は資産グループから得られる割引前将来キャッシュ・フローの総額と帳簿価額を比較することによって行い、資産又は資産グループから得られる割引前将来キャッシュ・フローの総額が帳簿価額を下回る場合には減損損失を認識する。

　減損損失を認識するかどうかを判定するために割引前将来キャッシュ・

フローを見積る期間は、資産又は資産グループ中の主要な資産の経済的残存使用年数と 20 年のいずれか短い方とする。

> **減損会計基準等**　　　　　　　　　　　　（資料：企業会計基準委員会）
>
> (1) 減損の兆候がある資産又は資産グループについての減損損失を認識するかどうかの判定は、資産又は資産グループから得られる割引前将来キャッシュ・フローの総額と帳簿価額を比較することによって行い、資産又は資産グループから得られる割引前将来キャッシュ・フローの総額が帳簿価額を下回る場合には、減損損失を認識する。
> (2) 減損損失を認識するかどうかを判定するために割引前将来キャッシュ・フローを見積る期間は、資産の経済的残存耐用年数又は資産グループ中の主要な資産の経済的残存使用年数と 20 年のいずれか短い方とする。(注3)(注4)
>
> (注3) 主要な資産：
>   　主要な資産とは、資産グループの将来キャッシュ・フロー生成能力にとって最も重要な構成資産をいう。
> (注4) 資産又は資産グループ中の主要な資産の経済的残存使用年数が 20 年を超える場合には、20 年経過時点の回収可能価額を算定し、20 年目までの割引前将来キャッシュ・フローに加算する。
>   　（「減損会計基準」二 2、「減損会計基準注解」（注3）（注4））

(7) 減損損失の測定

減損損失を認識すべきであると判定された資産又は資産グループについては帳簿価額を回収可能価額まで減額し、当該減少額を減損損失として当期の損失とする。

回収可能価額とは、次の①又は②のいずれか高い方の金額をいう。

① **正味売却価額**
　　資産又は資産グループの時価から処分費用見込額を控除して算定される金額
② **使用価値**
　　資産又は資産グループの継続的使用と使用後の処分によって生ずると見込まれる将来キャッシュ・フローの現在価値

(8) 共用資産及びのれんの取扱い
① 共用資産の取扱い
(a) 共用資産に減損の兆候がある場合に減損損失を認識するかどうかの判定は、共用資産が関連する複数の資産又は資産グループに共用資産を加えた、より大きな単位で行う。
(b) 共用資産の帳簿価額を当該共用資産に関連する資産又は資産グループに合理的な基準で配分することができる場合には、共用資産の帳簿価額を各資産又は資産グループに配分したうえで減損損失を認識するかどうかを判定することができる。

② のれんの取扱い
基本的に、共用資産と同様である。

(9) 表示及び開示
① 貸借対照表における表示
減損処理を行った資産の貸借対照表における表示は、「直接控除形式」(原則)、「独立間接控除形式」、「合算間接控除形式」のいずれかで行う。

② 損益計算書における表示
減損損失は、原則として、特別損失とする。

③ 注記事項
重要な減損損失を認識した場合には、損益計算書に係る注記事項として、以下を注記する。
(a) 減損損失を認識した資産又は資産グループの概要
(b) 減損損失の認識に至った経緯
(c) 特別損失計上額と主な固定資産の種類ごとの内訳
(d) 資産グループの概要と資産をグルーピングした方法
(e) 回収可能価額が正味売却価額の場合には、その旨及び時価の算定方法、回収可能価額が使用価値の場合にはその旨及び割引率

3. 価格調査が求められる場面

(1) 減損の兆候

「減損会計基準」に示される「減損の兆候」の例示の中で、

> 資産又は資産グループの市場価格が著しく下落したこと
> （「減損会計基準」二1④）

の判定に必要な不動産の時価算定を行う場合、不動産鑑定士に対して価格調査が求められることがある。

この時価を求めるに当たっては、「適用指針」において、「いわゆる実勢価格や査定価格などの評価額や、土地の公示価格や路線価など適切に市場価格を反映していると考えられる指標が容易に入手できる場合には、それらを減損の兆候を把握するための市場価格とみなして使用し、資産又は資産グループの当該価格が著しく下落した場合には、減損の兆候があるものとして扱うことが適当と考えられる（「適用指針」第15項）。この際、一定の評価額や適切に市場価格を反映していると考えられる指標には、容易に入手できる評価額や指標を合理的に調整したものも含まれる」とされている（「適用指針」第90条）。

この減損の兆候を把握する場合における市場価格の著しい下落を判定する際の不動産の時価算定は、原則的時価算定又はみなし時価算定を行うこととなる（「財表価格調査の基本的考え方」Ⅳ.1①）。

(2) 減損損失の認識の判定

減損損失の認識の判定における割引前将来キャッシュ・フローの総額を見積る際には、資産又は資産グループの将来時点における正味売却価額又は回収可能価額を求める必要がある。

減損会計基準等　　　　　　　　　　（資料：企業会計基準委員会）

　減損の兆候がある資産又は資産グループについて、当該資産又は資産グループから得られる割引前将来キャッシュ・フローの総額がこれらの帳簿価額を下回る場合には、減損損失を認識する（「減損会計意見書」四2.（2）①及び減損会計基準二2.（1）参照）。減損損失を認識するかどうかを判定するために見積る割引前将来キャッシュ・フローの総額は、以下のように算定される（第96項から第98項参照）

(1) 資産又は資産グループ中の主要な資産の経済的残存使用年数（第21項参照）が20年を超えない場合には、当該経済的残存使用年数経過時点における資産又は資産グループ中の主要な資産の正味売却価額を、当該経済的残存使用年数までの割引前将来キャッシュ・フローに加算する。

(2) 資産又は資産グループ中の主要な資産の経済的残存使用年数が20年を超える場合には、21年目以降に見込まれる将来キャッシュ・フローに基づいて算定された20年経過時点における回収可能価額（第32項参照）を、20年目までの割引前将来キャッシュ・フローに加算する（「減損会計基準」 注解 （注4））。

(3) 資産グループ中の主要な資産以外の構成資産の経済的残存使用年数が、主要な資産の経済的残存使用年数を超えない場合には、当該構成資産の経済的残存使用年数経過時点における当該構成資産の正味売却価額を、主要な資産の経済的残存使用年数までの割引前将来キャッシュ・フロー（当該構成資産の経済的残存使用年数が20年を超えるときには21年目以降に見込まれる将来キャッシュ・フロー）に加算する。

(4) 資産グループ中の主要な資産以外の構成資産の経済的残存使用年数が、主要な資産の経済的残存使用年数を超える場合には、当該主要な資産の経済的残存使用年数経過時点における当該構成資産の回収可能価額（第33項参照）を、(1)のときには主要な資産の経済的残存使用年数経過時点までの割引前将来キャッシュ・フローに加算し（「減損会計意見書」四2.（2）③参照）、(2)のときには21年目以降に見込まれる将来キャッシュ・フローに加算する。

（「適用指針」第18項）

> **減損会計基準等**　　　　　　　　　　　（資料：企業会計基準委員会）
>
> 　正味売却価額は、以下のような金額を求める場合に算定される。
> (1) 減損損失の認識の判定において、割引前将来キャッシュ・フローの総額を見積るにあたり、
> 　① 資産又は資産グループ中の主要な資産の経済的残存使用年数が20年を超えない場合（第97項参照）における以下の金額
> 　　イ 当該経済的残存使用年数経過時点における資産又は資産グループ中の主要な資産の正味売却価額（第18項（1）参照）
> 　　ロ 資産グループ中の主要な資産以外の構成資産の経済的残存使用年数が主要な資産の経済的残存使用年数を超えないときには、当該構成資産の経済的残存使用年数経過時点における当該構成資産の正味売却価額（第18項（3）参照）
> 　　ハ 資産グループ中の主要な資産以外の構成資産の経済的残存使用年数が主要な資産の経済的残存使用年数を超えるときには、当該主要な資産の経済的残存使用年数経過時点における当該構成資産の回収可能価額（第18項（4）参照）
> 　② 資産又は資産グループ中の主要な資産の経済的残存使用年数が20年を超える場合（第98項参照）における以下の金額
> 　　イ 20年経過時点の回収可能価額（第18項（2）参照）
> 　　ロ 資産グループ中の主要な資産以外の構成資産の経済的残存使用年数が主要な資産の経済的残存使用年数を超えないときには、当該構成資産の経済的残存使用年数経過時点における当該構成資産の正味売却価額（第18項（3）参照）
> 　　ハ 資産グループ中の主要な資産以外の構成資産の経済的残存使用年数が主要な資産の経済的残存使用年数を超えるときには、当該主要な資産の経済的残存使用年数経過時点における当該構成資産の回収可能価額（第18項（4）参照）
>
> 　　　　　　　　　　　　　　　　　　　　　（「適用指針」第107項）

　このような各将来時点における正味売却価額を算定する際の不動産の時価を求めるに当たって、不動産鑑定士に対して価格調査が求められることがある。
　減損損失の認識の判定における正味売却価額を算定する際の不動産の価

格調査は、いずれも将来時点の時価を求めることになる。将来時点における価格を求めることは、それに用いる資料の信頼性等から価格調査の妥当性に問題があるため、原則として行えないが、対象不動産の経済的残存使用年数が極めて短期間であり、対象不動産の確定や価格形成要因の把握が困難でなく、価格調査上妥当性を欠くことがないと認められる場合には、例外的に将来時点の価格調査も行うことができると考えられる。

なお、「適用指針」第29項によれば、「将来時点の正味売却価額を算定することが困難な場合には、現在の正味売却価額を用いることができる」とされ、この場合には、現在時点の価格調査を行うことになる。また、同項において、「現在の市場価格や合理的に算定された価額である時価を容易に入手することができないときには、現在の時価に代えて、現在における一定の評価額や適切に市場価格を反映していると考えられる指標を利用して、現在の正味売却価額を算定することができる」とされている。

この減損損失の認識の判定における割引前キャッシュフローに含める将来の正味売却価額を算定する際の不動産の時価を求める価格調査（現在の正味売却価額で代替する場合を含む）は、原則的時価算定又みなし時価算定を行うこととなる（「財表価格調査の基本的考え方」Ⅳ．1②）。

(3) 減損損失の測定

減損損失の測定は、帳簿価額を回収可能価額まで減額し、当該減少額を減損損失として当期の損失に計上されることとなる。

回収可能価額の算定は、正味売却価額の算定及び使用価値の算定の考え方に基づいて行う。

減損会計基準等　　　　　　　　　　（資料：企業会計基準委員会）

減損損失を認識すべきであると判定された資産又は資産グループについては、帳簿価額を回収可能価額まで減額し、当該減少額を減損損失として当期の損失とする。　　　　　　　　　（「減損会計基準」二3）

正味売却価額	売却による回収額	資産又は資産グループの時価から処分費用見込額を控除して算定される金額をいう。
使用価値	使用による回収額	資産又は資産グループの継続的使用と使用後の処分によって生ずると見込まれる将来キャッシュ・フローの現在価値をいう。

　減損損失の測定の際に正味売却価額を求める場合としては、
① 　減損損失の測定における、回収可能価額を算定する場合
② 　減損損失の測定において、回収可能価額のうち使用価値を算定するに当たり、使用後の処分によって生ずると見込まれる将来キャッシュ・フローを算定する場合

がある（「適用指針」第107項）。このとき、正味売却価額を算出する際の不動産の時価を求めるに当たって、不動産鑑定士に対して価格調査が求められることがある。

　①のケースにおいては、現在の正味売却価額を算定するため、現在時点の不動産の価格調査を行うことになる。この減損損失の測定のために用いられる正味売却価額を求めるに当たっては、重要性が乏しい不動産を除き、「適用指針」第29項ただし書きにある代替的な手法は認められない（「適用指針」第111項）。したがって、減損損失の測定における回収可能価額として現在の正味売却価額を算定する際の不動産の時価を求める価格調査は、不動産に重要性がある場合には原則的時価算定を行い、重要性が乏しい場合には、原則的時価算定又はみなし時価算定を行う（「財表価格調査の基本的考え方」Ⅳ．1④）。

> **減損会計基準等**　　　　　　　　　　　（資料：企業会計基準委員会）
>
> …以下のような理由により、現在時点の正味売却価額を算定する場合には、重要性が乏しい場合を除き（第28項（2）参照）、代替的な手法は適当ではないと考えられる。
> (1) 　現在時点の正味売却価額は、将来時点の正味売却価額と異なり、より厳密に企業が売却等により受け取ることのできる価額であると考えられること。
> (2) 　回収可能価額は、資産又は資産グループの正味売却価額と使用価値のいずれか高い方の金額であり、正味売却価額が使用価値より高い場合、企業は資産又は資産グループを既に売却していると考えられるため、通常、使用価値は正味売却価額より高いと考えられる。したがって、減損損失の測定において、明らかに正味売却価額が高いと想定される場合やすぐに処分が予定されている場合などを除き、必ずしも現在時点の正味売却価額を算定する必要はないと考えられること。
>
> 　　　　　　　　　　　　　　　　　　　　（「適用指針」第111項）

　②のケースにおいては、使用価値を求める場合の使用後の処分によって生ずると見込まれる将来キャッシュフローとして、将来の正味売却価額を算定する際の不動産の時価を求めるものであるため、減損損失の認識の判定の際の場合と同様、将来時点の不動産の価格調査を行うこととなる。将来時点の価格調査を行う場合には、「不動産鑑定評価基準運用上の留意事項」に従い予測の限界を超えないと判断される将来時点の価格調査を行うものとする。「適用指針」第29項により将来時点の正味売却価額を算定することが困難であり、現在の正味売却価額を用いる場合は現在時点の価格調査を行う。

　現在時点及び将来時点のいずれの価格調査を行う場合も、原則的時価算定又はみなし時価算定を行う（「財表価格調査の基本的考え方」Ⅳ．1③）。

4. 対象不動産の確定

　減損会計において、価格調査の対象となる不動産は、貸借対照表の勘定科目の観点から示せば、建物・構築物・土地・リース資産・建設仮勘定(建築中の建物が評価対象として認められる程度に完成している場合)借地権・投資不動産(土地・建物)等である。
　不動産の種類として、種別の観点から宅地・農地・林地・宅地見込地等、類型の観点から更地・建物及びその敷地・区分所有建物及びその敷地・建物等ほとんどのものが想定される。
　なお、減損会計において対象とされるのれん(営業権)は、価格調査の対象には含まれない。
　会社組織に属する不動産は、会社に属する他の資産(無体財産権、動産)とともに複数の集合体をなし、分散して稼働中であるものが多い。この場合、価格調査の対象不動産は、原則として、会社から提供された資料に基づいて確定することになるが、次の諸点に留意する。

① 　対象不動産は、動産、営業権等の会社に属する他の資産と分離したものとして確定する。
② 　原則として、次に掲げる事項を総合的に考慮し、これを対象不動産として確定する。
　　イ 　複数の筆よりなる土地が地続きにて一画地をなし、当該地上に建物が存する等の物理的な一体性(注1)
　　ロ 　現況の有形的利用の状態と最有効使用についての判断(注1)
　　ハ 　会社の一部の資産、営業部門等の処分等についての方針の概略が定まっているときは、その方針

　なお、対象不動産と会計帳簿の資産の内訳が必ずしも一致する必要はないと考えられる。また、グルーピングの範囲との関係においても、使用価値を測るための範囲と、基本的に売却を前提とする場合の範囲では、その観点が異なることもあり得ると考えられる。

(注1)物理的に一体をなしていない場合であっても、これらの不動産が比較的近接して所在し、機能的一体性を保持していると認め得る場合は、利用の状態と最有効使用の観点が重視される。例えば、道路を隔てて存在する量販店と駐車場、又は1km離れて専用岸壁を有する工場用地のように、機能的に一体であるような不動産がこれに当たる。この場合には、機能的に一体をなしている不動産を最有効使用の観点から一括して価格調査の対象として確定する。

　原則として他人が権原に基づいて設置しているものは、評価の対象外とする。
　土地に定着した建物以外の構築物(例：構内舗装、排水溝、遊水池等)、建物、構築物等に附加され一体の状態にある物(例：ボイラー、クレーン等)の存在、建物の附加物がリース物件である場合、附加物であることの判断に困難が伴う場合等、対象不動産の確定に当たって、権利の及ぶ範囲についての的確な判断を要する場合がある。
　なお、建物の附属設備(例：ボイラー等)がリース資産である場合、当該附属設備を対象不動産と一体のものとして確定し、成果報告書には、リース資産である旨及びその内訳価格を調査価格欄において付記することとする。

5. 価格調査の時点

　価格調査の時点は、依頼者の指定による。

　減損の兆候があるとき、減損損失の認識の判定を行い、減損損失の測定を行うので、会計処理は必ずしも期末とは限らず期中に行うことができるが、対象不動産を所有する会社の決算・中間決算日とすることが多いと思われる。業務集中を避けるために事前に原則的時価算定を行い、その後、年度末を価格時点とする時点修正で対応することが考えられることはp45で述べたとおりである。

　減損損失の認識の判定や減損損失の測定を行う際に、将来時点の正味売却価額を求める場合があるが、価格調査として数年以上先の時価を求めることは、それに用いる資料の信頼性等から価格調査の妥当性に問題があるため、将来の時価を求めることは困難であると考えられる。ただし、将来キャッシュ・フローの見積り期間は主要な資産の経済的残存使用年数とされているので、この期間が極めて短期であり、対象不動産の確定や価格形成要因の把握が困難でなく、価格調査上妥当性を欠くことがないと認められる場合には、例外的に将来時点の価格時点を設定することも可能であると考えられる。

　なお、不動産鑑定評価基準運用上の留意事項(総論Ⅲ 2．価格時点の確定について)においては、「将来時点の鑑定評価は、対象不動産の確定、価格形成要因の把握、分析及び最有効使用の判定についてすべて想定し、又は予測することになり、また、収集する資料についても鑑定評価を行う時点までのものに限られ、不確実にならざるを得ないので、原則として、このような鑑定評価は行うべきではない。ただし、特に必要がある場合において、鑑定評価上妥当性を欠くことがないと認められるときは将来の価格時点を設定することができるものとする。」とされている。

6. 求める価格の種類又は価格を求める方法

(1) 「財表価格調査の基本的考え方」に基づく原則的時価算定
① 不動産鑑定評価基準に則る場合

「財表価格調査の基本的考え方」に従い、原則的時価算定を行うに当たって、正味売却価額を算定する際の不動産の時価は、公正な評価額であり、通常は市場価格に基づく価額であるとされている（「適用指針」第28項(1)）。したがって、求める価格の種類は、「正常価格」（市場性を有する不動産について、現実の社会経済情勢の下で合理的と考えられる条件を満たす市場で形成されるであろう市場価値を表示する適正な価格）である。

なお、「適用指針」第110項においても、減損会計における時価は正常価格であると明記されている。

減損会計基準等　　　　　　　　　　（資料：企業会計基準委員会）

「不動産鑑定評価基準」において、不動産の鑑定評価によって求める価格のうち、減損処理を行うにあたって時価に対応するものは正常価格（市場性を有する不動産について、現実の社会経済情勢の下で合理的と考えられる条件を満たす市場で形成されるであろう市場価値を表示する適正な価格）である（「不動産鑑定評価基準」第5章　第3節Ⅰ参照）。正常価格を求めるにあたっても、第109項に掲げられた3手法の適用により求められた価格（試算価格）を調整して、鑑定評価額を決定する（「不動産鑑定評価基準」第8章参照）。

（「適用指針」第110項）

正味売却価額とは、資産又は資産グループの時価から処分費用見込額を控除して算定される金額をいい、「適用指針」第28項には、次のように規定されている。

減損会計基準等　　　　　　　　　（資料：企業会計基準委員会）

「資産又は資産グループの時価」について
(1) 時価とは公正な評価額をいい、通常、それは観察可能な市場価格をいう（減損会計基準注解（注1）3．参照）。このような市場価格（第15項また書参照）が存在する場合には、原則として、市場価格に基づく価額を時価とする（第108項参照）。
(2) 市場価格が観察できない場合には、合理的に算定された価額が時価となる（減損会計基準注解（注1）3．参照）。合理的に算定された価額は、市場価格に準ずるものとして、合理的な見積りに基づき、以下のような方法で算定される（第109項及び第110項参照）。
　① 不動産については、「不動産鑑定評価基準」（平成14年7月3日全部改正）に基づいて算定する。自社における合理的な見積りが困難な場合には、不動産鑑定士から鑑定評価額を入手して、それを合理的に算定された価額とすることができる。なお、重要性が乏しい不動産については、一定の評価額や適切に市場価格を反映していると考えられる指標（この点については、第15項また書及び第90項を参照）を、合理的に算定された価額とみなすことができる。
　② その他の固定資産については、コスト・アプローチやマーケット・アプローチ、インカム・アプローチによる見積方法が考えられるが、資産の特性等によりこれらのアプローチを併用又は選択して算定する。自社における合理的な見積りが困難な場合には、製造業者や販売業者、物件売買仲介会社など適切と考えられる第三者から、前述した方法に基づき算定された価格を入手して、それを合理的に算定された価額とすることができる。
　　なお、重要性が乏しいその他の固定資産についても、一定の評価額や適切に市場価格を反映していると考えられる指標（この点については第15項また書及び第90項を参照）を、合理的に算定された価額とみなすことができる。

「処分費用見込額」について
(3) 処分費用見込額は、企業が、類似の資産に関する過去の実績や処分

> を行う業者からの情報などを参考に、現在価値として見積る（第112項参照）。
>
> 　　　　　　　　　　　　　　　　　　　　　　（「適用指針」第28項）

```
正味売却価額＝「資産又は資産グループの時価」－「処分費用見込額」
                        ⇩
                      正常価格
```

② 不動産鑑定評価基準に則らない場合

「財表価格調査の基本的考え方」に例示されている（「財表価格調査の基本的考え方」Ⅴ．2(1)①〜⑥）ように、不動産鑑定評価基準に則らない価格調査を行う場合がある（「財表価格調査の基本的考え方」Ⅴ．2(3)③）。この中の、過去に原則的時価算定等が行われたことがある不動産を再評価するにあたって、直近に行われた原則的時価算定等において適用された鑑定評価手法の一部を適用しない価格調査を行う場合は、価格の種類ではなく、適用した鑑定評価手法を成果報告書に記載する（「財表価格調査の基本的考え方」Ⅴ．2(4)②）。

(2)　「財表価格調査の基本的考え方」に基づくみなし時価算定

減損会計における正味売却価額を算出する際の不動産の時価をみなし時価算定を行って求めた場合には、成果報告書には、価格の種類ではなく、価格を求めた方法を記載する（「財表価格調査の基本的考え方」Ⅴ．3(2)③）。

7. 依頼受付時の留意事項

（1） 依頼内容の確認

「固定資産の減損会計」における価格調査の依頼は、「3．価格調査が求められる場面」において述べた以下の4つの場合が考えられる。依頼事項がこれらのどれに当たるかを、依頼者に確認する。

(1)　減損の兆候把握の場合
(2)　減損損失の認識の判定における割引前キャッシュフローに含める将来の正味売却価額を算出する場合（現在の正味売却価額で代替する場合を含む）
(3)　減損損失の測定における使用価値を求める場合の使用後の処分によって生ずるキャッシュフローとして将来の正味売却価額を算出する場合（現在の正味売却価額で代替する場合を含む）
(4)　減損損失の測定における回収可能価額として現在の正味売却価額を算出する場合

なお、減損損失の測定における回収可能価額としての正味売却価額は

$$正味売却価額＝時価－処分費用見込額$$

であり、不動産鑑定士が算定する価額は、処分費用見込額を減額する前の「時価」である。「正味売却価額」は「処分費用見込額」について想定した条件等を明示して参考として算定するにとどまることを説明する。

（2）　「みなし時価算定」の依頼を受けた場合の留意事項

「固定資産の減損会計」における時価の算定方法を行う場合には、「財表価格調査の基本的考え方」によると以下のとおり記載がある。

固定資産の減損会計においては、減損損失の測定の場面における「重要性がある不動産」の時価を算定する場合以外は「みなし時価算定」でも対応可能である。そのため、「みなし時価算定」を行うケースは多いと考えられるが、時価の算定を不動産鑑定士に依頼するケースのほとんどは、減損対

II-1. 固定資産の減損に関する価格調査

> **財表価格調査の基本的考え方**
>
> Ⅳ. 原則的時価算定を行う場合とみなし時価算定を行う場合の峻別
>
> 1. 固定資産の減損
>
>   減損会計基準に関し、不動産鑑定士が以下の①、②若しくは③の目的で価格調査を行う場合又は④の目的で重要性の乏しいものと確認された不動産の価格調査を行う場合(ただし、不動産鑑定評価基準各論第3章に定める証券化対象不動産(以下「証券化対象不動産」という。)の価格調査を行う場合であって、「証券化対象不動産の継続評価に関するガイドライン」Ⅱ. に定める適用範囲に該当しないときは、原則的時価算定を行うものとする。)においては、原則的時価算定又はみなし時価算定を行うものとする。
>
>   不動産鑑定士が以下の④の目的で重要性の乏しいものと確認されていない不動産の価格調査を行う場合においては、原則的時価算定を行うものとする。
>
>   ① 減損の兆候の把握における市場価格の著しい下落を判定する際に行われる不動産の時価算定を行う目的
>   ② 減損損失の認識の判定における割引前将来キャッシュフローに含める将来の正味売却価額を算出する際の不動産の時価を求める目的(現在の正味売却価額で代替する場合を含む。)
>   ③ 減損損失の測定における使用価値を求める場合の使用後の処分によって生じるキャッシュフローとして将来の正味売却価額を算出する際の不動産の時価を求める目的(現在の正味売却価額で代替する場合を含む。)
>   ④ 減損損失の測定における回収可能価額として現在の正味売却価額を算出する際の時価を求める目的

(「本実務指針」I. 総論 P21 の（表4　適用範囲及び算定方法）参照)

象不動産であることが判明し、減損損失の金額を確定する「減損損失の測定」の段階での時価の算定であると思われる。「減損損失の測定」の段階においては、「みなし時価算定」を行うことができるのは、「重要性が乏しい」と確認された不動産のみであり、みなし時価算定を行うことができるケー

スは限られることに注意が必要である。

　なお、重要性が乏しい不動産であるか否かの判断は依頼者である企業が行うものであり、万が一、当該企業から当該重要性についての判断を求められた場合でも、不動産鑑定士は重要性についての判断は行い得ないことを説明する。

　ただし、不動産鑑定士としても、会計基準や適用指針及び「財表価格調査の基本的考え方」、本実務指針等に記載されている程度の説明や確認は、依頼受付時に行うべきであり、少なくともその意味での説明責任は生じるものと考えるべきである。

8. 正味売却価額における時価の価格調査を行うに際しての留意事項

8-1. 基本姿勢

　固定資産の減損とは、資産の収益性の低下により投資額の回収が見込めなくなった状態である。減損処理とは、そのような場合に、過大な価値を表示している帳簿価額をそのままにして、将来に損失を繰り延べることなく、一定の条件の下で回収可能性を反映させるように帳簿価額を減額する会計処理である。

　正味売却価額は、そのような場合において、対象となる資産の使用の継続ではなく、市場で売却した場合の回収可能額を求めるものである。したがって、正味売却価額における時価の価格調査は、実現性のある売却可能額を求める必要があり、対象不動産の市場性については、十分に留意する必要がある。

　以上のことを踏まえ、時価を求める価格調査の基本姿勢は、固定資産の減損処理の目的に従って、回収可能な価額、すなわち適正な売却可能価額を求めて価格調査を行うものである。

8-2. 「原則的時価算定」における留意事項

　「固定資産の減損会計」のための価格調査において、「原則的時価算定」を行う場合には、原則として、不動産鑑定評価基準に則って評価を行う。不動産鑑定評価基準に則らない場合は、本実務指針総論9-1-3（原則的時価算定）手順（p54～57）を参照し、評価を行う。原則的時価算定における手法適用上の留意事項は以下のとおりである。

(1) 手法適用上の留意事項総論

　固定資産の減損に関する不動産の時価の算定のための価格調査においては、原則として、原価法、取引事例比較法及び収益還元法を適用して積算価格、比準価格及び収益価格を求め、これらの試算価格を関連づけて鑑定評価額を決定する。

　このため、価格の三面性について十分に検討しなければならないことは

もとより、実務上、減損対象資産は特定の業務目的に供されている不動産が多いと考えられることから、とくに処分可能性の視点から収益性と市場性についての慎重な検討を要する。

処分可能性の検討に当たって重視すべき視点として、ここでは、①収益性と②複合不動産の最有効使用の視点の二つを指摘する。まず、収益性に関しては、資料の制約等により事業収益による収益還元法の適用が困難な場合においても、業界動向等をふまえ、収益性を勘案した価格調査を行うべきものと考えられる。次に、複合不動産の最有効使用の視点からの処分可能性の検討では、市場性の観点から現況使用に対する用途変更、改造、取壊し更地化とその費用と収益性の比較が重要な役割を果たす。

市場性が劣る可能性の大きい用途限定ある不動産を例示すれば、例外はあるが、一般的に、製造工場、ゴルフ場、リゾート施設等をあげることができる。これら不動産についてはむしろ収益性を重視して判断すべきである。

(2) 原価法

固定資産の減損に係る不動産の時価の算定のための価格調査における原価法の適用上、とくに留意すべき事項は、減価修正に関する事項である。次の諸点に留意し、市場性を十分に反映した減価修正を行うことにより、精度の高い積算価格を求めることが要請されている。

1) 会社財産を構成する不動産は、特定の業種の目的に供された用途限定あるものが多い。用途変更等の困難なものは需要者層が限定される。
2) 過去において先行きに対する楽観的な期待又は不特定多数からのコスト負担のない資金の募集が可能であった業種では、収益性を著しく超える多額の投資がなされた経緯のあるものがあり、「耐用年数に基づく方法」による減価修正のみによる積算価格が全く無力となっているものが多い。
3) 複合不動産についての最有効使用の視点からの検討が市場性判断の有力な基準となる。

構造的な不況業種等で、対象不動産の一部が遊休化していたり、稼動率が低下した状態であり、それが中長期的に回復の見込みがないような場合には、一部又は全部の用途転用、建物等の一部撤去、低稼働状態での事業継続(建物等の撤去費用等が過大な場合等)等の、対象不動産(複合不動産)の最有効使用の判断に基づき、積算価格の適否の判断を行うべきものと考えられる。

(3) 取引事例比較法

　固定資産の減損に係る時価の算定のための価格調査を行う対象不動産は、複合不動産を主体とするので、実務的に、取引事例比較法を適用することが困難な事態も予想される。本手法の適用に関しては、次の諸点に留意する。

1)　事業用不動産は、広域の同一需給圏を有するものが多いので、事例資料を広範囲にわたり収集する。この場合は、業界紙、一般情報誌等による情報収集が可能な場合も少なくない。

2)　事例資料が存在しないとき、又は十分でないときは、類似の不動産の取引事例、売り希望価格、買い希望価格等を収集する。事例資料を収集し得ないとき、又は適切な事例資料の存しないときは、収集し得た資料に基づき、取引事例比較法の考え方を取り入れる。

3)　固定資産の減損に係る不動産の価格調査の対象不動産は、事業の用に供されているものが多いことから物的及び権利面での個別的要因が多様であると考えられる。

　土地の比準価格を求める場合などにおいて、事例資料との比較に当たっては、安易に課税上又は土地価格比準表上の格差によることなく、価格時点における対象不動産の市場性を十分に考慮する必要がある。
　なお、広域の同一需給圏を有する不動産としては、大規模工場、ゴルフ場等を例示できる。

(4) 収益還元法

収益還元法の適用は、次の方針に基づいて適用する。

1) 用途面で現に事業の用に供されている用途が最有効使用であるか否かを検討する(注1)。
2) 用途面からみて現在の事業の用途に供されることが最有効使用と判断される場合は、原則として、現事業に基づく収益のうち対象不動産に帰属する部分を適切に配分することにより求めた収益に基づいて適用する。対象不動産に帰属する部分を適切に配分することが資料の制約等によって困難な場合には、当該事業の用に供することを前提とした賃貸を想定した場合の収益によって収益価格を求める(注2)。本社、営業所、社宅等の賃貸を想定することが容易な不動産については、原則として賃貸を想定して求めた収益に基づいて適用する。
3) 用途面からみて現在の事業の用途に供されることが最有効使用でないと判断される場合は、原則として、最有効使用の用途への転換を前提として、転換後の事業収益に基づく収益のうち、対象不動産に帰属する部分を適切に配分することにより求めた収益に基づいて適用する。対象不動産に帰属する部分を適切に配分することが資料の制約等によって困難な場合には、当該事業の用に供することを前提とした賃貸を想定した場合の収益によって収益価格を求める。建物等を取り壊し、更地化することが妥当と判断される場合は、収益還元法は、最有効使用を前提とした想定建物を前提とする事業収益に基づき、土地残余法を適用する(注2)。
4) 原則として、直接還元法とDCF法とを併用し、得られた二つの価格を比較検討して収益価格を求めることが望ましいが、詳細な予測を行うための十分な資料が収集できない場合は、直接還元法のみの適用もやむをえない。

(注1)固定資産の減損に係る不動産の価格調査においては、複合不動産についての用途面からの最有効使用の判定が中心となる。
(注2)手段を尽くしても、資料の制約等によって収益価格を求めることが困難な場合は、収益性を考慮することを以ってこれに代えるべきものと考えられる。

A　賃貸事業収益に基づく収益還元法の適用

現に賃貸の用に供されている不動産については、現況の契約内容に基づき、自用の不動産については、賃貸を想定して適用する。現に賃貸の用に供されている不動産については、成果報告書に保証金、敷金等の預り金の額のほか、これに関する返還条件等の契約条件を付記することが望ましい。また、契約内容の明確でないものは、その旨を記載する。

B　賃貸以外の事業収益に基づく収益還元法の適用
i　総　論

対象不動産が最有効使用の用途に供されている場合は、正常価格を求めるための収益還元法の適用であるので、会社の固有の経営状態による影響を考慮外とし、対象不動産の標準的な収益に基づいて適用する。

収益予測は、会社及び類似業種企業の過去数期間の財務諸表等を分析し、会社又は当該事業部門の属する業界の動向と業界に占める会社の地位等（シェア等）と稼動資産の立地条件を考慮して実施する。

最有効使用の観点から用途転換が妥当と判断される場合は、用途転換後の事業を経営する会社又は類似の業種の会社の標準的収益状況に基づく推定の事業収益を求め、これを前提として収益還元法を適用する。

ii　純収益の把握

不動産の鑑定評価における純収益とは、不動産に帰属する適正な収益をいい、収益目的のために用いられている不動産とこれに関与する資本（不動産に化体されているものを除く。）、労働及び経営（組織）の総収益に対する貢献度に応じた配分を控除した残余の部分をいう（不動産鑑定評価基準第7章第1節Ⅳ3．(1))。

事業収益に基づく不動産に帰属する純収益は、売上高から売上原価、販売費及び一般管理費並びに正常運転資金の利息相当額その他純収益を求めるために控除することを必要とする額を控除して求める（DCF法適用の場合は、原則としてキャッシュフローベースの計算）。「その他純収益を求めるために控除することを必要とする額」には、不動産に化体されていない

機械、設備等の資本の部分に対する配当、資本利子及経営に帰属する収益としての役員賞与金等のほか、「のれん」の価値を認め得るような場合は、これに帰属する収益も含まれる(注3)。すなわち、ここにおいて求める純収益は不動産残余法に基づくものである(注4)。この場合、次の諸点に留意する。

1) 会社経営にあっては、一般に、経営主体が不動産、機械設備等の資本と労働を組織化し、事業を遂行する。この場合の不動産は、一般に、複数のものよりなることが多い。収益還元法の適用は、基本的には、会社組織の中の個別単独の不動産を対象とする。この場合は、当該事業の標準的業績を前提とした事業収益に基づき、個別不動産の寄与の程度に応じて配分した純収益に基づいた収益価格を求める。

2) 一般に、個々の不動産単位での財務諸表は存在せず、当該単位での事業実績も不明であることが多いので、収益生成単位(会計上区分して管理されている単位)ごとの財務諸表、会計帳簿その他の資料に基づき、個別の不動産を対象として、適切に収益を配分する必要がある。この場合、必要に応じ、公認会計士の意見を徴するものとする。

3) 償却前純収益を求めるに当たっては、損益計算書上、減価償却費として計上された額には、不動産以外の資産に係る償却額が含まれること、及事業部門と管理部門に属する不動産については、それぞれ売上原価(又は製造原価)と販売費・一般管理費の部門別に計上されていることに留意しなければならない。

4) 償却後純収益を求めるときは、減価償却費の計上額は、会計上の期間損益計算による額のいかんにかかわらず、不動産の価格調査の立場に立つ再調達原価と経済的残存耐用年数に基づき、計上する。

5) 工場等においては、土地建物以外に機械構築物等も有機的に一体となって収益を生み出しているので、機械等に帰属する収益を控除する必要がある。原則として、機械等の価格を収益還元法以外の手法、特に原価法による積算価格を中心に求め(注5)、これに帰属する収益を把握して控除する。

(注3) 例えば、特許、フランチャイズ加盟権等を有償で取得している場合、及び優れた販売組織が超過収益力の源泉として認め得る場合等がある。有償で取得したものについては、簿価を基準とし、権利利益の内容について検討の上、評価する方法が考えられる。経営不振の事業にあっては、算定上マイナスとなる場合も想定されることもあるので、多くの場合、価格調査上は、のれんに帰属する収益を不動産に帰属する純収益の把握の段階で考慮するのではなく、事業収益から求めた収益価格と積算価格や比準価格とを調整する段階において、収益価格に対するのれんの影響度を判断しながら開差の究明に役立てることが、実務的に採用し得る無理のない方法であると思われる。

(注4) 機械等を含めた一体としての収益に基づいて事業全体の収益価格をまず求め、これから、機械等の不動産以外の資産の価格(元本)を控除するという方法もある。また、一体としての純収益に基づく収益価格を、積算価格等の構成比によって配分するという方法も考えられる。

(注5) 取得時期、取得価格に基づき、取得時点から価格時点までの当該資産の価格変動率を乗じて得た額に取得後の経過期間、改造、改良、製造会社、性能等を総合的に考慮して求める方法のほか、汎用機械等については、中古市場の形成されているものもあるので、市場データによる方法等がある。しかし、一般的には、機械設備の専門家に委嘱することが望ましい。重要性の低い機械等や、取得時との価格変動が小さく経年相当の減価と判断される場合は、簡便法として簿価を用いることも考えられる。

iii 適用利回り

事業用不動産について事業収益に基づく純収益をもととして収益還元法を適用するときの還元利回り又は割引率を求める方法には、主として、次の方法がある。複数の還元利回り及び割引率決定の方法を併用し、信頼性ある利回りの決定に努めるべきである。

1) 当該事業又は類似の事業の用途に供せられている賃貸用不動産の取引に係る取引利回り、割引率又は賃料に基づき推定した利回りに基づいて求める方法

    貸工場、貸店舗等の取引事例又は賃貸事例に基づいて求める方法がこれに該当する。この場合、対象不動産と比較の対象とした不動産とをより細分化してみた場合の業種の相違と立地条件等の差異を考慮して利回りを決定する。

2) 典型的な賃貸不動産の取引に係る事例に基づく取引利回り又は割引率を参考に危険率等を調整して求める方法

    オフィスビル等の賃貸用不動産として最も一般的な不動産の取引に

係る取引利回り、割引率の事例に基づき、事業特有のリスク(注6)や当該企業の業種、業界動向等を考慮して利回りを決定する。賃貸用不動産についての取引利回りの事例は相対的に収集が容易であることから、適用しやすい方法である。

3) 自己資金・借入金組合せ法

自己資金と借入金の標準的な構成比による加重平均に基づく資本コストの資金調達額に対する比率を標準に決定する。企業価値の評価においては、税引後の収益に対して、税引後の支払金利とCAPM(キャップエム：Capital Asset Pricing Model)を用いた株主資本(自己資金)の収益率との加重平均により割引率を求めることが一般的である。このように求められた率を加重平均総使用資本コスト(WACC：Weighted Average Cost of Capital)という。なお、事業収益に基づく収益価格を求める際の収益は一般に税引前である等、対応する収益の内容が必ずしも同じではないので、WACCから利回りを求める場合には調整が必要となる。

4) 同業他社の営業利益(運転資金の利息相当額を控除した後の額。以下同じ)を当該会社の有形固定資産額(帳簿価額)で除することにより得られた数値を考慮して利回りを決定する方法

複数の同業他社の標準的な値による。この利回りは、簿価を基礎とする点等の短所があるが、資料が得やすく実務的であるので、一応の参考になるものと考えられる。

(注6)賃貸収益に比べた場合の事業収益特有のリスクは次のとおりで、一般にこのリスクが加わる分、事業収益の還元利回り及び割引率の方が、賃貸収益に基づくそれよりも高いとされている。
　①事業リスク
　　オフィスビル等の多様な業種に向けた不動産の賃貸事業の業況は比較的変動幅が小さいためリスクも相対的に小さいが、用途限定のある事業用賃貸不動産の賃貸事業リスクは、一般に、これを上回ると考えられる。自らが不動産を所有し事業継続を前提とした場合における事業リスクは、マクロ要因としての我が国の経済状況のほか、当該業種・業態の景気動向の影響をより直接的に受けるため、事業用賃貸不動産事業に比べ、さらにこれを上回るものとなる。
　②運営関連のリスク

オフィスビル等の多様な業種に向けた不動産の賃貸事業に比し、用途限定ある事業用賃貸不動産の賃貸事業の場合、又は自らが事業継続を前提とした場合、より運営コストがかかる可能性があると考えられる。オフィス向け賃貸ビルのPMフィーについては、マーケットレベルが存在し、ある程度の事業コストが把握できるが、工場等の場合、運営方法に確立されたものはなく不確実性が伴う可能性がある。こうした不動産については、特別の運営ノウハウが必要とされ、特に、特殊な業態については高度知識が要求されるなど、相対的に運営リスクは高い。

③非流動性リスク

上記①②などのリスク要因により、不動産取引市場における流動性も賃貸事業に比べると低い。また、事業継続を前提とした場合は、賃貸事務所に比べ、対象不動産の規模、立地条件から生じる利用上の制約等から投資家が限定される可能性があると考えられる。

(5) 試算価格の調整

時価を求める固定資産の減損に係る不動産の価格調査における試算価格の調整と鑑定評価額の決定に当たって、特に留意すべき事項は、主として、用途限定ある規模の大きい不動産が多数存在する場合が多いと考えられることに由来する。こうした場合の留意事項は、次のとおりである。

1) 対象不動産の属する市場の特性、需給動向、とくに対象不動産の競争力の面から需要者層について再吟味する。
2) 事業用不動産の場合、規模の面からは「単価と総額の関連」というよりは、「経営の最適規模」の視点が重要である。
3) 需要者層として同業者を想定できる場合が多いので市場性の面から検討する。
4) 鑑定評価額の決定に当たって、相対的に収益価格を重視すべき場合が少なくない。とりわけ、製造工場、ゴルフ場、リゾート施設等、「市場性が劣る可能性の大きい用途限定ある不動産」については収益価格を重視すべきである。
5) 最有効使用の観点から用途変更、建物、設備撤去と更地化の可能性を再検討する。

構造的な不況業種でかつ転用が困難な工場や、土壌汚染等により経済的に大幅な減価が見込まれる不動産の場合には、特に注意を要する。土壌汚

染については、直ちに又は将来発生する可能性のある除去等の措置費用や、汚染が存すること又は措置後の利用上の制約や市場価値への心理的要因の影響等を勘案する必要がある(注7)。

> (注7)土壌汚染の存する工場等で、具体的な浄化措置の計画がある場合においても、原則として、売却することを前提にしてその減価の程度を判断し、正常価格(市場価値)を求める。

8-3.「みなし時価算定」における留意事項

固定資産の減損会計において、みなし時価算定を行う場合の留意事項は、以下のとおりである。

(1) 減損の兆候の把握のための時価算定

(市場価格の著しい下落を判定する際にみなし時価算定を行う場合)

兆候の把握の段階では、鑑定評価そのもののニーズはあまりなく、不動産鑑定士に期待される業務も、「一定の評価額や適切に市場価格を反映していると考えられる指標(容易に入手できる評価額や指標を合理的に調整したものも含まれる)」(「適用指針」第90項)における専門家としての適切な指標の選択と合理的な調整の部分であろうと想定される。例えば、公示価格を適正に補修正して規準価格を求める等が考えられる(p61「9-2-1.総則」参照)。

(2) 減損損失の認識の判定のために行う時価算定

(減損損失の認識の判定における割引前キャッシュフローに含める将来の正味売却価額を算出する際にみなし時価算定を行う場合(現在の正味売却価額で代替する場合を含む))

原則的時価算定、みなし時価算定ともに、予測の限界を超えると判断される将来時点の正味売却価額を求めることができないことは、前述「財表価格調査の基本的考え方」記載のとおりである。ただし、減損会計基準適用指針第29,103項但し書きには「将来時点における正味売却価額を求めることが困難な場合には、現在の正味売却価額を用いることができる」とされているため、実務においては、将来の正味価額は現時点の価額で代替し

て対応することとなる。また、現時点において当該建物が存しない場合には、竣工を前提とする想定条件を付す等により価格査定を行うことになる。

　なお、減損損失の認識の判定は、減損の存在が相当程度に確実であるかどうかを確認するために行うものであり、必ずしも厳密に企業が売却等により受け取ることのできる価額である必要はないと、会計基準等上も考えられている。したがって、現実の場面では、減損損失を認識しないという判断が簡便な方法によっても可能であると判断される限りにおいては、鑑定手法を適用していくケースは総じて少ないと予測される。

(3)　減損損失の測定における時価算定

　減損損失の測定における使用価値を求める場合の使用後の処分によって生ずるキャッシュフローとして将来の正味売却価額を算出する際にみなし時価算定を行う場合(現在の正味売却価額で代替する場合を含む)

　将来の正味売却価額を査定する場合であるので、現実的には現時点の価額で代替することとなることは前述のとおりである。また、減損会計基準適用指針114項によると、このような代替的な方法による場合、現在の正味売却価額は、減損損失の測定においても鑑定評価手法によらない簡便な方法によることができるとされている。したがって、この場合も、多くは鑑定評価手法によらない簡便な方法で処理され、現実に鑑定評価手法の適用が必要とされるのは、一定の評価額や指標が入手しにくい特殊な不動産(ゴルフ場、リゾート施設、工場等)や大規模画地、個別性の強い収益用不動産等であろうと考えられる。鑑定評価手法を適用した価格を依頼された場合には、その不動産の特性に鑑みて、三手法のうち最も合理的な方法を採用していくべきである。

(4)　減損損失の測定における回収可能額として現在の正味売却価額を算出する際のみなし時価算定(重要性が乏しいと確認された不動産の場合)

　本来、減損損失の測定において現在の正味売却価額算出する場合は原則的時価算定によるべきであるが、重要性が乏しいと判断された場合に限りみなし時価算定を認める趣旨である。減損会計基準適用指針28項では、

鑑定評価手法によらない簡便な方法も認めてはいるが、現に賃貸に供されているような収益用不動産については、収益還元法を適用する等、その不動産の特性に鑑みて最も合理的な方法を採用していくべきである。

　なお、手法適用に当たっては、処分可能性の観点から市場の見極めを行い、用途変更、改造、取壊更地化等、最有効使用を適切に判断しなければならない。

8-4. 脚注1による算定（時点修正）における留意事項

　現時点では、企業会計基準等に時点修正での対応（類する内容も含む）の記載があるのは「賃貸等不動産の時価等の開示に関する会計基準」のみであり、「減損会計基準」及び「適用指針」では、時点修正での対応について明記されていない。従って、当面、固定資産の減損会計に基づく時価の算定において「財表価格調査の基本的考え方」脚注1による時点修正が認められるのは、業務集中を避けるために事前に原則的時価算定を行い、その後、年度末を価格時点とする時点修正で対応する場合に限定する。したがって、原則的時価算定を行った時からの経過期間は数か月という短期間を想定するものである。

II-2. 棚卸資産(販売用不動産等)[*39]に関する価格調査

1. 背景・目的

(1) 背 景

　従来、棚卸資産の評価については原価法と低価法の選択適用が認められ、さらに、原価法を適用している場合でも、時価の下落が著しい場合は、回復する見込みがある場合を除き、時価をもって貸借対照表価額としなければならない(強制評価減)とされてきた。これに関連して、販売用不動産等の強制評価減について、日本公認会計士協会からは、平成12年7月8日付で「販売用不動産等の強制評価減の要否の判断に関する監査上の取扱い」(監査委員会報告第69号)が示され、本協会では、平成12年7月18日付で留意事項(『「販売用不動産等の強制評価減の要否の判断」に関する不動産の鑑定評価上の留意事項について』)が定められた。

　しかし、平成18年7月5日に企業会計基準委員会から示された「棚卸資産の評価に関する会計基準」(企業会計基準第9号、以下「棚卸資産会計基準」という。)では、「通常の販売目的(販売するための製造目的を含む。)で保有する棚卸資産は取得原価をもって貸借対照表価額とし、期末における正味売却価額が取得原価よりも下落している場合には、当該正味売却価額をもって貸借対照表価額とする。」(7項)とされ、平成20年4月1日以後開始する事業年度より強制適用されている。これは、日本の会計基準が国際会計基準との調和を図るための共通化作業(コンバージェンス)の一環として実施されたもので、国際会計基準と同様に低価法への一本化が図られたものである。これにより、販売用不動産等に対する強制評価減の適用はなくなったが、販売用不動産等の評価に関する基本的考え方は変わるものではないことから、本協会では特に留意事項の改正は行ってこなかった。

　しかし、平成21年2月17日付で「販売用不動産等の評価に関する監査上の取扱い」(監査・保証実務委員会報告第69号)として日本公認会計士

[*39] 棚卸資産の評価のうち、不動産鑑定士が扱うのが販売用不動産等の評価である。本章では「棚卸資産」と「販売用不動産等」という用語が混在しているので留意願いたい。

協会が監査委員会報告第69号を当該会計基準と齟齬を生じている部分等について見直しを行ったこと、及び国土交通省から平成21年8月以降「価格等調査ガイドライン」や「財表価格調査の基本的考え方」等が公表されたことから、今般、当該報告及びガイドライン等と齟齬を生じている部分等に見直しを行い、「財務諸表のための価格調査に関する実務指針」の各論としてとりまとめたものである。

(2) 目　的

　この章は、「棚卸資産会計基準」(企業会計基準第9号、企業会計基準委員会)及び「販売用不動産等の評価に関する監査上の取扱い」(監査・保証実務委員会報告第69号。以下「監査等委員会報告第69号」という。)に基づき、販売用不動産等を保有する企業等からの依頼により不動産鑑定士が販売用不動産等の価格調査を行うに当たり指針とすべきものとしてとりまとめた。また、同時に、「価格等調査ガイドライン」「運用上の留意事項」「財表価格調査の基本的考え方」に示されている用語の概念並びに手続きの流れを販売用不動産等の価格調査との関連において明確に整理することによって価格調査実務の統一を図ることや、価格調査を活用する関係者の参考資料としても位置づけている。

　したがって、価格調査を行う際には、原則としてこの実務指針に準拠するものとし、準拠できない場合、又は他の方法による場合には、その根拠を明示しなければならない。

2. 棚卸資産会計基準等の概要

(1) 用語の定義

① 時　価

「時価」とは、公正な評価額をいい、市場価格に基づく価額をいう。市場価格が観察できない場合には合理的に算定された価額を公正な評価額とする(「棚卸資産会計基準」第4項)。

② 販売用不動産等

「販売用不動産等」とは、棚卸資産のうち会社が保有する販売用不動産及び開発事業等支出金(未成工事支出金等で処理されているものを含む。)をいう。

③ 正味売却価額

「正味売却価額」とは、売価(購買市場と売却市場とが区別される場合における売却市場の時価)から見積追加製造原価及び見積販売直接経費を控除したものをいう。なお、「購買市場」とは当該資産を購入する場合に企業が参加する市場をいい、「売却市場」とは当該資産を売却する場合に企業が参加する市場をいう(「棚卸資産会計基準」第5項)。

販売用不動産等の正味売却価額を算定するための算式を掲げると次のとおりとなる。

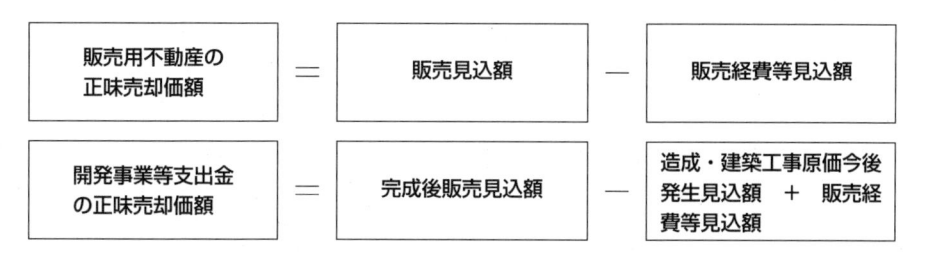

販売用不動産の正味売却価額	＝	販売見込額	－	販売経費等見込額
開発事業等支出金の正味売却価額	＝	完成後販売見込額	－	造成・建築工事原価今後発生見込額 ＋ 販売経費等見込額

④ 開発を行わない不動産

所有者自らが開発を行う計画のない不動産又は所有者自らが開発を行えない不動産。

⑤　開発が完了した不動産

開発が完了し、販売中又は販売を計画中の不動産。

⑥　開発後販売する不動産

開発計画に実現可能性のあるこれから開発する不動産又は開発途中の不動産。

(2)　「販売用不動産等の評価に関する監査上の取扱い」（監査・保証実務委員会報告第69号）の概要

棚卸資産会計基準に対応した販売用不動産等の評価に関する監査上の取扱いを示すもので、企業会計上の販売用不動産等の評価に関する基本的考え方と販売用不動産等の評価の妥当性に関する判断指針などを日本公認会計士協会の監査・保証実務委員会が取りまとめたガイドラインである。

企業会計上の販売用不動産等の評価に関する基本的考え方は、改正前の「販売用不動産等の強制評価減の要否の判断に関する監査上の取扱い」（監査委員会報告第69号）と変わるものではないが、強制評価減に関する記述は削除され、販売見込額の基礎となる土地の評価額の例示に、『「不動産鑑定評価基準」に基づいて算定した価額』が追加されるなどの改正が行われている。

(3)　販売用不動産等の評価適用のフロー

販売用不動産等の評価（低価法[*40]）適用についてのフローは次のとおりとなる。不動産鑑定士による価格調査として行うのは、フローのうち「評価減の必要性の判定」の手前の不動産の時価評価を行う段階までとなる。ただし、「個別不動産の重要性の判断」は、所有者である企業が行う。

[*40] 従来、「定価法」とは、時価が取得原価よりも下落した場合に時価による方法を適用して算定することを指した。棚卸資産会計基準等では、「（収益性低下による）簿価切下げ」と表現されているが、一般的には、これを「低価法」と呼んでいる。

II-2. 棚卸資産(販売用不動産等)に関する価格調査

```
        個別不動産の重要性の判断
         ↓              ↓
   重要性がある場合    重要性が乏しい場合
         ↓              ↓
    (原則的時価算定)  (原則的時価算定)
                    (みなし時価算定)
         ↓              ↓
        販売用不動産等の状況
      ↓       ↓       ↓
  開発を完了した  開発を行わない  開発を行う
      ↓       ↓       ↓
  開発が完了した  開発を行わない  開発計画の
  不動産の時価評価 不動産の時価評価 ←無 実現可能性
                              ↓ 有
                          開発後販売する
                          不動産の時価評価
                              ↓
          簿価切下げの必要性の判定
              ↓              ↓
    「帳簿価額」>「正味売却価額」  「帳簿価額」≦「正味売却価額」
              ↓              ↓
      簿価切下げの必要      簿価切下げの不要
```

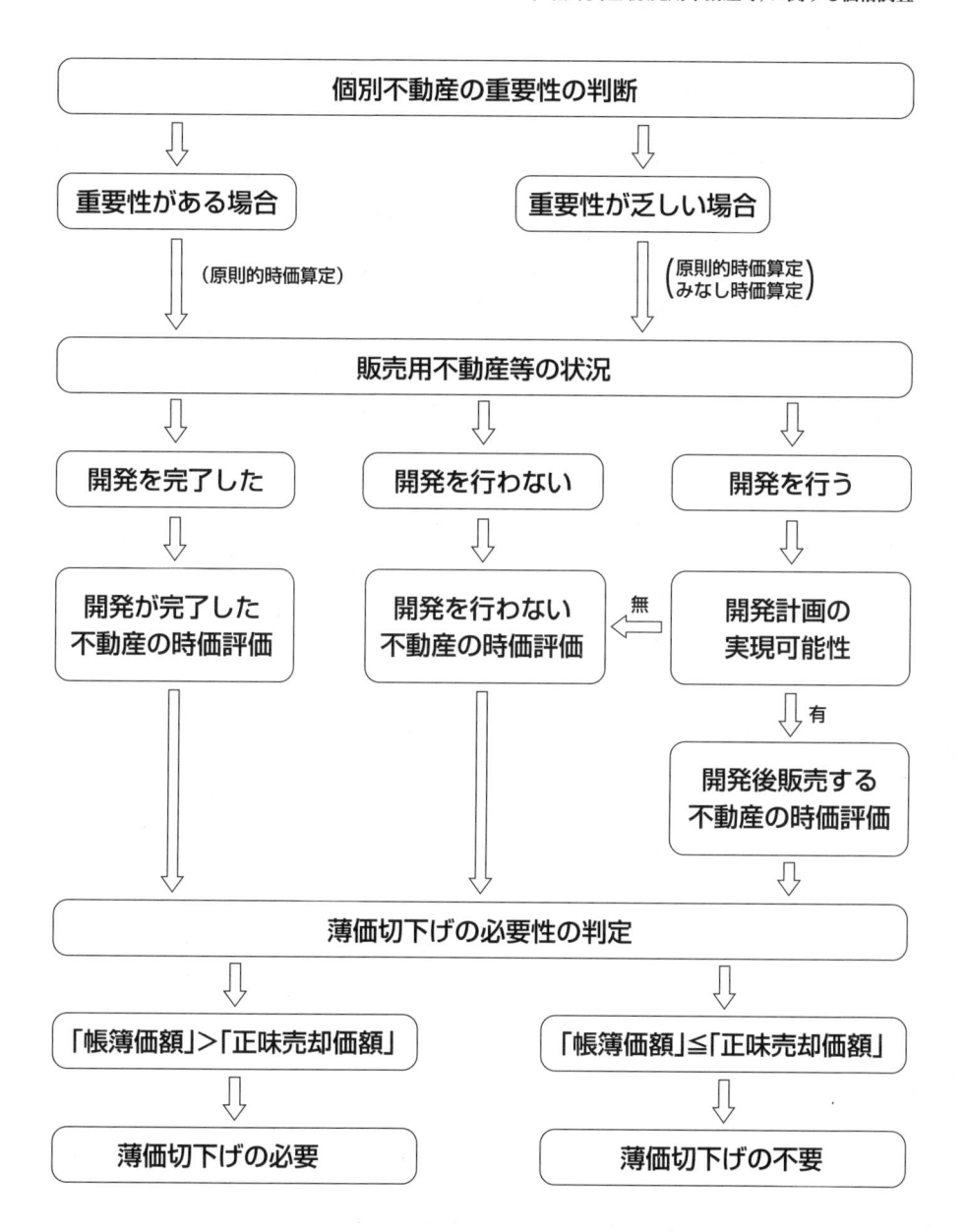

(4) 適用時期

　低価法に関する改正が行われた平成18年改正の「棚卸資産会計基準」は、平成20年4月1日以後開始する事業年度より適用されている。

3. 価格調査等が求められる場面

　販売用不動産等の価格調査に当たっては、依頼者から「監査等委員会報告第 69 号」の用語でいう販売用不動産等の「販売見込額」又は「完成後販売見込額」の価格調査を求められる場合と、「販売見込額」又は「完成後販売見込額」から「販売経費等見込額」や将来の造成・建築工事費を控除した「販売用不動産等の正味売却価額」の価格調査を求められる場合とが考えられる。また、価格調査ではなく、「監査等委員会報告第 69 号」に基づき「販売用不動産等の評価手順の妥当性に関する意見」及び「不動産開発計画の実現可能性に関する意見」等を求められる場合も考えられる。それぞれの場合に以下の点について十分留意しなければならない。

(1) 価格調査が求められる場合
① 販売用不動産等の正味売却価額を求める場合
(a)　販売用不動産の正味売却価額を求める場合

　「販売用不動産の正味売却価額」と原則的時価算定で求める価格とでは、前者は「販売見込額」から「販売経費等見込額」を控除するという点において、基本的に異なっている。「監査等委員会報告第 69 号」でいう「販売見込額」が原則的時価算定で求める価格となる。「販売用不動産の正味売却価額」は、原則的時価算定で求める価格ではない。

　なお、みなし時価算定で求める価格も「販売見込額」が一般的であり、「正味売却価額」ではない。

(b)　開発事業等支出金の正味売却価額を求める場合

　「開発事業等支出金の正味売却価額」は、前述のとおり「完成後販売見込額」から「造成・建築工事原価今後発生見込額及び販売経費等見込額」を控除して求めることとされている。開発を行った後販売することを前提とした不動産等の現況の価格調査を行うものであり、実務的には開発法等を重視して求めることになるが、その過程において「販売経費等見込額」等が考慮されていることから、「監査等委員会報告第 69 号」でいう「正味売却価額」

が原則的時価算定で求める価格となる。

② **販売用不動産等の販売見込額又は完成後販売見込額を求める場合**
　前述のとおり、「販売見込額」は原則的時価算定で求める価格となる。
　「完成後販売見込額」についても「販売見込額」と同様に原則的時価算定で求める価格となるが、開発後販売する不動産について、その完成後の状態を前提とする価格調査となることから、価格調査を行う時点において対象不動産が存在せず、確認ができない。したがって、原則として不動産鑑定評価基準に則らない価格調査を行うこととなる。

(2)　意見が求められる場合
　「監査等委員会報告第 69 号」に基づいて、販売用不動産等の評価手順の妥当性に関する意見や、不動産開発計画の実現可能性に関する意見を求められる場合等が考えられる。当該依頼は価格等調査を行うものではないことから、価格等調査ガイドライン、財表価格調査の基本的考え方及びそれらの実務指針等の対象となる業務ではないため、本実務指針においてもこれ以上の言及は行わないが、その作業過程は、「監査等委員会報告第 69 号」を前提とする等、通常の価格調査業務と大きく異なっていることに留意する必要がある。

4. 対象不動産の確定

　価格調査の対象となる販売用不動産としては、次のものが考えられる。なお、対象不動産を確定するに当たり、販売及び開発の計画については、依頼者等(対象不動産の所有会社)の事業計画が判断の基礎となるが、その採算性、実現可能性をよく検討し、必要に応じてそれを修正した上で価格調査を行う必要がある。

　また、「監査等委員会報告第69号」では、販売用不動産等として開発事業等支出金も対象となっている。この場合の価格調査は、開発事業等支出金の対象となっている不動産(開発計画のある土地等)を対象不動産とするものと、不動産の鑑定評価に関する法律上の不動産の範疇に入らないもの(建築中の建物、原価算入されている費用、金利等)も含まれる「開発事業等支出金」全体を求めるものがある。

(1) 開発を行わない不動産

　開発計画との関係からは、所有者自らが開発を行う計画のない不動産又は所有者自らが開発を行えない不動産であり、例えばa)転売目的で取得した不動産(一時的に賃貸中のものも含む)、b)開発の実現可能性がないと判断した不動産、c)開発は可能であるが、所有者自らが費用をかけて開発を行うよりも現況のまま売却した方がよいと判断した不動産がこれに当たる。

　不動産の種類としては、種別の観点からは宅地、農地、林地、宅地見込地等。また、類型の観点からは、(イ)建物及びその敷地(中古住宅、一棟の中古マンション、一棟の中古ビルディング)(建物が取壊し予定のものも含む。)、(ロ)区分所有建物及びその敷地(中古マンション、中古ビルディング)、(ハ)未竣工建物及びその敷地(自用・貸家)、(ニ)未竣工建物の一部(既施工部分)を含む土地(建物が建築中の段階のもの)、(ホ)建付地に準じた土地(建物が建築中の段階における土地)等ほとんどの種別・類型の不動産が想定される。

(2) 開発が完了した不動産

開発計画との関係からは、開発が完了し、販売中又は販売計画中の不動産がこれに当たる。

不動産の種類としては、種別の観点からは宅地等、類型の観点からは、(イ)更地(造成後の分譲地)、(ロ)建物及びその敷地(新築住宅、一棟の新築マンション、一棟の新築ビルディング)、(ハ)区分所有建物及びその敷地(新築マンション、新築ビルディング)等が想定される。

(3) 開発後販売する不動産

開発計画との関係からは、開発の実現可能性のある、a)未だ開発はしていない(素地の状態)が、開発を行った後販売することが確定している不動産(取壊し予定の建物が存するものも含む)、b)開発途中の不動産がこれに当たる。なお、建物が建築中の土地の場合(建築が中断している前記「(1)開発を行わない不動産」の場合も同様)は、建築中の建物が鑑定評価の対象として認められる程度に完成している場合を除き、不動産鑑定評価基準に則らない価格調査を行うこととなる。

不動産の種類としては、種別の観点からは、宅地、宅地見込地等。また、類型の観点からは、(イ)建物及びその敷地(建物が取壊し予定のもの)、(ロ)更地(開発前)、(ハ)未竣工建物及びその敷地(自用・貸家)、(ニ)未竣工建物の一部(既施工部分)を含む土地(建物が建築中の段階のもの)、(ホ)建付地に準じた土地(建物が建築中の段階における土地)等が想定される。なお、いずれの場合も開発計画が実現可能なものに限られる。

5. 価格調査の時点

　価格時点は、その依頼目的から、対象不動産を所有する会社の会計上の決算の基準日(3月決算の会社であれば3月31日)とすることが多いと推測される。

　なお、業務集中を避けるために事前に原則的時価算定を行い、その後、年度末を価格時点とする時点修正で対応することが考えられることは、p45で述べたとおりである。

　また、「完成後販売見込額」を求める価格調査について、造成工事又は建築工事の完了後の状態を前提とする将来時点の価格調査を求められる場合が考えられる。しかし、将来の予測は困難であることから、原則として当該将来時点の価格調査は行うべきではない。

6. 求める価格の種類又は価格を求める方法

(1)「財表価格調査の基本的考え方」に基づく原則的時価算定

① 完成後販売見込額
　完成後販売見込額は、開発後販売する不動産の「開発事業等支出金の正味売却価額」を求めるために必要となる。造成工事又は建築工事の完了後の状態を前提として行う価格調査となるが、原則的時価算定として行う場合には、造成工事が完了していない土地又は未竣工建物等に係る物的確認及び権利の態様の確認以外の部分については不動産鑑定評価基準に則るものとする（「財表価格調査の基本的考え方」Ⅴ．2．(3)①）。

② 販売見込額
　販売見込額は、「開発を行わない不動産」及び「開発が完了した不動産」の「販売用不動産の正味売却価額」を求めるために必要となる。対象不動産の現状を所与として売却した場合の価額を求めるものであり、求める価格の種類は「正常価格」である。

③ 正味売却価額
　正味売却価額は、「完成後販売見込額」又は「販売見込額」から「販売経費等見込額」などを控除して求めることとなっている。前述のとおり、原則的時価算定で求める価格は、「販売見込額」となることから、「販売用不動産の正味売却価額」は原則的時価算定で求める価格ではないが、「開発事業等支出金の正味売却価額」は原則的時価算定で求める価格となる。

(2)「財表価格調査の基本的考え方」に基づくみなし時価算定

　「財表価格調査の基本的考え方」に従いみなし時価算定を行うことができる場合としては、①重要性の乏しい不動産の時価を算定する場合と②大規模分譲地内に所在する複数の画地又は一棟の区分所有建物に所在する複数の専有部分等価格形成要因の大半を同じくする複数の不動産のうち、代表

的と認められる一の不動産について原則的時価算定を行う場合において、当該一の不動産以外の不動産の時価を求める場合が考えられる。

販売用不動産等の期末の時価をみなし時価算定を行って求めた場合には、成果報告書には、価格の種類ではなく、価格を求めた方法を記載する。(「財表価格調査の基本的考え方」V．3．(2)③)

(3) 「財表価格調査の基本的考え方」脚注1による「時点修正」

当面、販売用不動産等の評価において「財表価格調査の基本的考え方」脚注1による時点修正が認められるのは、業務集中を避けるために事前に原則的時価算定を行い、その後、年度末を価格時点とする時点修正で対応する場合に限定する。したがって、原則的時価算定を行った時からの経過期間は数か月という短期間を想定するものである。(p108 Ⅱ-1．固定資産の減損に関する価格調査8-4参照)、

「財表価格調査の基本的考え方」脚注1に従い、直近に行われた原則的時価算定等に対象不動産の種類に応じた適切な調整を行い時価を算定した場合は、みなし時価算定の場合に準じて、成果報告書には価格の種類ではなく価格を求めた方法を記載する。

7. 依頼受付時の留意事項

(1) 依頼内容の確認

　販売用不動産等の価格調査の依頼は、p114以降の「3. 価格調査等が求められる場面」における(1)価格調査が求められる場合、(2)意見が求められる場合に分けられ、さらに(1)については、①販売用不動産等の正味売却価額を求める場合、②販売用不動産等の販売見込額又は完成後販売見込額を求める場合に分けられる。したがって、今回の依頼がどの場合に該当するか受付時にまず明らかにすることが肝要である。

(2) 価格調査が求められる場合の留意事項

　対象不動産が重要性の乏しい不動産の場合は、みなし時価算定での対応が可能であるが、それ以外の場合は原則的時価算定で対応することとなるため、まず対象不動産の重要性を依頼者に確認する必要がある。

　販売用不動産等の価格調査は、対象不動産の開発状況により求める価格の内容が異なるので、依頼受付に際しては、この点に留意し、特に次の内容について依頼者に十分に説明する必要がある。

① 開発を行わない不動産又は開発が完了した不動産

　「販売用不動産の正味売却価額」の価格調査を求められた場合は、原則的時価算定又はみなし時価算定で求める価格が「販売見込額」であり、「販売用不動産の正味売却価額」は、「販売経費等見込額」について想定した条件等を明示して参考として算定するにとどまることについて説明する。

② 開発後販売する不動産
(a) 完成後販売見込額を求める場合

　開発後販売する不動産の完成後販売見込額として「開発事業等支出金の完成後販売見込額」の価格調査を求められた場合は、建築中の建物等が対象に含まれるかどうか確認し、当該建築中の建物等が含まれる重要性のある不動産の場合は、建築中の建物等が完成後の対象不動産として十分確認

できる場合を除き、原則として不動産鑑定評価基準に則った鑑定評価ではなく、対象確定条件を設定した上で原則的時価算定の例外となる不動産鑑定評価基準に則らない価格調査として価格調査を行うことを説明する。また、開発が完了した不動産の場合で販売時点が比較的遠い将来となる場合の販売見込額も含め、常に予測の限界を十分考慮し、予測の限界を超えると判断される場合には、価格調査を行ってはならない。

したがって、実際の評価の場面では、販売時点が遠い将来となり、予測の限界を超えるような場合には、「財表価格調査の基本的考え方」V.2.(1)②の例外規定に則り、価格時点において造成工事又は建築工事が完成しているものとしての販売価額を査定することとなる。「監査等委員会報告第69号」には、「販売公表額及び販売予定額が無い場合(適切でない場合を含む)の販売見込額の見積もり方法の一つとして「不動産鑑定士による鑑定評価額を基礎にして販売可能額を見積もる」との記載があるものの、会計処理の実務においては、不動産鑑定士の提出する評価額(現在時点における適正な販売価額)をもって「完成後販売見込額」として用いることも多いと考えられる。評価の前提条件については、事前に依頼者との間で、十分な確認を行っておく必要がある。

なお、鑑定評価上の不動産の範疇に入らないものも含まれる「開発事業等支出金の完成後販売見込額」全体を求めるのではなく、未竣工の建物等を除いた土地のみを対象として完成後の「更地として」又は「建付地」の価格を求める場合は、建物等に係る支出金相当額は求める価格に含まれないことについて説明を行っておくことも重要である。

(b) 正味売却価額を求める場合

開発後販売する不動産の価格調査として「開発事業等支出金の正味売却価額」の価格調査を求められた場合は、不動産の鑑定評価に関する法律上の不動産の範疇に入らないものが含まれることから、不動産鑑定評価基準に則らない価格調査になることについて説明する。

(3)「みなし時価算定」の依頼を受けた場合の留意事項

棚卸資産の正味売却価額を算出する際の販売用不動産等の時価を求める場合には、「財表価格調査の基本的考え方」によると以下のとおり記載がある。

財表価格調査の基本的考え方

Ⅳ. 原則的時価算定を行う場合とみなし時価算定を行う場合の峻別

2. 棚卸資産の評価

　棚卸資産会計基準に関し、棚卸資産の正味売却価額を算出する際の不動産の時価を求める目的で不動産鑑定士が価格調査を行う場合においては、原則的時価算定を行うものとする。ただし、以下の①又は②の目的で価格調査を行う場合（ただし、これらの場合であっても、証券化対象不動産の価格調査を行う場合であって、「証券化対象不動産の継続評価の実施に関する基本的考え方」Ⅱ．に定める適用範囲に該当しないときは、原則的時価算定を行うものとする。）は、原則的時価算定又はみなし時価算定を行うものとする。

　① 重要性が乏しいものと確認された不動産の時価を求める目的
　② 大規模分譲地内に所在する複数の画地又は一棟の区分所有建物に所在する複数の専有部分等価格形成要因の大半を同じくする複数の不動産のうち、代表的と認められる一の不動産について原則的時価算定を行う場合において、当該一の不動産以外の不動産の時価を求める目的

　企業から「みなし時価算定」の依頼を受けた場合、受託できるケースは上記「財表価格調査の基本的考え方」Ⅳ．2①及び②に該当する場合のみであることから、依頼受付時には、まず、当該不動産の重要性等を依頼者に確認し、みなし時価算定が適用可能か確認する必要がある(適用可能な手法についてはp21「表4　適用範囲及び算定方法」参照)。なお、重要性が乏しい不動産であるか否かの判断は会社が行うものであり、万が一会社から当該重要性についての判断を求められた場合でも、不動産鑑定士は重要性についての判断は行い得ないことを説明する。ただし、その場合も、不動

産鑑定士として会計基準や適用指針及び「財表価格調査の基本的考え方」、実務指針等に記載されている程度の説明や確認は、依頼受付時に行うべきであり、少なくともその意味での説明責任は生じるものと考えるべきである。

　Ⅳ．2②にある大規模分譲地内の複数画地又は一棟の区分所有建物に所在する複数の専有部分等複数の不動産の評価を行う際に、一の不動産の価格を求め、他の不動産については当該不動産との個別格差のみ判断して価格を査定するという方法は、実務の中でもよく行われている手法である。同じ報告書の中にあって、単体の不動産がそれぞれ不動産鑑定評価基準に則って評価されており、単に重複する箇所が省略記載されているにすぎないのであれば、報告書内のすべての不動産が原則的時価算定に該当する。したがって、現実の場面で②の例外規定を適用してみなし時価算定を行うケースは多くはないと思われる。考えられるケースとしては、例えば、一の不動産の原則的時価算定を行った後に追加で依頼を受け他の不動産を評価することになった場合等であろう。

8. 価格調査を行うに際しての留意事項

(1) 「原則的時価算定」における留意事項

　棚卸資産の時価評価に当たり「原則的時価算定」を行う場合には、原則として不動産鑑定評価基準に則った鑑定評価を行う。また、不動産鑑定評価基準に則らない場合は、前述Ⅰ．総論9-1の「不動産鑑定評価に則らない場合」を参照し評価を行う。「完成後販売見込額」を求める場合は、完成後の対象不動産として十分認識できる場合を除き、「財表価格調査の基本的考え方」Ⅴ．2．(1)②の規定を適用し、則らない場合として評価することに留意する。

① 手法適用に当たっての留意事項

　原則的時価算定に当たっては、対象不動産が将来売却が予定されている販売用不動産等であるので、実現性のある売却可能額として評価を行う必要がある。

　原則的時価算定の場合、手法の適用は不動産鑑定評価基準に則る必要があるので、対象不動産の特性に応じて、原価法、取引事例比較法、収益還元法、開発法等を適切に適用して求めるものとする。特に、開発後販売する不動産等については開発法等の有効性が高いことに留意する。また、評価額の決定に際しては、実現性のある売却可能額として妥当であるかを十分に検証する必要がある。なお、原価法の適用に当たっては、特に次の2点に留意したい。

(a)　再調達原価を求める際には建設事例等の資料の収集に十分な努力を行い、適切な再調達原価の把握に努めなければならない。特に、財務諸表上に計上されている不動産の原価については、建設利子等の諸費用を含める等の会計上の処理が行われており、また、当該企業が実際に支出し、原価としている費用には通常一般に認められるものとは異なる場合があるので、直接法を適用する場合には、財務諸表上に計上されている不動産の原価を安易に利用することのないよう十分な注意

が必要である。

(b) 減価修正を行うに当たっては、その物理的、機能的、経済的要因について十分な調査を行うべきである。特に開発が中断又は行われていない不動産については何らかの問題を含んでいる場合があると考えられるため、特に減価要因の把握は重要となる。

② 「販売見込額」等の査定に当たっての留意事項
　価格調査における「販売見込額」又は「完成後販売見込額」の査定に当たっては、実現性のある売却可能額を求めることを踏まえ、以下の点に十分に留意したい。

(a) 分譲事業目的の不動産については、特に類似性のある分譲事例の収集分析が重要である。一体利用の場合は、想定建物に対し、近隣地域又は同一需給圏の類似地域における品等の類似する分譲事例を収集し、その事例の分譲時点、分譲状況・結果、販売単価とその総額、戸当たり販売価格、分譲戸数、戸当たり専有面積、建築面積、建物品等、付帯施設、敷地面積、道路の接面状況、周辺環境条件、行政的条件、売主、施工業者等を把握・分析する必要がある。分割利用の場合は、同様に品等の類似する更地又は戸建分譲の分譲事例の収集分析が必要であるが、特に、開発規模、環境等により相当の差異が生ずることに留意する必要がある。また、事例収集に当たっては、常に新規分譲事例の収集を行い、可能な限り今後の分譲予定についても収集分析するよう心がけなければならない。

(b) 賃貸不動産等の投資目的での販売が考えられるものは、市場において収益価格が取引価格の決定に及ぼしている影響の程度に応じて、収益価格を重視する必要がある。投資家の立場から投資リスクを重視する投資採算価格を求めるものではなく、実現性のある売却可能額を求めるために収益還元法を適用するのであるから、還元利回りとしては

取引利回りが有効であると考えられる。

(c) 取引事例比較法の適用が困難な不動産の場合は、原価法その他の手法による試算価格も重視せざるを得ないが、この場合には、評価額の決定に当たり特に市場性に十分留意する必要がある。

(d) 開発法の適用に際しての販売総額の査定においては、販売時点までの価格変動(特に下落)リスクを十分織り込んだものとする必要がある。予想が困難な場合には、価格時点での販売見込額とすることもやむを得ないが、下落リスクを投下資本収益率等に反映させるものとする。

③ 開発を行わない不動産
(a) 開発が不要な不動産
　転売目的で保有している場合等で、そもそも開発が不要な場合は、現況を所与として、価格時点の転売見込額すなわち「販売見込額」を求めることとなる(「販売見込額」の査定上の留意事項については、前述①参照、以下同じ)。
　また、転売目的の不動産等で、一時的に賃貸中の場合があるが、直ちに明渡しを受けられないものは、それに要する期間、経費を考慮する必要がある。

(b) 何らかの理由により開発が不可能となった不動産
　開発が不可能な不動産としての「販売見込額」を求めることとなるが、開発の実現可能性がないので、「販売見込額」の査定に当たっては開発法等を適用すべきではない。また、積算価格については現状の不動産の市場性を真に反映しているかどうか慎重に検討しなければならない。

(c) 開発は可能であるが、自ら費用をかけて開発を行うよりも現況のまま売却した方がよいと判断される不動産
　開発が必要でありかつ実現可能性もある不動産であるが、企業として現

況のまま売却するという方針が出ている場合である。開発素地としての「販売見込額」を求めることになるので、手法適用に当たっては、開発法等による価格も重視することとなる。ただし、開発法等の適用に当たっては、あくまで素地等として売却された後に購入者が開発を行うことを想定する点に留意したい。

④ 開発が完了した不動産

開発が完了した現況を所与とする「販売見込額」を求めるものである。

その際に、物理的には販売できる状態にあるが、何らかの理由で販売していない不動産の場合には、その理由を十分調査分析し、減価の必要性について検討する必要がある。

大規模分譲地等のような販売に時間を要すると判断される不動産の場合は、一括して売却する場合と適切な販売計画に基づいて売却する場合との「販売見込額」は異なるものと考えられ、「販売見込額」は分譲を想定した個々の販売見込額の単純な合計にはならず、対象不動産の価格調査に際しては、事業(販売)期間を考慮した開発法等も適用する必要がある。また想定される販売時点が、少なくともその一部において予測の限界を超える時点となる可能性も大きいので、価格時点において想定した個々の販売見込額をそのまま採用できない場合もあることに留意したい。

⑤ 開発後販売する不動産等
(a) 完成後販売見込額

完成後販売見込額を求めるために造成工事又は建築工事の完了後の状態を前提として行う場合については、前述①②のほか、④を参照されたい。また、完成後の対象不動産として十分認識できる場合を除き「不動産鑑定評価基準に則らない場合」に該当するので、本実務指針の該当箇所も参照されたい。

なお、依頼先から更地若しくは建付地としての価格を求められるケースもあると考えられるが、その場合は、完成後を所与とした場合の更地評価、完成後の土地建物のうち土地の部分評価を行うこととなる。

(b) 正味売却価格を求める場合

「開発事業等支出金の正味売却価額」を求めるための、開発後販売することを前提とした現況不動産の価格調査なので、開発法等による価格も重視して求めるものとする。現所有者の事業採算性を反映させる目的から、開発法等の適用に当たってはすでに当該事業の中で支出済みの取得費用等はこれを控除する必要はない。

なお、開発想定に当たっては、各企業の開発計画をそのまま採用することなく、専門家の立場からこの計画の合理性を判断し、実現可能性について十分な検討を加えることが重要である。建築造成計画、販売計画等に無理があると判断するならば、現実的な計画に変更し、その計画に基づく価格を導き出す必要があり、また、実現可能性がないと判断するならば、前記③の開発を行わない不動産として評価を行うこととなる。対象不動産自体は開発計画の実現可能性があっても、所有者による開発が困難な場合や、最有効使用の観点から開発を行わず、そのまま売却したほうがよいと判断される場合も同様である。したがって、市場動向はもとより、所有者の財務状況を含む事業能力を十分検討すべきである。

また、開発途中の不動産(前述 P117、4(3)でいう(ニ)(ホ)のケース)の場合は、原則として開発途中であることを所与とした土地の評価となる。評価の手法としては、直接的に開発中であることを考慮し事業採算を反映した開発法[*41]等及び収益還元法(DCF法(開発賃貸型)、土地残余法)[*42]等と、更地価格から建物が建築中であることを調整(建築中の建物が最有効使用かどうか、使用収益開始時期が早いこと等を考慮)して求める手法とを併用して評価額を決定するものとする。

なお、「監査等委員会報告69号」には、「不動産開発計画の実現可能性に関する判断指針」が示されているので参考にされたい。

[*41] 開発中であることを考慮し事業採算を反映した開発法等とは、更地を求める開発法と同様に、開発事業スケジュールに基づいて、収入支出の時期を考慮してそれぞれを価格時点に置き直して評価を行うものであるが、開発事業途中を価格時点とするため、結果として支出済みの建築費等が反映された価格となる

[*42] DCF法(開発賃貸型)は、開発法と同じく、開発事業途中を価格時点とする点に、また、土地残余法では、当初の未収入期間が更地の場合より短い点に留意する。

販売用不動産等の評価に関する監査上の取り扱い
（監査・保証実務委員会報告 69 号）

4　不動産開発計画の実現可能性に関する判断指針
(1) 開発計画の合理性の検討

　不動産開発事業は、土地等をそのまま販売するのではなく、宅地の造成分譲、マンションの分譲、地域の再開発、ゴルフ場の造成等のような開発行為を実施することにより、付加価値を高めて投下資金を回収し、開発利益を得る事業である。これらの開発計画は、その着工から開発工事等の完了までに長期間を要し、また土地等の取得、造成、建築等に多額の資金を必要とする場合が多い。

　したがって、この開発計画の合理性を判断するためには、その客観性、具体性及び採算性について検討する必要がある。また、開発計画は、開発期間中にその開発目的を変更する場合があるが、その場合にも、変更後の開発計画の合理性を検討する必要がある。

(2) 開発計画の実現可能性の検討

　開発計画の実現可能性の検討に当たっては、開発許可の取得可能性並びに用地の買収計画、造成建築計画、販売計画及び資金計画等の客観性や具体性を検討する必要がある。

　また、不動産開発事業は、その開発に長期間を要することから、当初予想し得なかった種々の原因により、開発計画、開発計画の延期又は中断が生じる場合があるが、この場合には、例えば、次の延期又は中断に至る原因に留意して、その実現可能性の検討を行う必要がある。

　　(ア) 開発事業を取り巻く経済環境の変化により、開発利益が見込めないこと
　　(イ) 官公庁による転用許可、開発許可等が得られないこと
　　(ウ) 買収及び造成・建築等の開発資金が不足すること
　　(エ) 開発予定地域の重要な地区に地主の反対があること
　　(オ) 埋蔵文化財の発見による調査が必要となったこと
　　(カ) 開発工事に伴う近隣対策が必要となったこと

　これらの原因のうち、通常(ア)から(エ)は、開発事業を継続する上で重要な障害要因となり、短期間でこれらの原因が解決することにより、

買収の完了、開発工事の着工等が行われることは困難な場合が多い。また、(オ)及び(カ)は、開発工事の延期又は中断の一時的な原因となり、調査の完了や近隣の同意が得られれば、開発工事に着工したり工事を再開することができる場合が多い。

したがって、監査人は、開発計画の延期又は中断の原因を検討し、その原因が開発計画の実現のために重要な障害となるもの又は一時的なものかを確かめる必要がある。

また、長期間にわたり延期又は中断している開発計画は、一般的には、重要な障害要因によるものと判断されるため、その実現可能性については、慎重に検討する必要がある。

(3) 開発計画の実現可能性についての具体的指針

開発計画が、その立案時及びその後の状況の変化により、明らかに合理性がないと認められる場合は、その時点で開発計画の実現可能性はないものと判断する。

また、開発工事が一定期間延期又は中断され、次の状況にある場合には、通常、今後短期間にそれらの原因が解決し、買収の完了や開発工事の着工等が行えるとは見込めないことから、原則として、開発計画の実現可能性はないものと判断する。

① 開発用の土地等の買収が完了しないため、開発工事の着工予定時からおおむね5年を経過している開発計画
② 開発用の土地等は買収済みであるが、買収後おおむね5年を経過しても開発工事に着工していない開発計画
③ 開発工事に着工したが、途中で工事を中断し、その後おおむね2年を経過している開発計画

(4) 開発事業の規模への配慮

不動産開発事業は、通常、大規模な開発計画になればなるほど、その計画の完了までに相当の長期間を要し、その間、種々の原因で延期又は中断が生じる場合が多い。このため、監査人は延期又は中断している開発計画の実現可能性を検討する場合には、開発計画の規模についても留意する必要がある。

(2) みなし時価算定における留意事項

　留意すべき点については、基本的に他の財務諸表のための価格調査の時と同様である。具体的には、「監査等委員会報告第69号」の中に、監査実務において参考とすべき評価額の例示(下記【付録】販売用不動産等の評価額の例示参照)が示されており、不動産鑑定士はここに挙げる価額の性質を理解した上で、依頼者の合意のもとに、適切な評価手法を採用していくこととなる。

【付録】販売用不動産等の評価額の例示
(監査・保証実務委員会報告第69号「販売用不動産等の評価に関する監査上の取り扱い」より)

1. 開発を行わない不動産又は開発が完了した不動産

不動産の種類	評価額（販売見込額）	備考
(1) 山林・田畑・雑種地等	① 販売可能見込額 ② 「不動産鑑定評価基準」に基づいて算定した価額 ③ 林地価格（都道府県基準地価格又は公示価格）から比準した価格 ④ 固定資産税評価額を基にした倍率方式による相続税評価額 ⑤ 近隣の取引事例から比準した価格	販売用不動産の正味売却価額 ＝販売見込額－販売経費等見込額
(2) 宅地 (更地及びその利用又は売却に際して除去する必要のある建物等が存在する土地を含む。)	① 販売公表価格、販売予定価格、販売可能見込額 ② 「不動産鑑定評価基準」に基づいて算定した価額 ③ 公示価格から比準した価格 ④ 都道府県基準地価格から比準した価格 ⑤ 路線価による相続税評価額 ⑥ 固定資産税評価額を基にした倍率方式による相続税評価額 ⑦ 近隣の取引事例から比準した価格 ⑧ 収益還元価額	販売公表価格 a. マンションや住宅地等のパンフレット価格 b. 不動産仲介業者の査定価格 c. ちらし広告価格（店頭表示価格） 販売予定価格 a. 売出予定物件の販売予定価格 b. 具体的な引合価格 収益還元価額 不動産鑑定評価基準に基づく直接還元法（一期間の純収益を還元利回りによって還元する方法）又はDCF法（連続する複数の期間に発生する純収益及び復帰価格(注)を、その発生時期に応じて現在価値に割り引き、それぞれを合計する方法）により収益還元価額を算定する（不動産鑑定評価基準　第7章　第1節　Ⅳ　収益還元法参照）。 (注) 保有期間の満了時点における対象不動産の価格（使用後の処分によって生ずると見込まれる将来キャッシュ・フロー）
(3) 新築住宅	① 販売公表価格、販売予定価格、販売可能見込額 ② 「不動産鑑定評価基準」に基づいて算定した価額 ③ 土地及び建物の評価額 　土地　前述 (2) ②から⑦による評価額 　建物　再調達価格＊×（1－減価率） 　　＊　独自に算出（取得価額×建設工事費デフレーター又は建築費指数） ④ 近隣の取引事例から比準した価格 ⑤ 収益還元価額	
(4) 中古住宅 (当初より販売を目的として取得した販売用不動産であるが、一時的に賃貸を行っているものを含む。)	① 販売予定価格、販売可能見込額 ② 「不動産鑑定評価基準」に基づいて算定した価額 ③ 土地及び建物の評価額 　土地　前述 (2) ②から⑦による評価額 　建物　再調達価格＊×（1－減価率） 　　＊　独自に算出（取得価額×建設工事費デフレーター又は建築費指数） ④ 近隣の取引事例から比準した価格 ⑤ 収益還元価額	

II-2．棚卸資産（販売用不動産等）に関する価格調査

	不動産の種類	評価額	備考
(5)	新築ビルディング	① 販売可能見込額 ② 「不動産鑑定評価基準」に基づいて算定した価額 ③ 土地及び建物の評価額 　土地　前述(2) ②から⑦による評価額 　建物　再調達価格＊×（1－減価率） 　　＊ 独自に算出（取得価額×建設工事費デフレーター又は建築費指数） ④ 近隣の取引事例から比準した価格 ⑤ 収益還元価額	
(6)	中古ビルディング （当初より販売を目的として取得した販売用不動産であるが、一時的に賃貸を行っているものを含む。）	① 販売可能見込額 ② 「不動産鑑定評価基準」に基づいて算定した価額 ③ 土地及び建物の評価額 　土地　前述(2) ②から⑦による評価額 a. 建物　再調達価格＊＊×（1－減価率） 　　＊ 独自に再見積りにより算出 　　＊ 独自に算出（取得価額×建設工事費デフレーター又は建築費指数） b. 建物　固定資産税評価額 c. 建物　建物時価＝再調達価格(注)×0.9 　　　　×（法定耐用年数－経過年数）／法定耐用年数 　　　　＋（再調達価格×0.1） ④ 近隣の取引事例から比準した価格 ⑤ 収益還元価額	(注) 再調達価格は国土交通省総合政策局情報管理部情報安全・調査課建設統計室による「建築統計年報」に基づき作成する簡易早見表を使用する。

2．開発後販売する不動産

	不動産の種類	評価額	備考
(1)	造成計画のある未造成土地 （造成中の土地を含む。）	造成計画が実現可能な場合 開発事業等支出金の正味売却価額＝完成後販売見込額－（造成・建築工事原価今後発生見込額＋販売経費等見込額） 造成計画に実現可能性がないと判断された場合 （山林） ① 「不動産鑑定評価基準」に基づいて算定した価額 ② 林地価格（都道府県基準地価格又は公示価格） ③ 固定資産税評価額を基にした倍率方式による相続税評価額 ④ 近隣の取引事例から比準した価格 （田畑・雑種地等） ① 固定資産税評価額を基にした倍率方式による相続税評価額 ② 近隣の取引事例から比準した価格 （山林・田畑・雑種地等） 　販売可能見込額(注)	未造成土地とは、用途を転換しようとする土地（素地）で、山林・田畑・雑種地等をいう（区画形質を変更する土地をいう。）。 (注) 山林・田畑・雑種地等が上記評価額に満たない価格で処分せざるを得ない場合
(2)	住宅、ビルディング等の建築計画のある土地 （建築中の建物を含む。）	建築計画が実現可能な場合 開発事業等支出金の正味売却価額＝完成後販売見込額－（造成・建築工事原価今後発生見込額＋販売経費等見込額） 建築計画に実現可能性がないと判断された場合 （宅地） ① 「不動産鑑定評価基準」に基づいて算定した価額 ② 公示価格から比準した価格 ③ 都道府県基準地価格から比準した価格 ④ 路線価による相続税評価額 ⑤ 固定資産税評価額を基にした倍率方式による相続税評価額 ⑥ 近隣の取引事例から比準した価格 ⑦ 販売可能見込額(注)	建築計画のある土地とは、付加価値を付けようとしている土地（宅地）をいう。 (注) 宅地が上記評価額に満たない価格で処分せざるを得ない場合

Ⅱ-3. 賃貸等不動産に関する価格調査

1. 背景・目的

(1) 背 景

　平成20年11月28日に企業会計基準委員会から、「賃貸等不動産の時価等の開示に関する会計基準」(以下「賃貸等不動産会計基準」という。)及び「賃貸等不動産の時価等の開示に関する会計基準の適用指針」(以下「賃貸等不動産適用指針」という。)が公表された。

　この背景として、わが国では固定資産に区分されている不動産が原価評価されているなか、

- 平成14年8月に企業会計審議会から「固定資産の減損に係る会計基準の設定に関する意見書」(以下「減損意見書」という。)が公表され、そのなかで投資不動産については時価の変動をそのまま損益に算入せず、他の有形固定資産と同様に取得原価基準による会計処理を行うことが適当であるとされており(減損意見書六1)、時価の注記に関しては、その要否や投資不動産の範囲も含め、今後の検討課題とされていたこと

- 国際財務報告基準(IFRS)では、国際会計基準第40号「投資不動産」において、投資不動産は時価評価と原価評価の選択適用とされ、原価評価されている場合には時価を注記することになっており、会計基準の国際的なコンバージェンスを図る必要があること

- 平成20年8月に「金融商品に関する会計基準」が改正され、事実上事業投資と考えられるものも含め、すべての金融商品の時価等が注記対象とされたこと

などが挙げられる。

　「賃貸等不動産会計基準」並びに「賃貸等不動産適用指針」(以下「賃貸等不

動産会計基準等」という。)は、企業等が保有する賃貸等不動産に適用され、平成 22 年 3 月 31 日以降終了する事業年度に係る財務諸表において、賃貸等不動産の時価等を注記することになる。

(2) 目 的

　この章は、「賃貸等不動産会計基準等」に基づき、賃貸等不動産の時価等を開示する企業等からの依頼により、不動産鑑定士が、賃貸等不動産の価格調査を行うに当たり指針とすべきものとして、また、「価格等調査ガイドライン」「運用上の留意事項」「財表価格調査の基本的考え方」に示されている用語の概念並びに手続きの流れを「賃貸等不動産会計基準等」との関連において明確に整理し、価格調査の実務の統一を図ることや、価格調査を活用する関係者の参考資料としても位置づけている。
　したがって、価格調査を行う際には、原則として準拠するものとし、準拠できない場合、又は他の方法による場合には、その根拠を明示しなければならない。

2. 賃貸等不動産会計基準等の概要

(1) 用語の定義
① 時　価
「時価」とは、公正な評価額をいい、通常、それは、観察可能な市場価格に基づく価額をいい、市場価格が観察できない場合には合理的に算定された価額をいう(「賃貸等不動産会計基準」第4項(1))。

② 賃貸等不動産
「賃貸等不動産」とは、棚卸資産に分類されている不動産以外のものであって、賃貸収益又はキャピタルゲインの獲得を目的として保有されている不動産(ファイナンス・リース取引の貸手における不動産を除く)をいう。

物品の製造・販売、サービス提供、経営管理に使用されている場合は、賃貸等不動産には含まれない(「賃貸等不動産会計基準」第4項(2))。

(2) 賃貸等不動産の時価開示の流れ

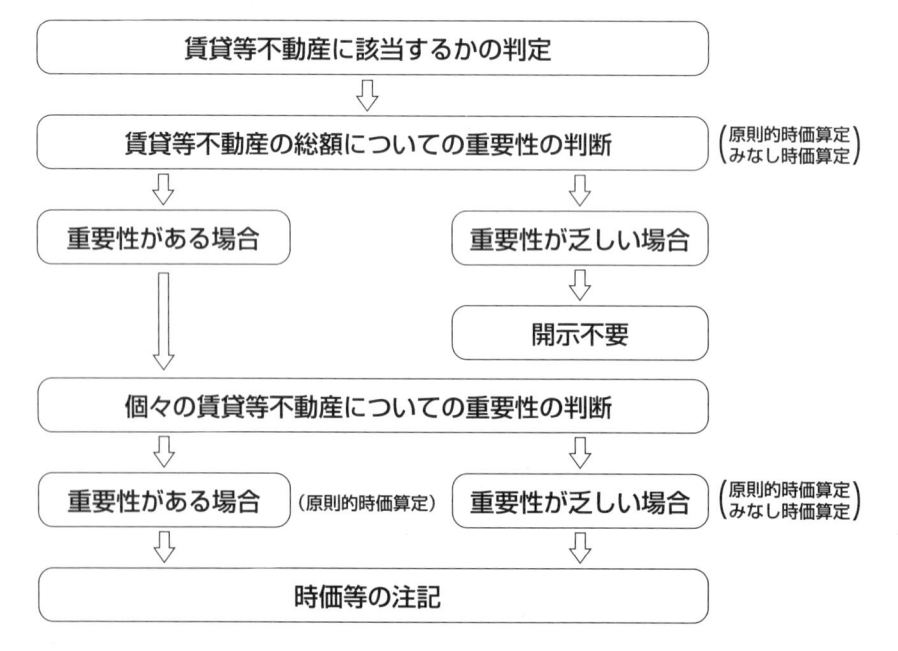

```
        賃貸等不動産に該当するかの判定
                    ↓
       賃貸等不動産の総額についての重要性の判断     (原則的時価算定)
          ↓                    ↓                  (みなし時価算定)
    重要性がある場合         重要性が乏しい場合
          ↓                    ↓
          ↓                  開示不要
          ↓
     個々の賃貸等不動産についての重要性の判断
          ↓                    ↓
    重要性がある場合(原則的時価算定)  重要性が乏しい場合   (原則的時価算定)
          ↓                    ↓                    (みなし時価算定)
               時価等の注記
```

(注)賃貸等不動産会計基準等に示されている時価
- 「不動産鑑定評価基準」による方法又は類似の方法に基づき算定した時価
- 売却予定価額(契約により取り決められた一定の売却予定価額がある場合)
- 一定の評価額や適切に市場価格を反映していると考えられる指標に基づく価額等(開示対象賃貸等不動産の重要性が乏しい場合)
- 第三者からの取得時の価額又は直近の原則的な時価算定による価額について、一定の評価額や適切に市場価格を反映していると考えられる指標を用いて調整した価額(第三者からの取得時又は直近の原則的な時価算定時から、一定の評価額や指標に重要な変動が生じてない場合)
- 第三者からの取得時の価額又は直近の原則的な時価算定による価額(第三者からの取得時又は直近の原則的な時価算定時から期末までの一定の評価額や指標の変動が軽微な場合)
- 適正な帳簿価額(開示対象賃貸等不動産(建物等の償却性資産)の重要性が乏しい場合)

(3) 賃貸等不動産の範囲

① 貸借対照表において投資不動産として区分されている不動産

投資の目的で所有する土地、建物その他の不動産として、「財務諸表等の用語、様式及び作成方法に関する規則」第33条により、「投資不動産」として区分されている不動産(「賃貸等不動産会計基準」第5項(1)、第22項)。

② 将来の使用が見込まれていない遊休不動産

遊休不動産のうち将来の使用が見込まれていないものは、処分によるキャッシュフローしか見込めず、時価そのものが企業にとっての価値であるとして、賃貸等不動産に該当する(「賃貸等不動産会計基準」第5項(2)、第23項)。

③ 賃貸されている不動産

- 貸借対照表上、通常、土地、建物(建物付属設備を含む)、構築物、建設仮勘定、借地権等の科目に含まれている(「賃貸等不動産適用指針」第4項)。
- 棚卸資産として区分されている不動産は該当しない。
- 自社工場、自社運営のホテル・ゴルフ場等は開示対象とならない。た

だし、その所有者が第三者に賃貸し、第三者が運営している場合は、開示対象となる(「賃貸等不動産会計基準」第28項)。
- 開発中・再開発中の不動産、一時的に借手が存在していない不動産も賃貸等不動産として使用が見込まれるものは該当する(「賃貸等不動産会計基準」第6項)。
- ファイナンス・リース取引の借手における不動産、オペレーティングリース取引の貸手における不動産が、「賃貸等不動産会計基準」第4項(2)に該当する場合は含まれる(「賃貸等不動産適用指針」第21項)。
- 不動産信託における信託財産たる不動産が、「賃貸等不動産会計基準」第4項(2)に該当する場合に、受益者は原則として賃貸等不動産として取り扱う(「賃貸等不動産適用指針」第22項)。
- 物品の製造・販売、サービス提供、経営管理に使用されている部分と賃貸等不動産として使用されている部分で構成されている不動産については、賃貸等不動産に使用されている部分は賃貸等不動産に含まれる。ただし、当該部分の割合が低い場合は含めないことができる(「賃貸等不動産会計基準」第7項)。
- 賃貸等不動産に該当するかの判断は連結の観点からなされるため、連結会社間で賃貸されている不動産は、連結貸借対照表上、賃貸等不動産には該当しない(「賃貸等不動産適用指針」第3項)。

(4) 賃貸等不動産の注記事項

賃貸等不動産を保有している場合の注記事項は以下のとおりである。(「賃貸等不動産会計基準」第8項)
① 賃貸等不動産の概要
② 賃貸等不動産の貸借対照表計上額及び期中における主な変動
③ 賃貸等不動産の当期末における時価及びその算定方法
④ 賃貸等不動産に関する損益

ただし、賃貸等不動産の総額に重要性が乏しい場合は注記を省略できる。この判断は、賃貸等不動産の貸借対照表日における時価を基礎とした金額と、当該時価を基礎とした総資産の金額との比較をもって行う。

(5) 適用時期

「賃貸等不動産会計基準」は、原則として平成22年3月31日以降終了する事業年度の年度末に係る財務諸表から、また四半期財務諸表に関しては翌事業年度から適用される。この場合、中間財務諸表は、平成22年4月1日以降開始する事業年度の中間期から適用となる。ただし、「賃貸等不動産会計基準」の早期適用も妨げないものとされている(「賃貸等不動産会計基準」第9項)。

(6) 他の会計基準との関係

企業等が保有する不動産に関連する会計基準の概要を表にまとめれば、以下のとおりである。減損会計基準及び棚卸会計基準においては、対象資産について簿価切下げの会計処理を行うことを定めているが、「賃貸等不動産会計基準等」では、財務諸表に時価等の注記を行うことに留意する必要がある。

	賃貸等不動産の時価等の注記	減損会計基準	棚卸資産会計基準
対象資産	賃貸等不動産	固定資産	棚卸資産
評価額	公正な評価額	回収可能価額 (正味売却価額と使用価値のいずれか高い方)	正味売却価額
損失計上の判断基準	損失の計上はない 時価の注記	割引前CFの総額が帳簿価額を下回る	正味売却価額が帳簿価額を下回る
会計基準等	「賃貸等不動産の時価等の開示に関する会計基準」 「賃貸等不動産の時価等の開示に関する会計基準の適用指針」	「固定資産の減損に係る会計基準」 「固定資産の減損に係る会計基準注解」 「固定資産の減損に係る会計基準の適用指針」	「棚卸資産の評価に関する会計基準」 「販売用不動産等の評価に関する監査上の取扱い」

3. 価格調査が求められる場面

(1) 賃貸等不動産に関する注記の要否（賃貸等不動産の総額についての重要性）を判断する際に、賃貸等不動産の時価を算定する場合

　賃貸等不動産の総額に重要性が乏しい場合は注記を省略することができるとされ、この重要性の判断は、賃貸等不動産の貸借対照表日における時価を基礎とした金額と当該時価を基礎とした総資産の金額との比較をもって行う（「賃貸等不動産適用指針」第8項）。

　この時価を基礎とした金額の把握は、一定の評価額や適切に市場価格を反映していると考えられる指標に基づく価額等を用いることができる（「賃貸等不動産適用指針」第23項）。

　この時価を基礎とした金額を把握する際、不動産鑑定士に対して価格調査を求めることが想定されるが、この場合においては、原則的時価算定又はみなし時価算定を行うこととなる（「財表価格調査の基本的考え方」Ⅳ.3）。

(2) 賃貸等不動産の時価を財務諸表に注記するために賃貸等不動産の時価を算定する場合

　賃貸等不動産の時価は、通常、観察可能な市場価格に基づく価額を、また、市場価格が観察できない場合には合理的に算定された価額をいい、合理的に算定された価額は、「不動産鑑定評価基準」による方法又は類似の方法に基づき算定される（「賃貸等不動産適用指針」第11項）。

　この算定は、自社における合理的見積り又は不動産鑑定士による鑑定評価等として行うこととされている（「賃貸等不動産適用指針」第28項）。また、開示対象となる賃貸等不動産のうち重要性が乏しいものについては、一定の評価額や適切に市場価格を反映していると考えられる指標に基づく価額等を時価とみなすことができる（「賃貸等不動産適用指針」第13項）。

　この賃貸等不動産の時価を求める際に、不動産鑑定士に対して価格調査を求めることが想定される。

賃貸等不動産に重要性がある場合
原則的時価算定を行う。(「財表価格調査の基本的考え方」Ⅳ．3)
賃貸等不動産に重要性が乏しい場合
原則的時価算定又はみなし時価算定を行う。(「財表価格調査の基本的考え方」Ⅳ．3)

　「財表価格調査の基本的考え方」に従い原則的時価算定を行う場合で、過去に不動産鑑定評価基準に則った鑑定評価又はそれ以外の原則的時価算定（以下「原則的時価算定等」という。）が行われた不動産の再評価を行うときは、直近に行われた不動産鑑定評価基準に則った鑑定評価における試算価格の調整において相対的に説得力が高いと認められた鑑定評価手法は少なくとも適用しなければならないとされ、この再評価を不動産鑑定士に対して依頼することが想定される(「財表価格調査の基本的考え方」Ⅴ．2(3)③)。

　また、「賃貸等不動産適用指針」によれば、第三者からの取得時の価額又は直近の原則的な時価算定による価額が適切に算定されていることを前提として、一定の評価額や適切に市場価格を反映していると考えられる指標に重要な変動がない場合に、取得時の価額又は直近の原則的な時価算定による価額について、一定の評価額や指標を用いて調整した金額をもって期末の時価とみなすことができるとされている(「賃貸等不動産適用指針」第12項、第32項)。

　なお、直近の原則的な時価算定による価額に一定の評価額や指標を用いて調整を行い期末の時価を算定すること(「賃貸等不動産適用指針」第32項)は、賃貸等不動産の時価算定に特有の算定方法であり、他の会計基準等においては示されていない手法である。

　これに対応して、「財表価格調査の基本的考え方」Ⅲ．1脚注1において、直近に行われた原則的時価算定等を行ったときから、相対的に説得力が高いと認められる鑑定評価手法の選択適用により求められた価格や適切に市場価格を反映していると考えられる指標に重要な変化が生じていない場合

には、直近に行われた不動産鑑定評価基準に則った鑑定評価又はそれ以外の原則的時価算定に、対象不動産の種類に応じた適切な調整を行い時価を算定することを妨げない、と規定されている。

この「財表価格調査の基本的考え方」脚注1による算定に基づき時価を求める際、不動産鑑定士に対して価格調査を求めることが想定される。

(3) 賃貸等不動産の算定方法のまとめ

賃貸等不動産の時価算定方法を整理すると、次表のとおりである。

なお、賃貸等不動産の取得時又は原則的な時価算定を行った時から期末までの当該不動産の時価の変動率のみを求め、これを成果報告書に記載する(価格を記載しない)ことは、価格調査には該当しないことに留意する。

Ⅱ-3. 賃貸等不動産に関する価格調査

適用時期	不動産の分類	適用する算定方法	注意点
初年度	重要性がある不動産	原則的時価算定又は不動産鑑定評価基準に則った鑑定評価	
		(「財表価格調査の基本的考え方」Ⅴ．2．(1)⑥における再評価)	直近に担当の不動産鑑定士が原則的時価算定等を行っている場合
		脚注1による算定（時点修正）	直近に担当の不動産鑑定士が原則的時価算定等を行っている場合（参照）適用指針12項、32項
	重要性が乏しい不動産	原則的時価算定又は不動産鑑定評価基準に則った鑑定評価	
		(「財表価格調査の基本的考え方」Ⅴ．2．(1)⑥における再評価)	直近に担当の不動産鑑定士が原則的時価算定等を行っている場合
		脚注1による算定（時点修正）	直近に担当の不動産鑑定士が原則的時価算定等を行っている場合（参照）適用指針12項、32項
		みなし時価算定（一定の評価手法を選択的に適用）	
		みなし時価算定（一定の評価額や適切に市場価格を反映していると考えられる指標等に基づき算定）	
次年度以降	重要性がある不動産	原則的時価算定	
		「財表価格調査の基本的考え方」Ⅴ．2．(1)⑥における再評価	前年の評価で説得力の高いものは適用
		脚注1による算定（時点修正）	賃貸等不動産適用指針第32項における、直近の原則的時価算定等による価額に一定の評価額や指標を用いて調整を行い期末の時価を算定する方法
	重要性が乏しい不動産	原則的時価算定	
		「財表価格調査の基本的考え方」Ⅴ．2．(1)⑥における再評価	前年の評価で説得力の高いものは適用
		脚注1による算定（時点修正）	賃貸等不動産適用指針第32項における、直近の原則的時価算定等による価額に一定の評価額や指標を用いて調整を行い期末の時価を算定する方法
		みなし時価算定（一定の評価手法を選択的に適用）	
		みなし時価算定（一定の評価額や適切に市場価格を反映していると考えられる指標等に基づき算定）	

4. 対象不動産の確定

　賃貸等不動産は、貸借対照表において、建物・構築物・土地・リース資産・建設仮勘定(建築中の建物が評価対象として認められる程度に完成している場合)・借地権・投資不動(土地、建物)等の科目に主として計上されている。

　不動産の種類として、種別の観点からは宅地・農地・林地・宅地見込地等があり、類型の観点から更地・建物及びその敷地・区分所有建物及びその敷地・建物等ほとんどのものが想定される。

5. 価格調査の時点

　賃貸等不動産の時価開示については、適用が平成22年3月31日以降終了する事業年度の年度末に係る財務諸表から適用することから、適用初年度においては、価格時点は平成22年3月31日、以後は対象不動産を所有する会社の決算上の基準日(3月決算の会社であれば、3月31日)とすることが多いと推測される。

　なお、業務集中を避けるために事前に原則的時価算定を行い、その後、年度末を価格時点とする時点修正で対応することが考えられることはp45で述べたとおりである。

6. 求める価格の種類又は価格を求める方法

(1) 「財表価格調査の基本的考え方」に基づく原則的時価算定

① 不動産鑑定評価基準に則る場合

「財表価格調査の基本的考え方」に従い原則的時価算定を行う場合、賃貸等不動産の時価は、公正な評価額であり、通常、それは市場価格に基づく価額であるとされるため、求める価格の種類は、「正常価格」（市場性を有する不動産について、現実の社会経済情勢の下で合理的と考えられる条件を満たす市場で形成されるであろう市場価値を表示する適正な価格）である（「賃貸等不動産適用指針」第29条）。

② 不動産鑑定評価基準に則らない場合

「財表価格調査の基本的考え方」に例示されている（「財表価格調査の基本的考え方」V.2(1)①～⑥）ように、不動産鑑定評価基準に則らない価格調査を行う場合がある（「財表価格調査の基本的考え方」V．2(3)③）。このなかの、過去に原則的時価算定等が行われたことがある不動産を再評価するに当たって、直近に行われた原則的時価算定等において適用された鑑定評価手法の一部を適用しない価格調査を行う場合は、価格の種類ではなく、適用した鑑定評価手法を成果報告書に記載する（「財表価格調査の基本的考え方」V．2(4)②）。

(2) 「財表価格調査の基本的考え方」に基づくみなし時価算定

「財表価格調査の基本的考え方」に従いみなし時価算定を行うことができる場合としては、

・賃貸等不動産に関する注記の要否(賃貸等不動産の総額についての重要性)を判断する際に、賃貸等不動産の時価を算定する場合

・重要性の乏しい賃貸等不動産の時価を算定する場合

が考えられる。

賃貸等不動産の期末の時価をみなし時価算定を行って求めた場合には、成果報告書には、価格の種類ではなく、価格を求めた方法を記載する。(「財表価格調査の基本的考え方」Ⅴ．3(2)③)

(3) 脚注1による算定(時点修正)

「財表価格調査の基本的考え方」脚注1に従い、直近に行われた原則的時価算定等に対象不動産の種類に応じた適切な調整を行い時価を算定した場合は、「財表価格調査の基本的考え方」に規定されていないが、みなし時価算定の場合に準じて、成果報告書には、価格の種類ではなく、価格を求めた方法を記載する。

7. 依頼受付時の留意事項

(1) 依頼内容の確認

　賃貸等不動産の時価算定の依頼は、p140「3. 価格調査が求められる場面」における、(1)賃貸等不動産に関する注記の要否(賃貸等不動産の総額についての重要性)を判断する際に賃貸等不動産の時価を算定する場合、(2)賃貸等不動産の時価を財務諸表に注記するために賃貸等不動産の時価を算定する場合に分けられ、さらに(2)については、①賃貸等不動産に重要性がある場合、②賃貸等不動産に重要性が乏しい場合に分けられる。また、次年度以降は、初年度の評価を行った後に再評価の依頼を受ける場合、及び、脚注1による算定(時点修正)の依頼を受ける場合も考えられる(p143「(3)賃貸等不動産の算定方法のまとめ」の表参照)。依頼事項がこれらのどれに当たるかを、依頼者に確認する。

　なお、まれではあるが、適用初年度においても直近で不動産鑑定評価基準に則った鑑定評価を行っている場合には、「財表価格調査の基本的考え方」2.(1)⑥における再評価又は脚注1による算定(時点修正)を行うこともできる。

(2) 「みなし時価算定」の依頼を受けた場合の留意事項

　賃貸等不動産の時価の開示における「時価」の算定を行う場合には、「財表価格調査の基本的考え方」によると以下のとおり記載がある。

> **財表価格調査の基本的考え方**
> 3. 賃貸等不動産の時価等の注記
> 　賃貸等不動産会計基準に関し、賃貸等不動産の時価等を財務諸表に注記するための不動産の時価を求める目的で不動産鑑定士が価格調査を行う場合においては、原則的時価算定を行うものとする。ただし、重要性が乏しいものと確認された不動産の価格調査を行う場合(ただし、この場合であっても、証券化対象不動産の価格調査を行う場合であって、「証券化対象不動産の継続評価の実施に関する基本的考え方」の適用範囲に

> 該当しないときは、原則的時価算定を行うものとする。)においては、原則的時価算定又はみなし時価算定を行うものとする。

　適用初年度は、多くの場合、「原則的時価算定」の依頼を受ける可能性が高いが、一部の重要性が乏しいものと確認された不動産については「みなし時価算定」の依頼を受けるケースがある。

　依頼受付時に注意をしなければならないことは、依頼者である企業から「みなし時価算定」の依頼を受けた場合、「みなし時価算定」は重要性が乏しいと確認された不動産に適用される手法であることから、当該不動産は重要性が乏しい不動産であることを依頼者に確認することである。なお、重要性が乏しい不動産であるか否かの判断は依頼者である企業が行うものであり、万が一、当該企業から当該重要性についての判断を求められた場合でも、不動産鑑定士は重要性についての判断は行い得ないことを説明する。

　ただし、不動産鑑定士としても、会計基準や適用指針及び「財表価格調査の基本的考え方」、実務指針等に記載されている程度の説明や確認は、依頼受付時に行うべきであり、少なくともその意味での説明責任は生じるものと考えるべきである。

(3)　賃貸等不動産が独立した建物ではない場合の依頼時における留意事項

　賃貸等不動産会計基準及び賃貸等不動産適用指針には以下の記載がある。

賃貸等不動産会計基準　　　　　　　　　（資料：企業会計基準委員会）

> 7.　不動産の中には、物品の製造や販売、サービスの提供、経営管理に使用されている部分と賃貸等不動産として使用される部分で構成されるものがあるが、賃貸等不動産として使用される部分については、賃貸等不動産に含める。なお、賃貸等不動産として使用される部分の割合が低いと考えられる場合は、賃貸等不動産に含めないことができる。

> **賃貸等不動産適用指針** （資料：企業会計基準委員会）
>
> 17. 物品の製造や販売、サービスの提供、経営管理に使用されている部分と賃貸等不動産として使用される部分で構成される不動産について、賃貸等不動産として使用される部分は、賃貸等不動産に含めることとしているが（会計基準第7項）、当該部分の時価又は損益を、実務上把握することが困難である場合には、賃貸等不動産として使用される部分を含む不動産を区分せず、当該不動産全体を注記の対象とすることができる。（以後略）

　建物全体が賃貸等不動産のみで構成されていない場合には、賃貸等不動産の部分のみを依頼対象としているのか、賃貸等不動産を含む不動産全体を依頼対象としているのかを確認する必要がある。

　さらに、賃貸等不動産の部分のみを依頼対象とする場合、賃貸等不動産適用指針第7項後段に「(略)当該部分を区分するにあたっては、管理会計上の区分方法その他の合理的な方法を用いることとする。」との記載があり、依頼部分を特定できる資料を徴求し、依頼者と評価対象部分についての確認を行う。

8. 価格調査を行うに際しての留意事項

8-1.「原則的時価算定」における留意事項
(1) 不動産鑑定評価基準に則る場合

賃貸等不動産の時価開示のための価格調査において、「原則的時価算定」を行う場合には、原則として、不動産鑑定評価基準に則った鑑定評価を行う。

(2) 不動産鑑定評価基準に則らない場合

不動産鑑定評価基準に則らない場合は、p48～49「不動産鑑定評価基準に則らない①から⑥の場合」を参照し、評価を行う。

なかでも、賃貸等不動産の時価開示においては、不動産鑑定評価基準に則らない場合として最も多いのが、「財表価格調査の基本的考え方」Ⅴ．2.(1)⑥、不動産鑑定評価基準に則ることができない場合その他不動産鑑定評価基準に則らないことに合理的な理由がある場合の事例として記載されている「過去に不動産鑑定評価基準に則った鑑定評価又はそれ以外の原則的時価算定が行われたことがある場合の再評価を行う場合」であると考えられる。再評価の手順として、「財表価格調査の基本的考え方」Ⅴ．2.(3)③に記載があり、当該部分を記載すると以下のとおりである。

財表価格調査の基本的考え方

③ (1)⑥に掲げる価格調査を行う場合において、自ら実地調査を行い又は過去に行ったことがあり、直近に行われた不動産鑑定評価基準に則った鑑定評価又はそれ以外の原則的時価算定が行われた時点と比較して、当該不動産の個別的要因(不動産鑑定評価基準各論第3章第3節Ⅲの表に掲げる専門性の高い個別的要因を含む。以下同じ。)並びに当該不動産の用途や所在地に鑑みて公示価格その他地価に関する指標や取引価格、賃料、利回り等の一般的要因及び地域要因に重要な変化がないと認められるときは、鑑定評価手法(不動産鑑定評価基準総論第7章の鑑定評価の方式をいう。以下同じ。)のうち、直近に行われ

> た不動産鑑定評価基準に則った鑑定評価又はそれ以外の原則的時価算定における試算価格の調整において相対的に説得力が高いと認められた鑑定評価手法は少なくとも適用するものとする。ただし、原則として、対象不動産が賃貸されている不動産である場合については、収益還元法を適用しなければならない。なお、これらの鑑定評価手法の適用に当たっては、不動産鑑定評価基準総論第7章第1節（価格を求める鑑定評価の手法）及び不動産鑑定評価基準各論第1章（価格に関する鑑定評価）に則るものとする。

賃貸等不動産のうち、収益物件については、少なくとも収益還元法の適用を行うことが原則的時価算定とみなされるために必要であると考えられる。

なお、再評価は原則的時価算定ではあるものの、手法の一部しか適用していないことから、不動産鑑定評価基準に則ったものではないことを依頼者に説明し、確認書に明記する。また、手法の一部しか適用していないことから、原則的時価算定が行われたときから長期間経過している場合は、再評価以外の原則的時価算定を行うべきである。長期間の判断基準については、p46に記載のとおり、GIPS基準における12ヶ月以上36ヶ月未満が1つの目安となると考えられる。

8-2.「みなし時価算定」における留意事項
(1) 依頼ケースの限定

賃貸等不動産の時価開示において、「みなし時価算定」の依頼があるのは以下の2つのケースに限られる。

① 賃貸等不動産の総額に重要性が乏しいか否かを判断する際の不動産の時価を求める目的で行われる価格調査の場合（企業として注記が必要かどうかを判断する場合）

② 重要性が乏しいものと確認された不動産の価格調査を行う場合（ただし、この場合であっても、証券化対象不動産の価格調査を行う場合であっ

て、「証券化対象不動産の継続評価に関するガイドライン」の適用範囲に該当しないときには、原則的時価算定を行うものとする。)

(2)　「みなし時価算定」の種類

みなし時価算定は「財表価格調査の基本的考え方」Ⅴ3．(1)に以下の2つが記載されている。
・　鑑定評価手法を選択的に適用したもの
・　一定の評価額や適切に市場価格を反映していると考えられる指標等に基づき求めるもの

①　「鑑定評価手法を選択的に適用したもの」の適用上の留意点

対象不動産の用途に応じ、適切な手法を選択する。例えば、重要性が乏しい収益物件の評価の依頼を受けた場合で、選択的に適用する鑑定評価手法として収益還元法を適用して算定するケースや、重要性が乏しい更地の評価の依頼を受けた場合で、取引事例比較法を適用して算定するケースが考えられる。

なお、p64で述べたとおり、原則的時価算定における再評価とみなし時価算定における「鑑定評価手法を選択的に適用したもの」とは違いがあることに留意する。

②　「一定の評価額や適切に市場価格を反映していると考えられる指標等に基づき求めるもの」の適用上の留意点

「賃貸等不動産適用指針」第33項において、以下の記載があり、これを参考に算定する。

賃貸等不動産適用指針　　　　　　　　　　（資料：企業会計基準委員会）

33．開示対象となる賃貸等不動産のうち重要性が乏しいものについては、一定の評価額や適切に市場価格を反映していると考えられる指標に基づく価額を時価とみなすことができる（第13項参照）が、一定の評価額や適切に市場価格を反映していると考えられる指標に基づく価額に

> は、容易に入手できる評価額や指標を合理的に調整したものも含まれる。また、建物等の償却性資産については、適正な帳簿価額をもって時価とみなすことができる。
> なお、容易に入手できると考えられる評価額には、いわゆる実勢価格や査定価格などの評価額が含まれ、また、容易に入手できると考えられる土地の価格指標には、公示価格、都道府県基準地価格、路線価による相続税評価額、固定資産税評価額が含まれる。

(3) みなし時価算定における実地調査

p62「9-2-2．基本的事項」参照のこと。

8-3．脚注1による算定（時点修正）における留意事項

　「財表価格調査の基本的考え方」脚注1による「時点修正」を適用する場合には、第三者からの取得価額又は直近の原則的時価算定による価額が適切に算定されていることが前提である。したがって、これらの価額が適切であることをチェックする必要がある。p44に記載のとおり、自ら行った直近の原則的時価算定等による価額について、一定の評価額や指標を用いて調整を行い期末の時価を算定するものとし、第三者からの取得時の価額や自社算定（依頼企業による算定等）による価額について、一定の評価額や指標を用いて調整することにより時価を算定することは原則として行うべきではない。

　脚注1による算定（時点修正）には一定の評価額（例えば、収益物件であれば収益還元法により求めた価額）を用いて算定する方法と、適切に市場価格を反映していると考えられる指標を用いて算定する方法が考えられる。重要性の乏しい更地の評価では、土地の指標（公示価格、都道府県基準地価格、路線価による相続税評価額、固定資産税評価額等）の変動率により算定することが可能な場合もあるが、賃貸等不動産の多くは収益物件であることから、この場合には、例えば、収益還元法により価格を算定するなどにより、算定を行うことが望ましい。また、脚注1による算定（時点修正）を行う際に採用した変動率等の算定根拠については成果報告書に明確に記

載すべきである。

　第三者からの取得時や直近の原則的時価算定を行った時から長期間経過した場合には、原則的時価算定(第11項参照)の必要性が高まるので注意が必要である。長期間の判断基準については、p46に記載のとおり、GIPS基準における12ヶ月以上36ヶ月未満が1つの目安となると考えられる。

　なお、「賃貸等不動産適用指針」第12項及び第32項には、以下のように記載されている。

賃貸等不動産適用指針　　　　　　　　　　　　　　　（資料：企業会計基準委員会）

12. 第三者からの取得時（連結財務諸表上、連結子会社の保有する賃貸等不動産については当該連結子会社の支配獲得時を含む。以下同じ。）又は直近の原則的な時価算定（第11項参照）を行った時から、一定の評価額や適切に市場価格を反映していると考えられる指標に重要な変動が生じていない場合には、当該評価額や指標を用いて調整した金額をもって当期末における時価とみなすことができる。さらに、その変動が軽微であるときには、取得時の価額又は直近の原則的な時価算定による価額をもって当期末の時価とみなすことができる。

賃貸等不動産適用指針　　　　　　　　　　　　　　　（資料：企業会計基準委員会）

32. 「不動産鑑定評価基準」では、取引事例比較法における時点修正にあたっては、事例に係る不動産の存する用途的地域又は当該地域と相似の価格変動過程を経たと認められる類似の地域における土地又は建物の価格の変動率を求め、これにより取引価格を修正すべきであるとされている。本適用指針では、当該考え方に準じて、一定の調整をした金額等をもって当期末における時価とみなすことができることとした（第12項参照）。

　　ただし、これは、第三者からの取得価額又は直近の原則的な時価算定による価額が適切に算定されていることを前提として、一定の評価額や適切に市場価格を反映していると考えられる指標に重要な変動が生じて

II-3. 賃貸等不動産に関する価格調査

いない場合又はその変動が軽微である場合の取扱いである。したがって、当該指標等に重要な変動が生じている場合や稀ではあるものの取得価額につき合理性が乏しいと考えられる場合は、原則的な時価算定(第 11 項参照)を行わなければならないことに留意する必要がある。

また、いずれの場合でも、第三者からの取得時や直近の原則的な時価算定を行った時から長期間経過した場合には、原則的な時価算定(第 11 項参照)の必要性が高まることに留意する必要がある。

Ⅱ-4．企業結合等に関する価格調査

　財務諸表のための価格調査の実施に関する基本的考え方によれば、企業結合会計基準、事業分離会計基準及び連結会計基準に関し、企業結合日等における財務諸表を作成するための不動産の時価を求める目的で不動産鑑定士が価格調査を行う場合においては、当該不動産には資産の分類に応じて減損会計基準、棚卸会計基準又は賃貸等不動産会計基準が適用されることとなるため、当該資産の分類(固定資産、棚卸資産、賃貸等不動産)に応じて1．から3．までに従って原則的時価算定又はみなし時価算定を行うものとするとされた。

　企業結合等とは「企業結合に関する会計基準(企業会計基準第21号。以下「企業結合会計基準」という。)」、「事業分離等に関する会計基準(企業会計基準第7号。以下「事業分離会計基準」という。)」、「企業結合会計基準及び事業分離等会計基準に関する適用指針(企業会計基準適用指針第10号)」及び「連結財務諸表に関する会計基準(企業会計基準第22号。以下「連結会計基準」という。)」をいう。

1. 背景・目的

　近年、わが国でも、企業が外部環境の構造的な変化に対応するため企業結合等を活発に行うようになってきており、企業組織再編成を支援するための法制の整備も進められている。

　企業の保有する不動産は、膨大で企業資産に占める割合も大きく、従来、事業を行う上での主要資産として位置づけられてきた。

　したがって、企業の結合分離に際しての不動産の時価評価の必要性は大きなものといえる。

　従来、不動産は事業用資産としてだけではなく保有資金の適切な運用資産としての活用や担保能力の確保、並びにインフレ対策としての保有など不動産の担ってきた役割は非常に大きなものであった。

近年、新規株式公開や上場企業に於いては株価対策を重視することが多く、期間利益重視の傾向に変化してきたことから、遊休不動産や低収益不動産に対する関心が高まった。
　このため、企業の事業収益力に比べ収益性の低い不動産事業の分離や、不動産事業を中心とした企業がこれら他業種企業から不動産事業を取得する場合、また、大量の不動産を保有する企業のTOBがもてはやされるなど様々な局面で不動産保有企業の結合分離が行われている。
　わが国における会計基準としては、企業会計審議会が平成9年6月に改訂した「連結財務諸表原則」(以下「平成9年連結原則」という。)により、連結財務諸表に関する会計基準が整備され、また、平成15年会計基準により、企業結合全般に適用される会計基準が整備された。一方、国際的な会計基準では、企業結合の経済的実態に応じて、いわゆるパーチェス法(被結合企業から受け入れる資産及び負債の取得原価を、対価として交付する現金及び株式等の時価(公正価値)とする方法)と持分プーリング法(すべての結合当事企業の資産、負債及び資本を、それぞれの適切な帳簿価額で引き継ぐ方法)の両者を使い分ける取扱いから、持分プーリング法を廃止する取扱いに変更されることとなり、日本もこの流れを引き継ぎ持分プーリング法を廃止することとなった。

2. 適用時期等

　平成20年に改正された「企業結合会計基準」は、平成22年4月1日以後実施される企業結合から適用する。
　ただし、平成21年4月1日以後開始する事業年度において最初に実施される企業結合から適用することができる。この場合、連結会計基準、企業会計基準第23号「『研究開発費等に係る会計基準』の一部改正」、平成20年に改正された企業会計基準第7号「事業分離等に関する会計基準」(以下「事業分離等会計基準」という。)及び平成20年に改正された企業会計基準第16号「持分法に関する会計基準」(以下「持分法会計基準」という。)についても適用する。

3. 基本原則

　被取得企業又は取得した事業の取得原価は、原則として、取得の対価(支払対価)となる財の企業結合日における時価で算定する。

　したがって、企業結合等に関連する不動産の価格調査における価格時点については、原則として企業結合日を以って行うこととなる。

　企業結合における時価の算定は、前章までに記載された各資産ごとに、固定資産・棚卸資産・賃貸等不動産の分類を依頼企業より確認し、当該分類の実務指針に則った評価を行われなければならない。

4. 用語の定義

(1) 「企業」とは、会社及び会社に準ずる事業体をいい、会社、組合その他これらに準ずる事業体(外国におけるこれらに相当するものを含む。)を指す。

(2) 「企業結合」とは、ある企業又はある企業を構成する事業と他の企業又は他の企業を構成する事業とが1つの報告単位に統合されることをいう。なお、複数の取引が1つの企業結合を構成している場合には、それらを一体として取り扱う。

(3) 「時価」とは、公正な評価額をいう。通常、それは観察可能な市場価格をいい、市場価格が観察できない場合には、合理的に算定された価額をいう。

(4) 「企業結合日」とは、被取得企業若しくは取得した事業に対する支配が取得企業に移転した日、又は結合当事企業の事業のすべて若しくは事実上すべてが統合された日をいい、企業結合日の属する事業年度を「企業結合年度」という。

(5) 「事業分離」とは、ある企業を構成する事業を他の企業(新設される企業を含む。)に移転することをいう。なお、複数の取引が1つの事業分離を構成している場合には、それらを一体として取り扱う。

(6) 「親会社」とは、他の企業の財務及び営業又は事業の方針を決定する機関(株主総会その他これに準ずる機関をいう。以下「意思決定機関」という。)を支配している企業をいい、「子会社」とは、当該他の企業をいう。親会社及び子会社又は子会社が、他の企業の意思決定機関を支配している場合における当該他の企業も、その親会社の子会社とみなす。

5. 価格調査が求められる場面

(1) 企業結合

形式としては、合併、会社分割、事業譲渡、株式交換、株式移転などの組織再編がある。

(参考)
企業会計基準第21号(企業結合に関する会計基準)取得原価の算定　(基本原則)
84. 取得とされた企業結合における取得原価の算定は、一般的な交換取引において資産の取得原価を算定する際に適用されている一般的な考え方によることが整合的である。一般的な交換取引においては、その交換のために支払った対価となる財の時価は、通常、受け入れた資産の時価と等価であると考えられており、取得原価は対価の形態にかかわらず、支払対価となる財の時価で算定される。すなわち、交換のための支払対価が現金の場合には現金支出額で測定されるが、支払対価が現金以外の資産の引渡し、負債の引受け又は株式の交付の場合には、支払対価となる財の時価と受け入れた資産の時価のうち、より高い信頼性をもって測定可能な時価で測定されるのが一般的で

ある。したがって、公開企業が自己の株式を交付して非公開企業を取得した場合には、通常、その公開企業株式の時価の方が非公開企業の時価よりも高い信頼性をもって測定できることから、取得原価は公開企業株式の時価を基礎にして算定されることになる。

価格調査が求められる場面
① 企業合併等に伴う結合等
生産拠点や事業所の統廃合などにより不動産(固定資産、棚卸資産、賃貸等不動産)を保有する事業会社間での結合分離に伴う場合。

② デベロッパーやゼネコンなど不動産関連企業の結合等
販売用不動産などの事業用不動産を保有する企業を、不動産賃貸事業を主とした不動産企業が取得し、賃貸等不動産として活用する場合。

③ ホテルやレジャー企業などの結合等
第三者が事業などを営む賃貸等不動産を保有する企業などが同様の事業を営む企業に当該不動産を取得することと同様の効果を求め、これらの不動産保有企業(SPC等)と結合する場合。

(2) 事業分離
事業分離には、会社分割、事業譲渡などの組織再編がある。
(参考)
企業会計基準第7号(事業分離等に関する会計基準)
分離元企業において移転損益を認識する場合の時価
80. 分離元企業において、移転した事業に関する投資が清算されたと考えられる場合、通常、事業分離日において移転損益を認識する。この際、受取対価の金額の算定は、一般的な交換取引における考え方と同様に、その交換のために引き渡された財の時価と受け入れた財の時価のうち、より高い信頼性をもって測定可能な時価で測定される(企業結合会計基準第84項)。

価格調査が求められる場面
・**複数の事業を行う企業体からの不動産関連部門の事業分離**
　不動産資産のオフバランスや組織の統廃合等に伴い、不動産保有部門を分離する場合など。

(3) 連結

　連結財務諸表とは企業グループに属する複数の企業を一つの企業とみなして作成する財務諸表のことであり、具体的には企業グループ内の複数企業の財務諸表を「合算」したものといえる。

　ただし、親会社の関係会社株式と子会社の資本金、連結子会社間の売上取引の相殺などの修正仕訳を行った上で連結財務諸表を作成することとなる。

　会計規定では、「連結財務諸表は、支配従属関係にある二以上の会社からなる企業集団を単一の組織体とみなして、親会社が当該企業集団の財政状態及び経営成績を総合的に報告するために作成するものである」(連結財務諸表原則、第一)となる。

(参考)
企業会計基準第 22 号(連結財務諸表に関する会計基準)
子会社の資産及び負債の評価
20．連結貸借対照表の作成にあたっては、支配獲得日において、子会社の資産及び負債のすべてを支配獲得日の時価により評価する方法(全面時価評価法)により評価する。

したがって、グループ内の複数企業で保有されている不動産については、同一権利者として権利形態を整理した上での評価が必要となる。

6. 価格調査を行うに際しての留意事項

(1) 連結企業間で賃貸借関係にある不動産

　企業会計基準適用指針第 23 号「賃貸等不動産の時価等の開示に関する会計基準の適用指針」第 3 項により、『連結財務諸表において賃貸等不動産の時価等の開示を行う場合（会計基準第 3 項）、賃貸等不動産（会計基準第 4 項(2)）に該当するか否かの判断は連結の観点から行う。したがって、例えば、連結企業間で賃貸されている不動産は、連結貸借対照表上、賃貸等不動産には該当しないこととなる。』と規定されている。

　このことから、単純に連結企業間での賃貸借がある場合においては、賃貸借がない物として評価を行う必要がある。しかし、価格調査の対象となる不動産が連結企業間で賃貸されていても第三者へ賃貸されているなど実態的に賃貸物件として認められる場合は、賃貸等不動産となることになる。

(2) 企業結合及び分割に伴う重要性判定の変化

　企業の結合分割により、保有する不動産の重要性の判定が変化することが考えられる。

　従来、賃貸等不動産総額が保有企業の総資産価値に占める割合が低く、不動産資産自体に重要性が認められておらず原則的時価算定の適用がなされていなかったにもかかわらず、賃貸等不動産総額が多い企業と企業結合したことで、原則的時価算定が必要となる場合があると考えられる。

　また、大量の不動産資産を持つものの、同事業部門を持つ企業が巨大で企業における不動産の重要性が低いと判断され、時価注記の必要性が無いと判断されていたケースでも、不動産事業部門の分割等に伴い分割後の企業においては賃貸等不動産総額の重要性が認識される事となることもある。

　したがって、企業結合以前に行われていた時価算定に対しての前回と同一の鑑定士による再評価においても、企業結合に伴い重要性判定の変化の可能性や資産分類の変化が行われた場合において改めて評価指針や価格調査手法、並びに現地調査の要否について慎重に確認することが求められる。

これらの評価を行うに当たり、様々な状況変化に対応した価格調査手法を依頼企業及び監査法人とも意見交換を行い決定する事が求められる。

(3) 企業の結合による賃貸借当事者間で賃貸借関係の消滅と分割に伴う賃貸借関係の発生

企業の結合分割により、保有する不動産同士の結合や分離により権利形態が変化する場合がある。

企業結合においては、(1)に順ずることとなり、資本分離に伴う企業分割(不動産のオフバランスなど)により不動産所有企業とこれを借り受ける企業へ分かれることで、新たな賃貸借関係が創設されるなど調査対象不動産が固定資産から賃貸等不動産へ変化する場合がある。

したがって、従来の資産分類に変化が生ずる事で適用指針が変わる場合があることに注意しなければならない。

(4) 個別的要因及び最有効使用の変化

企業結合に際し、隣接不動産を保有していた場合など、物件の合体等に伴う個別的要因の変化が発生する場合が考えられるが、併合後の不動産についての最有効使用を含む変化の有無においても留意することが求められる。

しかし、隣接する不動産を有する企業が合併や企業結合を行ったとしても、個々の不動産の利用形態や権利形態が当面変化しないケースが大半と考えられるため、更地同士の併合など一部を除き隣接不動産が一体化される場合は少ないと考えられる。

7. 今後の見通し

　国際会計基準の導入の動きは日本に於いての不動産の価格調査における精度管理レベルに大きな変化をもたらしている。

　今後も世界における投資資金の流動性は高まる方向にあることから、投資対象としての企業の資産価値の判定に対する要求水準も益々高まってゆくものと考えられる。

　我々不動産鑑定士においても、日本国内における企業だけでなく、国際的な投資家をはじめとした様々な分野へ解りやすい不動産価格情報を提供することが求められている。

　また、会計上の諸問題にも造詣を深めながら財務諸表のための価格調査を適切に行わなければならない。

　刻々と変化する会計制度への対応も含め、今後の価格調査に於ける会計知識の吸収は今後益々重要になる。

　また、国際企業に対する価格調査においては、どの国の基準で財務諸表を作成するかによって価格調査手法にも微妙に影響することもあり得ると考えられる。

III. 資料

財務諸表のための価格調査の実施に関する基本的考え方

平成 21 年 12 月 24 日

国土交通省

目　次

Ⅰ．目的 …………………………………………………………………………………… 169
Ⅱ．適用範囲 ……………………………………………………………………………… 169
　　1．固定資産の減損 …………………………………………………………………… 169
　　2．棚卸資産の評価 …………………………………………………………………… 169
　　3．賃貸等不動産の時価等の注記 …………………………………………………… 169
　　4．企業結合等 ………………………………………………………………………… 169
Ⅲ．用語の定義 …………………………………………………………………………… 169
Ⅳ．原則的時価算定を行う場合とみなし時価算定を行う場合の峻別 ……………… 170
　　1．固定資産の減損 …………………………………………………………………… 170
　　2．棚卸資産の評価 …………………………………………………………………… 170
　　3．賃貸等不動産の時価等の注記 …………………………………………………… 171
　　4．企業結合等 ………………………………………………………………………… 171
Ⅴ．価格調査の実施の指針 ……………………………………………………………… 171
　　1．重要性の確認 ……………………………………………………………………… 171
　　2．原則的時価算定の実施の指針 …………………………………………………… 172
　　　(1)総則 ……………………………………………………………………………… 172
　　　(2)価格調査の基本的事項 ………………………………………………………… 172
　　　(3)価格調査の手順 ………………………………………………………………… 173
　　　(4)成果報告書の記載事項等 ……………………………………………………… 173
　　3．みなし時価算定の実施の指針 …………………………………………………… 174
　　　(1)総則 ……………………………………………………………………………… 174
　　　(2)価格調査の基本的事項 ………………………………………………………… 174
　　　(3)価格調査の手順 ………………………………………………………………… 175
　　　(4)成果報告書の記載事項 ………………………………………………………… 175

Ⅰ．目的

この基本的考え方は、「不動産鑑定士が不動産に関する価格調査を行う場合の業務の目的と範囲等の確定及び成果報告書の記載事項に関するガイドライン」(以下「価格等調査ガイドライン」という。)に従って、財務諸表の作成に利用される目的で不動産鑑定士が価格調査(不動産の鑑定評価に関する法律(昭和38年法律第152号)第3条第1項又は第2項の業務として行う不動産の価格を文書又は電磁的記録に表示する調査をいう。以下同じ。)を行う場合の基本的考え方を示すものである。

Ⅱ．適用範囲

この基本的考え方は、以下の1．から4．までに掲げる基準、指針等(以下「企業会計基準等」という。)を適用して行われる財務諸表の作成に利用される目的で不動産鑑定士が価格調査を行う場合に適用する。なお、以下の1．から4．までの企業会計基準等に類する定めのある他の会計基準等(日本公認会計士協会の委員会報告等を含む。)が適用される業務に利用される目的で不動産鑑定士が価格調査を行う場合には、必要に応じ、この基本的考え方を参照するものとする。

1. 固定資産の減損

「固定資産の減損に係る会計基準及び同注解(平成14年8月9日企業会計審議会。以下「減損会計基準」という。)」及び「固定資産の減損に係る会計基準の適用指針(企業会計基準適用指針第6号)」

2. 棚卸資産の評価

「棚卸資産の評価に関する会計基準(企業会計基準第9号。以下「棚卸会計基準」という。)」及び「販売用不動産等の評価に関する監査上の取扱い(監査・保証実務委員会報告第69号)」

3. 賃貸等不動産の時価等の注記

「賃貸等不動産の時価等の開示に関する会計基準(企業会計基準第20号。以下「賃貸等不動産会計基準」という。)」及び「賃貸等不動産の時価等の開示に関する会計基準の適用指針(企業会計基準適用指針第23号)」

4. 企業結合等

「企業結合に関する会計基準(企業会計基準第21号。以下「企業結合会計基準」という。)」、「事業分離等に関する会計基準(企業会計基準第7号。以下「事業分離会計基準」という。)」、「企業結合会計基準及び事業分離等会計基準に関する適用指針(企業会計基準適用指針第10号)」及び「連結財務諸表に関する会計基準(企業会計基準第22号。以下「連結会計基準」という。)」

Ⅲ．用語の定義

この基本的考え方における用語の定義は、次のとおりとする。

1. 「原則的時価算定」とは、企業会計基準等において求めることとされている不動産の価格

を求めるため、Ⅴ．2．の方法[1]により行われる価格調査をいう。

2．「みなし時価算定」とは、企業会計基準等において求めることとされている不動産の価格を求めるため、Ⅴ．3．の方法により行われる価格調査（1．の原則的時価算定に該当するものを除く。）をいう。

Ⅳ．原則的時価算定を行う場合とみなし時価算定を行う場合の峻別

この基本的考え方が適用される価格調査においては、以下の基準に基づき、原則的時価算定又はみなし時価算定を行うものとする。

1．固定資産の減損

減損会計基準に関し、不動産鑑定士が以下の①、②若しくは③の目的で価格調査を行う場合又は④の目的で重要性の乏しいものと確認された不動産の価格調査を行う場合（ただし、不動産鑑定評価基準各論第3章に定める証券化対象不動産（以下「証券化対象不動産」という。）の価格調査を行う場合であって、「証券化対象不動産の継続評価の実施に関する基本的考え方」Ⅱ．に定める適用範囲に該当しないときは、原則的時価算定を行うものとする。）においては、原則的時価算定又はみなし時価算定を行うものとする。

不動産鑑定士が以下の④の目的で重要性の乏しいものと確認されていない不動産の価格調査を行う場合においては、原則的時価算定を行うものとする。

① 減損の兆候の把握における市場価格の著しい下落を判定する際に行われる不動産の時価算定を行う目的

② 減損損失の認識の判定における割引前将来キャッシュフローに含める将来の正味売却価額を算出する際の不動産の時価を求める目的（現在の正味売却価額で代替する場合を含む。）

③ 減損損失の測定における使用価値を求める場合の使用後の処分によって生じるキャッシュフローとして将来の正味売却価額を算出する際の不動産の時価を求める目的（現在の正味売却価額で代替する場合を含む。）

④ 減損損失の測定における回収可能価額として現在の正味売却価額を算出する際の不動産の時価を求める目的

2．棚卸資産の評価

棚卸資産会計基準に関し、棚卸資産の正味売却価額を算出する際の不動産の時価を求める目的で不動産鑑定士が価格調査を行う場合においては、原則的時価算定を行うものとする。

---

[1] ただし、直近に行われた不動産鑑定評価基準に則った鑑定評価又はそれ以外の原則的時価算定を行ったときから、相対的に説得力が高いと認められる鑑定評価手法の選択適用により求められた価格や適切に市場価格を反映していると考えられる指標に重要な変化が生じていない場合には、直近に行われた不動産鑑定評価基準に則った鑑定評価又はそれ以外の原則的時価算定に、対象不動産の種類に応じた適切な調整を行い時価を算定することを妨げない。

ただし、以下の①又は②の目的で価格調査を行う場合(ただし、これらの場合であっても、証券化対象不動産の価格調査を行う場合であって、「証券化対象不動産の継続評価の実施に関する基本的考え方」Ⅱ．に定める適用範囲に該当しないときは、原則的時価算定を行うものとする。)は、原則的時価算定又はみなし時価算定を行うものとする。

① 重要性が乏しいものと確認された不動産の時価を求める目的
② 大規模分譲地内に所在する複数の画地又は一棟の区分所有建物に所在する複数の専有部分等価格形成要因の大半を同じくする複数の不動産のうち、代表的と認められる一の不動産について原則的時価算定を行う場合において、当該一の不動産以外の不動産の時価を求める目的

3. 賃貸等不動産の時価等の注記

賃貸等不動産会計基準に関し、賃貸等不動産の時価等を財務諸表に注記するための不動産の時価を求める目的で不動産鑑定士が価格調査を行う場合においては、原則的時価算定を行うものとする。ただし、重要性が乏しいものと確認された不動産の価格調査を行う場合(ただし、この場合であっても、証券化対象不動産の価格調査を行う場合であって、「証券化対象不動産の継続評価の実施に関する基本的考え方」Ⅱ．に定める適用範囲に該当しないときは、原則的時価算定を行うものとする。)においては、原則的時価算定又はみなし時価算定を行うものとする。

また、賃貸等不動産の総額に重要性が乏しいか否かを依頼者が判断する際の不動産の時価を求める目的で不動産鑑定士が価格調査を行う場合においても、原則的時価算定又はみなし時価算定を行うものとする。

4. 企業結合等

企業結合会計基準、事業分離会計基準及び連結会計基準に関し、企業結合日等における財務諸表を作成するための不動産の時価を求める目的で不動産鑑定士が価格調査を行う場合においては、当該不動産には資産の分類に応じて減損会計基準、棚卸会計基準又は賃貸等不動産会計基準が適用されることとなるため、当該資産の分類に応じて1．から3．までに従って原則的時価算定又はみなし時価算定を行うものとする。

Ⅴ．価格調査の実施の指針

1. 重要性の確認

企業会計基準等においては、不動産の重要性が乏しいものに該当するか否か(以下「重要性」という。)によって時価の算定方法を分けている場合があり、Ⅳ．においても不動産の重要性により原則的時価算定を行う場合とみなし時価算定を行う場合との峻別を行っている場合があるが、この不動産の重要性を判断するのは、企業会計基準等を適用する依頼者である企業である。

このため、不動産鑑定士は、原則として、価格調査の対象不動産の重要性を依頼者に確認する必要がある。

2. 原則的時価算定の実施の指針
   (1) 総則
       原則的時価算定においては、不動産鑑定評価基準に則った鑑定評価を行うこととする。ただし、不動産鑑定評価基準に則ることができない場合その他不動産鑑定評価基準に則らないことに合理的な理由がある場合(これらの場合を例示すれば①から⑥までに掲げるものがある。)には、この限りではない。この場合において、不動産鑑定評価基準に則らない価格調査を行う場合の具体的な要件、手続等については、(2)以下の定めるところによる。
       ① 造成工事中又は建築工事中の状態を所与として対象不動産に建物以外の建設仮勘定(未竣工建物及び構築物に係る既施工部分)を含む価格調査を行う場合。
       ② 造成工事又は建築工事の完了後の状態を前提として行う価格調査を行う場合。
       ③ 土壌汚染の可能性を考慮外とする価格調査を行う場合。
       ④ 建物環境についてアスベスト等の有害物質の存在の可能性を考慮外とする価格調査を行う場合。
       ⑤ 埋蔵文化財又は地下埋設物の埋蔵又は埋設の可能性を考慮外とする価格調査を行う場合。
       ⑥ 過去に不動産鑑定評価基準に則った鑑定評価又はそれ以外の原則的時価算定が行われたことがある不動産の再評価を行う場合。
   (2) 価格調査の基本的事項
       以下の場合を除くほか、原則的時価算定における基本的事項は、原則として、不動産鑑定評価基準に則るものとする。
       ① 対象確定条件
           原則的時価算定における対象確定条件については、企業会計基準等を適用する依頼者である企業の依頼目的に照らして妥当と認められる条件[2]を設定する場合以外は、現状を所与とした条件を設定しなければならない。
       ② 想定上の条件
           原則的時価算定においては、土壌汚染、建物環境に係るアスベスト等の有害物質の存在又は埋蔵文化財若しくは地下埋設物の埋蔵若しくは埋設(以下「土壌汚染等」という。)の可能性についての調査、査定又は考慮が依頼者により実施されると認められる場合[3]には、価格等調査ガイドラインⅠ．5．の合理的な理由があるものとして[4]、土壌汚染等の可能性を考慮外とする想定上の条件を付加することができる。

---

[2] 対象不動産が土地及び建物の結合により構成される場合又はその使用収益を制約する権利が付着している場合において、当該土地、建物又は権利の取扱いに関し、別途依頼者において査定又は考慮される場合等が挙げられる。

(3) 価格調査の手順

原則的時価算定における価格調査の手順は、以下の①から③までにより不動産鑑定評価基準に定める手順と異なる手順で行う場合を除き、原則として、不動産鑑定評価基準に則るものとする。

① (1)①又は②に掲げる価格調査を行う場合には、建設仮勘定に対応する建物等の既施工部分の進捗状況又は付加された想定上の条件に応じて価格調査の対象となる部分を適切に確定するものとする。また、不動産鑑定評価基準総論第5章第1節(対象不動産の確定)及び第8章第4節(対象不動産の確認)のうち、造成工事が完了していない土地又は未竣工建物等に係る物的確認及び権利の態様の確認以外の部分について、不動産鑑定評価基準に則るものとする。

② (1)③から⑤までに掲げる価格調査を行う場合には、不動産鑑定評価基準総論第5章第1節(対象不動産の確定)及び第8章第4節(対象不動産の確認)のうち当該想定上の条件に係る部分以外は、不動産鑑定評価基準に則るものとする。

③ (1)⑥に掲げる価格調査を行う場合において、自ら実地調査を行い又は過去に行ったことがあり、直近に行われた不動産鑑定評価基準に則った鑑定評価又はそれ以外の原則的時価算定が行われた時点と比較して、当該不動産の個別的要因(不動産鑑定評価基準各論第3章第3節Ⅲの表に掲げる専門性の高い個別的要因を含む。以下同じ。)並びに当該不動産の用途や所在地に鑑みて公示価格その他地価に関する指標や取引価格、賃料、利回り等の一般的要因及び地域要因に重要な変化がないと認められるとき[5]は、鑑定評価手法(不動産鑑定評価基準総論第7章の鑑定評価の方式をいう。以下同じ。)のうち、直近に行われた不動産鑑定評価基準に則った鑑定評価又はそれ以外の原則的時価算定における試算価格の調整において相対的に説得力が高いと認められた鑑定評価手法は少なくとも適用するものとする。ただし、原則として、対象不動産が賃貸されている不動産である場合については、収益還元法を適用しなければならない。なお、これらの鑑定評価手法の適用に当たっては、不動産鑑定評価基準総論第7章第1節(価格を求める鑑定評価の手法)及び不動産鑑定評価基準各論第1章(価格に関する鑑定評価)に則るものとする。

(4) 成果報告書の記載事項等

① (2)又は(3)により、不動産鑑定評価基準に則らないものを行う場合には、価格等調査ガイドラインⅢ．1)及び2)の記載を行うものとする。

---

[3] この場合の例として、依頼者において、土壌汚染対策法(平成14年法律第53号)に規定する土壌汚染状況調査(これに準じる調査を含む)が実施される場合、引当金として計上される場合、財務諸表に土壌汚染等に係る注記(例：資産除去債務の概要、合理的に見積ることができない旨等の注記)がなされる場合等が挙げられる。

[4] すなわち、不動産鑑定評価基準に則らない価格等調査となる。

[5] 重要な変化の有無に関する判断は、例えば以下に掲げる事項を実地調査、依頼者への確認、要因資料の分析等により明らかにした上で行う。

② (3)③により、(1)⑥に掲げる価格調査であって不動産鑑定評価基準に則らないものを行う場合(直近に行われた不動産鑑定評価基準に則った鑑定評価又はそれ以外の原則的時価算定において適用された鑑定評価手法の一部を適用しない場合)には、価格等調査ガイドラインⅡ.4.(4)の明記及びⅢ.4.(4)の記載については、不動産鑑定評価基準総論第5章第3節に定める価格の種類ではなく、適用した鑑定評価手法を明記又は記載するものとする。

3. みなし時価算定の実施の指針
(1) 総則

　　みなし時価算定は、鑑定評価手法を選択的に適用し、又は一定の評価額や適切に市場価格を反映していると考えられる指標等に基づき、企業会計基準等において求めることとされている不動産の価格を求めるものである。

(2) 価格調査の基本的事項

　　みなし時価算定における基本的事項は、以下に定めるとおりとする。

① 対象不動産の確定及び確認

　　対象不動産の確定及び確認にあたっては、実地調査を行うものとする。ただし、以下のいずれかの場合にはこの限りではない。

(i) Ⅳ.1.①から③までの目的で行われる価格調査の場合
(ii) 賃貸等不動産の総額に重要性が乏しいか否かを依頼者が判断する際の不動産の時価を求める目的で行われる価格調査の場合
(iii) 過去に不動産鑑定評価基準に則った鑑定評価又はそれ以外の原則的時価算定が行われたことがある不動産の再評価を行う場合であり、かつ、実地調査を過去に自ら行ったことがあり、直近に行われた不動産鑑定評価基準に則った鑑定評価又はそれ以外の原則的時価算定が行われた時点と比較して、当該不動産の個別的要因並びに当該不動産の用途や所在地に鑑みて公示価格その他地価に関する指標や取引価格、賃料、利回り等の一般的要因及び地域要因に重要な変化がないと認められる場合[6]。
(iv) 依頼者から対象不動産の物的状況及び権利の態様に関する状況等に関する合理的な推定を行うに足る資料[7]の提供を受けた場合

個別的要因：①敷地の併合や分割（軽微なものを除く。）、区画形質の変更を伴う造成工事（軽微なものを除く。）、建物に係る増改築や大規模修繕工事（軽微なものを除く。）等の実施の有無、②公法上若しくは私法上の規制・制約等（法令遵守状況を含む。）、修繕計画、再調達価格、建物環境に係るアスベスト等の有害物質、土壌汚染、地震リスク、耐震性、地下埋設物等に係る重要な変化、③賃貸可能面積の過半を占める等の主たる借主の異動、借地契約内容の変更（少額の地代の改定など軽微なものを除く。）等の有無
一般的要因及び地域要因：不動産に関連する税制又は法令等の改正（いずれも軽微なものを除く。）、同一需給圏の範囲若しくは近隣地域の標準的使用又は対象不動産に係る市場の特性に係る変化、対象不動産の経済的要因からの適応状態に係る変動等

②　想定上の条件

　　　みなし時価算定においては、価格等調査ガイドラインⅠ.5.の合理的な理由があるものとして、土壌汚染等の可能性を考慮外とする想定上の条件を付加することができる。

　　③　価格の算出方法等

　　　みなし時価算定における価格等調査ガイドラインⅡ.4.(4)の明記及びⅢ.4.(4)の記載については、不動産鑑定評価基準総論第5章第3節に定める価格の種類ではなく、価格を求めた方法を明記又は記載するものとする。

(3)　価格調査の手順

　みなし時価算定における価格調査の手順については、適用される企業会計基準等の趣旨、対象不動産の立地条件・規模・構造・用途等を勘案して適切な手法を採用しなければならない。

(4)　成果報告書の記載事項

　成果報告書には、価格等調査ガイドラインⅢ.に定める事項の他、調査価格の算出に至る過程(適用した手法に基づく算出過程、算出結果を妥当と認めた理由)を記載しなければならない。ただし、以下に掲げる目的で行われる価格調査については、この限りではない。

　　(i) Ⅳ.1.①から③までの目的
　　(ii)賃貸等不動産の総額に重要性が乏しいか否かを依頼者が判断する際の不動産の時価を求める目的

---

[6] 重要な変化の有無に関する判断は、例えば以下に掲げる事項を実地調査、依頼者への確認、要因資料の分析等により明らかにした上で行う。
個別的要因：①敷地の併合や分割（軽微なものを除く。）、区画形質の変更を伴う造成工事（軽微なものを除く。）、建物に係る増改築や大規模修繕工事（軽微なものを除く。）等の実施の有無、②公法上若しくは私法上の規制・制約等（法令遵守状況を含む。）、修繕計画、再調達価格、建物環境に係るアスベスト等の有害物質、土壌汚染、地震リスク、耐震性、地下埋設物等に係る重要な変化、③賃貸可能面積の過半を占める等の主たる借主の異動、借地契約内容の変更（少額の地代の改定など軽微なものを除く。）等の有無
一般的要因及び地域要因：不動産に関連する税制又は法令等の改正（いずれも軽微なものを除く。）、同一需給圏の範囲若しくは近隣地域の標準的使用又は対象不動産に係る市場の特性に係る変化、対象不動産の経済的要因からの適応状態に係る変動

[7] 当該資料の種類を例示すれば、土地については登記簿謄本、所在図、公図、確定実測図、現況写真等、建物については登記簿謄本、建物図面、竣工図、建築確認通知書、検査済証、現況写真等、土地又は建物が賃貸されている場合においては賃貸借契約書等が挙げられる。

不動産鑑定士が不動産に関する価格等調査を行う場合の業務の目的と範囲等の確定及び成果報告書の記載事項に関するガイドライン

平成 21 年 8 月 28 日

国土交通省

目　次

Ⅰ．総論
　1．本ガイドラインの趣旨 ……………………………………………………… 179
　2．定義 …………………………………………………………………………… 179
　3．本ガイドラインの適用範囲及び不動産鑑定評価基準との関係 ………… 179
　4．不動産鑑定評価基準に則った鑑定評価とそれ以外の価格等調査との峻別等 … 180
　5．特定の想定上の条件を付加した価格等調査について …………………… 180
Ⅱ．業務の目的と範囲等の確定 …………………………………………………… 181
　1．依頼者及び成果報告書の提出先 …………………………………………… 181
　2．依頼目的、調査価格等が開示される範囲又は公表の有無等 …………… 181
　3．利害関係等 …………………………………………………………………… 182
　4．価格等調査の基本的事項 …………………………………………………… 183
　5．価格等調査の手順 …………………………………………………………… 184
　6．不動産鑑定評価基準に則った鑑定評価と結果が異なる可能性がある旨
　　（不動産鑑定評価基準に則らない場合に限る）…………………………… 185
Ⅲ．業務の目的と範囲等に関する成果報告書への記載事項 …………………… 185
　1．調査価格等 …………………………………………………………………… 185
　2．依頼者及び成果報告書の提出先 …………………………………………… 185
　3．依頼目的、調査価格等が開示される範囲又は公表の有無等 …………… 185
　4．価格等調査の基本的事項 …………………………………………………… 186
　5．価格等調査の手順 …………………………………………………………… 187
　6．価格等調査を行った年月日 ………………………………………………… 187
　7．利害関係等 …………………………………………………………………… 187
　8．価格等調査に関与した不動産鑑定士の氏名 ……………………………… 188
Ⅳ．不動産鑑定士が直接不動産の鑑定評価に関する法律第3条第2項の
　　業務を行う場合についての準用 …………………………………………… 188
附　則

Ⅰ．総論

1．本ガイドラインの趣旨

　本ガイドラインは、不動産鑑定士及び不動産鑑定士補(以下「不動産鑑定士」という。)が、その所属する不動産鑑定業者が業として価格等調査を行う場合に、当該価格等調査の目的と範囲等に関して依頼者との間で確定すべき事項及び成果報告書の記載事項等について定めるものである。

2．定義

　本ガイドラインにおける用語の定義は以下のとおりとする。

(1) 「鑑定評価等業務」とは、不動産の鑑定評価に関する法律(昭和38年法律第152号)第3条第1項の業務(鑑定評価業務)又は同条第2項の業務(いわゆる隣接・周辺業務)をいう。

(2) 「価格等」とは、不動産の価格又は賃料をいう。

(3) 「文書等」とは、文書又は電磁的記録をいう。

(4) 「価格等調査」とは、不動産の価格等を文書等に表示する調査をいう。なお、価格等調査は、不動産の鑑定評価に関する法律第3条第1項の業務(鑑定評価業務)の場合のほか、同条第2項の業務(いわゆる隣接・周辺業務)の場合がある。

(5) 「依頼者」とは、不動産鑑定業者(いわゆる隣接・周辺業務の場合は不動産鑑定業者又は不動産鑑定士)に価格等調査を求める他人をいい、証券化対象不動産の価格等調査の場合の実質的な依頼者となるアセットマネジャー等を含むものとする。

(6) 「不動産鑑定評価基準に則った鑑定評価」とは、不動産鑑定評価基準の全ての内容に従って行われる価格等調査をいい、例えば、他の手法の適用が困難でないにもかかわらず、不動産鑑定評価基準に定める鑑定評価の手法のうちの一のみを適用した価格等調査等不動産鑑定評価基準の一部分のみを適用・準用した価格等調査は含まれないものとする。

(7) 「調査価格等」とは、価格等調査の途中で、又は成果として求められる価格等をいう。

(8) 「成果報告書」とは、価格等調査の成果をⅢ．に従い書面に示したものをいう。

(9) 「公表・開示・提出」とは、調査価格等が不特定多数の者に広く公表されること、若しくは依頼者以外の者に開示されること、又は成果報告書が依頼者以外の者に提出されることをいう。

(10) 「開示・提出先」とは、調査価格等が開示される依頼者以外の者又は成果報告書が提出される依頼者以外の者をいう。

3．本ガイドラインの適用範囲及び不動産鑑定評価基準との関係

　本ガイドラインは、不動産の鑑定評価に関する法律第3条第1項に規定する不動産の鑑

定評価であるか、同条第2項に規定するいわゆる隣接・周辺業務であるかを問わず、価格等調査を行う場合に、不動産鑑定士が従うべき業務の方法等を示すものであり、不動産鑑定評価基準に則った鑑定評価を行う場合は、不動産鑑定評価基準のほか、本ガイドラインに従うものとする。

なお、他の不動産鑑定業者が依頼者から受注した価格等調査業務の全部又は一部について価格等調査を当該他の不動産鑑定業者から再受注する場合の当該再受注する価格等調査については、本ガイドラインは適用しない。ただし、必要に応じ、本ガイドラインに準じた措置を取るよう努めるものとする。

また、国又は地方公共団体が依頼する地価公示、都道府県地価調査、路線価、固定資産税評価等、別に法令等に定めるものは、当該法令等に従うものとし、本ガイドラインは適用しない。

4. 不動産鑑定評価基準に則った鑑定評価とそれ以外の価格等調査との峻別等

不動産鑑定評価基準は、不動産鑑定士が不動産の鑑定評価を行うに当たっての統一的基準であり、不動産鑑定評価制度の適切な運用に寄与し、もって不動産の適正な価格の形成に資することを目的とするものであることから、不動産鑑定士が不動産の価格等を調査するに当たっては、不動産鑑定評価基準に則った鑑定評価を行うことを原則とする。ただし、①調査価格等が依頼者の内部における使用にとどまる場合、②公表・開示・提出される場合でも公表される第三者又は開示・提出先の判断に大きな影響を与えないと判断される場合、③調査価格等が公表されない場合ですべての開示・提出先の承諾が得られた場合、④不動産鑑定評価基準に則ることができない場合、又は⑤その他「Ⅱ．2．依頼目的、調査価格等が開示される範囲又は公表の有無等」等を勘案して不動産鑑定評価基準に則らないことに合理的な理由がある場合には、不動産鑑定評価基準に則った鑑定評価を行うことを必ずしも求めるものではない。

5. 特定の想定上の条件を付加した価格等調査について

以下の(1)から(4)までの想定上の条件を付加した価格等調査が、当該条件を付加することによって不動産鑑定評価基準に則ることができなくなる場合であって、かつ、調査価格等又は成果報告書が公表・開示・提出されるとき(公表される第三者又は開示・提出先の判断に大きな影響を与えないと判断されるときを除く。)には、不動産鑑定評価基準「第5章　鑑定評価の基本的事項　第1節　対象不動産の確定」、「第8章　鑑定評価の手順　第3節　対象不動産の確認」のうち当該想定上の条件に係る部分以外は不動産鑑定評価基準に則るものとする。ただし、①調査価格等が公表されない場合で全ての開示・提出先の承諾が得られた場合、②その他「Ⅱ．2．依頼目的、調査価格等が開示される範囲又は公表の有無等」等を勘案して合理的な理由がある場合は、この限りでない。

(1) 未竣工建物を含む不動産の竣工を前提として行う価格等調査

(2) 土壌汚染の可能性を考慮外とする価格等調査
(3) 建物環境についてアスベスト等の有害物質の存在の可能性を考慮外とする価格等調査
(4) 埋蔵文化財又は地下埋設物の埋蔵又は埋設の可能性を考慮外とする価格等調査

　なお、対象不動産に係る上記(1)から(4)までの想定上の条件が、実現性、合法性、関係当事者及び第三者の利益を害するおそれがないか等の観点から妥当な想定上の条件に該当しないと判断される場合には、Ⅱ.4.(5)及びⅢ.4.(5)に規定するとおり、依頼目的、調査価格等が開示される範囲又は公表の有無等に照らして当該想定上の条件を付加することが合理的である理由を検証のうえ合理的と認められる場合に限り、当該条件を付加した価格等調査を行うものとする。

Ⅱ. 業務の目的と範囲等の確定

　価格等調査の業務の目的と範囲等の確定を担当する不動産鑑定士(「確定担当不動産鑑定士」という。)は、契約の締結までに、以下の事項を依頼者に確認した上で確定するものとする。不動産鑑定業者は以下の事項を明記した文書等を契約の締結までに依頼者に交付するものとする。また、契約の締結後に当該文書等に記載された事項を変更する場合には、確定担当不動産鑑定士は変更について依頼者に確認した上で確定し、不動産鑑定業者は、成果報告書の交付までに、変更を明記した文書等を依頼者に交付するものとする。
　不動産鑑定士は、文書等に記載された内容に従って価格等調査を行うものとする。

1. 依頼者及び成果報告書の提出先
(1) 価格等調査の依頼者
(2) 依頼者以外の者に成果報告書を提出する場合は、当該提出先

2. 依頼目的、調査価格等が開示される範囲又は公表の有無等
(1) 価格等調査の依頼目的
　　売買の参考のための調査、担保評価のための調査、不動産投信等の保有資産の調査、棚卸資産の低価法適用のための調査、賃貸等不動産の時価評価のための調査、訴訟に使用するための調査など。
(2) 開示範囲又は公表の有無
　　①調査価格等が依頼者以外の者に開示される場合にはその範囲、②不特定多数の者に広く公表される場合はその旨。
　　なお、公表・開示・提出されるにもかかわらず、公表・開示・提出される第三者の判断に大きな影響を与えないと判断される場合は、当該判断が合理的である理由を検証するものとする。ただし、不動産鑑定評価基準に則った鑑定評価を行う場合には、必ずしも確定、明記することを求めない。
(3) 事後の公表・開示範囲の拡大の際の承諾の必要性

価格等調査終了後に、①当初公表が予定されていなかった調査価格等について公表されることとなる場合や、②当初定めた開示範囲が広がる場合には、当該公表又は開示の前に依頼者が不動産鑑定業者に文書等を交付することにより、不動産鑑定士の承認を得る必要があること。ただし、不動産鑑定評価基準に則った鑑定評価を行う場合には、必ずしも確定、明記することを求めない。
(4) 開示・提出先の承諾

調査価格等が公表されない場合であって、全ての開示・提出先から不動産鑑定評価基準に則った鑑定評価としないことについて承諾が得られている場合は、その旨。

3. 利害関係等

(1) 不動産鑑定士又は不動産鑑定業者の対象不動産に関する利害関係等

価格等調査に関与する不動産鑑定士又は当該不動産鑑定士が所属する不動産鑑定業者の①対象不動産に関する利害関係又は対象不動産に関し利害関係を有する者との縁故若しくは特別の利害関係の有無及び②その内容。

(2) 依頼者と不動産鑑定士又は不動産鑑定業者との間の関係

公表・開示・提出される場合又は不動産鑑定評価基準に則った鑑定評価を行う場合においては、依頼者と価格等調査に関与する不動産鑑定士又は当該不動産鑑定士が所属する不動産鑑定業者との間の①特別の資本的関係、人的関係及び取引関係の有無並びに②その内容。

(3) 開示・提出先と不動産鑑定士又は不動産鑑定業者との間の関係

調査価格等が依頼者以外の者へ開示される場合又は成果報告書が依頼者以外の者に提出される場合においては、開示・提出先と価格等調査に関与する不動産鑑定士又は当該不動産鑑定士が所属する不動産鑑定業者との間の①特別の資本的関係、人的関係及び取引関係の有無並びに②その内容。ただし、開示・提出先が未定の場合や開示・提出先の具体的名称が明らかでない場合は、その旨。

(4) 依頼者の証券化関係者との関係

証券化対象不動産に係る価格等調査の場合には、依頼者と証券化対象不動産との利害関係に関する次の事項。

① 依頼者が証券化対象不動産の証券化に係る利害関係者(オリジネーター、アレンジャー、アセットマネジャー、レンダー、エクイティ投資家又は特定目的会社・投資法人・ファンド等をいい、以下「証券化関係者」という。)のいずれであるかの別

② 依頼者と証券化関係者との資本関係、取引関係その他特別な利害関係の有無及びこれらの関係を有する場合にあっては、その内容

なお、以下の場合には、(2)及び(3)の関係を明記することを省略することができる。ただし、不動産鑑定評価基準に則った鑑定評価を行う場合には省略することはできない。

① 調査価格等が公表されない場合で、全ての依頼者及び開示・提出先が、成果報告書への(2)及び(3)の記載を省略することについて承諾しており、その旨を確認・明記した場合。

② 公表・開示・提出される場合で公表される第三者又は開示・提出先の判断に大きな影響を与えないと判断される場合。

4. 価格等調査の基本的事項

確定担当不動産鑑定士は、1．から3．までに照らして適切な価格等調査の基本的事項を決定し、以下の項目ごとに明記する。

(1) 対象不動産

①価格等調査の対象となる土地又は建物等並びに②価格等調査の対象となる所有権及び所有権以外の権利。

(2) 対象確定条件

対象不動産(依頼内容に応じて次の1)から4)までのような条件により定められた不動産をいう。)の①所在、範囲等の物的事項及び②所有権、賃借権等の対象不動産の権利の態様に関する事項を確定するために必要な条件。

1) 不動産が土地のみの場合又は土地及び建物等の結合により構成されている場合において、その状態を所与として価格等調査の対象とすること。

2) 不動産が土地及び建物等の結合により構成されている場合において、その土地のみを建物等が存しない独立のもの(更地)として価格等調査の対象とすること。

3) 不動産が土地及び建物等の結合により構成されている場合において、その状態を所与として、その不動産の構成部分を価格等調査の対象とすること。

4) 不動産の併合又は分割を前提として、併合後又は分割後の不動産を単独のものとして価格等調査の対象とすること。

なお、現況と異なる不動産を価格等調査の対象とする場合には、後記「(5)想定上の条件」を明らかにした上で、想定する不動産を確定する。

(3) 価格等調査の時点

価格等調査の基準日。

なお、価格等調査の時点は、価格等調査を行う年月日を基準として①現在の場合(現在時点)、②過去の場合(過去時点)及び③将来の時点(将来時点)に分けられる。

(4) 価格等を求める方法又は価格等の種類

①どのような方法で価格等を求めるのか。②ただし、不動産鑑定評価基準総論第5章第3節に規定する価格又は賃料の種類(正常価格、限定価格、特定価格、特殊価格等)のいずれかに該当する場合は、当該価格又は賃料の種類。

(5) 想定上の条件

未竣工建築物を含む不動産の竣工を前提として行う価格等調査や土壌汚染の可能性を考

慮外とする価格等調査など、想定上の条件を付加する場合は、その内容。

　なお、実現性、合法性、関係当事者及び第三者の利益を害するおそれがないか等の観点から妥当な想定上の条件に該当しないと判断される想定上の条件を付加する場合には、「2．依頼目的、調査価格等が開示される範囲又は公表の有無等」等に照らして当該想定上の条件を付加することが合理的である理由を検証するものとする。
(6)　不動産鑑定評価基準に則った鑑定評価との主な相違点及びその妥当性

　(1)から(5)までの全部又は一部が不動産鑑定評価基準に則らない場合は、不動産鑑定評価基準における基本的事項との主な相違点。

　なお、併せて「2．依頼目的、調査価格等が開示される範囲又は公表の有無等」等に照らした当該相違点の合理的な理由を検証するものとする。

5. 価格等調査の手順

　確定担当不動産鑑定士は、1．から3．までに照らして適切な価格等調査の手順を決定し、以下の項目ごとに明記する。
(1)　調査スケジュール

　調査スケジュール。ただし、処理計画を策定し、依頼者に交付する場合は、これを調査スケジュールに代えることができる。
(2)　実地調査の有無及びその方法

　対象不動産の実地調査の有無及び実地調査を行う場合の立ち会いの有無、内覧の有無（立会人又は管理者の属性を含む。）等対象不動産の実地調査の方法。
(3)　資料の収集及び整理の方法

　①依頼者から提供された資料をそのまま使用するのか、②依頼者から提供された資料を不動産鑑定士が判断して使用するのか、③不動産鑑定士が独自調査を行うのか及び独自調査を行う場合の範囲、④エンジニアリング・レポート等他の専門家の行う調査の使用の有無及び使用する場合に提供されたものをそのまま使用するのか、提供されたものを不動産鑑定士が判断して使うのか、不動産鑑定士が自ら発注して取得するのかなど、依頼目的等にかんがみ価格等調査に当たって必要となる主な資料の収集及び整理方法。
(4)　適用する価格等調査の手法

　①原価方式、比較方式、収益方式の各方式の適用の有無及び②他の方法を採用する場合の当該手法。
(5)　不動産鑑定評価基準に則った鑑定評価との主な相違点及びその妥当性

　(1)から(4)までの全部又は一部が不動産鑑定評価基準に則らない場合は、不動産鑑定評価基準における手順との主な相違点。

　なお、併せて「2．依頼目的、調査価格等が開示される範囲又は公表の有無等」等に照らした当該相違点の合理的な理由を検証するものとする。

6. 不動産鑑定評価基準に則った鑑定評価と結果が異なる可能性がある旨(不動産鑑定評価基準に則らない場合に限る)

　　4．及び5．に基づき、1．から3．までに照らして適切な価格等調査の基本的事項及び手順を決定した結果、4．(6)に記載したとおり価格等調査の基本的事項の全部若しくは一部を不動産鑑定評価基準に則った鑑定評価と異なることとした場合又は5．(5)に記載したとおり価格等調査の手順を不動産鑑定評価基準に定める手順と異なることとした場合には、これらの相違点があることにより不動産鑑定評価基準に則った鑑定評価とは結果が異なる可能性がある旨。

Ⅲ．業務の目的と範囲等に関する成果報告書への記載事項

　　成果報告書の作成を担当する不動産鑑定士(「作成担当不動産鑑定士」という。)は、価格等調査を行った場合、最低限以下の1．から8．までの事項を記載した成果報告書を作成し、不動産鑑定業者はこれを依頼者及び提出先に交付するものとする。

　　また、①価格等調査の基本的事項として不動産鑑定評価基準総論第5章に定める事項以外を定めた場合又は②不動産鑑定評価基準総論第8章及び各論第3章に定める手順を省略した場合等価格等調査の基本的事項又は手順がこれらの章に定める価格等調査の基本的事項又は手順と異なる場合の成果報告書には、以下の1)及び2)のような業務の成果物の性格や取扱いについて、調査価格等の近傍など分かりやすい場所に記載するものとする。

　　1) 本価格等調査では、4．(6)に記載したとおり価格等調査の基本的事項の全部又は一部が不動産鑑定評価基準に則った鑑定評価と異なる、又は、5．(2)に記載したとおり価格等調査の手順が不動産鑑定評価基準に定める手順と異なることから、不動産鑑定評価基準に則った鑑定評価とは結果が異なる可能性がある旨。

　　2) 本価格等調査は、3．に記載された依頼目的で使用されること、及び開示・提出先の範囲又は公表の有無は2．及び3．に記載されたとおりであることを前提としたものであり、3．に記載された以外の目的での使用及び3．に記載されていない者への調査価格等の開示は想定していない旨。

1. 調査価格等

2. 依頼者及び成果報告書の提出先
　　(1) 価格等調査の依頼者
　　(2) 依頼者以外に提出される成果報告書については、当該提出先

3. 依頼目的、調査価格等が開示される範囲又は公表の有無等
　　(1) 価格等調査の依頼目的
　　　　売買の参考のための調査、担保評価のための調査、不動産投信等の保有資産の調査、棚

卸資産の低価法適用のための調査、賃貸等不動産の時価評価のための調査、訴訟に使用するための調査など。
(2) 開示範囲又は公表の有無
　①調査価格等が依頼者以外の者に開示される場合にはその範囲、②不特定多数の者に広く公表される場合はその旨。ただし、不動産鑑定評価基準に則った鑑定評価を行った場合には、必ずしも記載することを求めない。
(3) 公表される第三者又は開示・提出先の判断に大きな影響を与えないと判断される理由
　公表・開示・提出されるにもかかわらず、公表される第三者又は開示・提出先の判断に大きな影響を与えないと判断される場合は、①その旨及び②当該判断が合理的である理由。ただし、不動産鑑定評価基準に則った鑑定評価を行った場合には、必ずしも記載することを求めない。
(4) 事後の公表・開示範囲の拡大の際の承諾の必要性
　価格等調査終了後に、①当初公表が予定されていなかった調査価格等について公表されることとなる場合や、②当初定めた開示範囲が広がる場合には、当該公表又は開示の前に依頼者が不動産鑑定業者に文書等を交付することにより、不動産鑑定士の承諾を得る必要がある旨。ただし、不動産鑑定評価基準に則った鑑定評価を行った場合には、必ずしも記載することを求めない。
(5) 開示・提出先の承諾
　全ての開示・提出先から不動産鑑定評価基準に則った鑑定評価としないことについて承諾が得られている場合は、その旨。

4. 価格等調査の基本的事項
　(1) 対象不動産
　(2) Ⅱ．4．(2)により確定した対象確定条件
　(3) Ⅱ．4．(3)により確定した価格等調査の時点
　(4) Ⅱ．4．(4)により確定した価格等を求める方法又は価格等の種類
　(5) 想定上の条件
　　① 付加した想定上の条件。
　　② 実現性、合法性、関係当事者及び第三者の利益を害するおそれがないか等の観点から妥当な想定上の条件に該当しないと判断される想定上の条件を付加した場合には、「3．依頼目的、調査価格等が開示される範囲又は公表の有無等」等に照らして当該想定上の条件を付加したことが合理的である理由。
　(6) 不動産鑑定評価基準に則った鑑定評価との主な相違点及びその妥当性の根拠
　　「Ⅱ．4．価格等調査の基本的事項」の全部又は一部が不動産鑑定評価基準に則らない場合は、①(1)から(5)までの事項を含め不動産鑑定評価基準における基本的事項との主な相違点及び②「3．依頼目的、調査価格等が開示される範囲又は公表の有無等」等に照らし

た当該相違点の合理的な理由。

5. 価格等調査の手順
(1) 調査上の不明事項に係る取扱い及び調査の範囲
　　資料収集の限界、資料の不備等によって明記することができなかった事項が存する場合の調査上の取扱い(例えば、不明である旨を明記して考慮外としたのか、不動産鑑定士が合理的に推定して調査を行ったのか、不動産鑑定士が別途調査を行ったのか、他の専門家等が行った調査結果等を活用したのかなど)。
(2) 不動産鑑定評価基準に則った鑑定評価との主な相違点及びその妥当性の根拠
　　「Ⅱ.5.価格等調査の手順」の全部又は一部が不動産鑑定評価基準に則っていない場合は、①不動産鑑定評価基準における手順との主な相違点及び②「3.依頼目的、調査価格等が開示される範囲又は公表の有無等」に照らした当該相違点の合理的な理由。

6. 価格等調査を行った年月日
　　価格等調査を行った年月日のほか、実際に現地に赴き対象不動産の現況を確認した場合はその年月日。実際に現地に赴いていない場合はその旨。

7. 利害関係等
(1) 不動産鑑定士又は不動産鑑定業者の対象不動産に関する利害関係等
　　価格等調査に関与した不動産鑑定士又は当該不動産鑑定士が所属する不動産鑑定業者の①対象不動産に関する利害関係又は対象不動産に関し利害関係を有する者との縁故若しくは特別の利害関係の有無及び②その内容。
(2) 依頼者と不動産鑑定士又は不動産鑑定業者との間の関係
　　調査価格等が公表・開示・提出される場合又は不動産鑑定評価基準に則った鑑定評価を行った場合においては、依頼者と価格等調査に関与した不動産鑑定士又は当該不動産鑑定士が所属する不動産鑑定業者との間の①特別の資本的関係、人的関係及び取引関係の有無並びに②その内容。
(3) 開示・提出先と不動産鑑定士又は不動産鑑定業者との間の関係
　　調査価格等が依頼者以外の者へ開示される場合又は成果報告書が依頼者以外の者へ提出される場合においては、開示・提出先と価格等調査に関与した不動産鑑定士又は当該不動産鑑定士が所属する不動産鑑定業者との間の①特別の資本的関係、人的関係及び取引関係の有無並びに②その内容。ただし、開示・提出先が未定の場合や開示先の具体的名称が明らかでない場合は、その旨。
(4) 依頼者の証券化関係者との関係
　　証券化対象不動産に係る価格等調査の場合には、依頼者と証券化対象不動産との利害関係に関する次の事項。

① 依頼者が証券化関係者のいずれであるかの別
② 依頼者と証券化関係者との資本関係、取引関係その他特別な利害関係の有無及びこれらの関係を有する場合にあっては、その内容
　なお、以下の場合には、(2)及び(3)の関係を記載することを省略することができる。ただし、不動産鑑定評価基準に則った鑑定評価を行った場合には省略することはできない。
① 調査価格等が公表されない場合で、全ての依頼者及び開示・提出先が、成果報告書への(2)及び(3)の記載を省略することについて承諾しており、その旨を確認・記載した場合。
② 公表・開示・提出される場合で公表される第三者又は開示・提出先の判断に大きな影響を与えないと判断され、3．(3)の事項を記載した場合。

8. 価格等調査に関与した不動産鑑定士の氏名

　他の不動産鑑定業者に業務の全部又は一部を再委託した場合の当該不動産鑑定業者の不動産鑑定士を含め、価格等調査に関与した不動産鑑定士全員の氏名。

Ⅳ．不動産鑑定士が直接不動産の鑑定評価に関する法律第3条第2項の業務を行う場合についての準用

　本ガイドラインは、不動産鑑定士が直接依頼者から不動産の鑑定評価に関する法律第3条第2項の業務として価格等調査を依頼されて当該価格等調査を行う場合に準用するものとする。

附　則

1. このガイドラインは、平成22年1月1日から施行し、同日以後に契約を締結する価格等調査から適用する。
2. 国土交通省は、このガイドラインの施行の状況について、必要に応じ、随時検討を加え、その結果に基づいて必要な措置を講ずるものとする。

不動産鑑定士が不動産に関する価格等調査を行う場合の業務の目的と範囲等の確定及び成果報告書の記載事項に関するガイドライン運用上の留意事項

平成 21 年 8 月 28 日

国土交通省

目　次

Ⅰ．総論関係……………………………………………………………………… 192
　1．「2．定義」関係 ……………………………………………………… 192
　　価格等調査ガイドラインの対象とする価格等調査について……………… 192
　2．「3．本ガイドラインの適用範囲及び不動産鑑定評価基準との関係」関係 … 192
　　他の不動産鑑定業者から再受注する価格等調査への適用について……… 192
　3．「4．不動産鑑定評価基準に則った鑑定評価とそれ以外の価格等調査との峻別等」関係 … 192
　　1）依頼者の内部における使用の考え方について ………………………… 192
　　2）不動産鑑定評価基準に則った鑑定評価を行うことを必ずしも求めない場合について… 193
　　3）公表される第三者又は開示・提出先に大きな影響を与えると判断される場合について… 193
　　4）「Ⅱ．2．依頼目的、調査価格等が開示される範囲又は公表の有無等」等を勘案して
　　　不動産鑑定評価基準に則らないことに合理的な理由がある場合について……… 194
Ⅱ．業務の目的と範囲等の確定関係……………………………………………… 194
　1．前文関係 ………………………………………………………………… 194
　　1）確定担当不動産鑑定士について ………………………………………… 194
　　2）確定した事項の変更を明記した文書等の交付の時期について ……… 195
　　3）業務の目的と範囲等の確定を行う対象となる不動産について ……… 195
　2．「1．依頼者及び成果報告書の提出先」関係 ………………………… 195
　　依頼者以外の者に成果報告書を提出する場合の当該提出先について…… 195
　3．「2．依頼目的、調査価格等が開示される範囲又は公表の有無等」関係 ……… 195
　　1）調査価格等が開示される範囲又は公表の有無について ……………… 195
　　2）公表・開示・提出される第三者の判断に大きな影響を与えないと判断される
　　　合理的理由の検証について……………………………………………… 196
　　3）事後の公表・開示範囲の拡大の際の承諾の必要性について ………… 196
　4．「3．利害関係等」関係 ……………………………………………… 196
　　1）価格等調査に関与する不動産鑑定士について ………………………… 196
　　2）価格等調査に関与する不動産鑑定士が所属する不動産鑑定業者について ………… 196
　　3）明記すべき特別の資本的関係、人的関係及び取引関係について …… 196
　5．「4．価格等調査の基本的事項」関係 ……………………………… 197
　　1）想定上の条件を付加することが合理的である理由の検証について …… 197
　　2）不動産鑑定評価基準における基本的事項との相違点の合理的な理由の検証について… 198
　　3）想定上の条件の付加及び不動産鑑定評価基準に則った鑑定評価との
　　　主な相違点についての合理的理由の検証について……………………… 198
　6．「5．価格等調査の手順」関係 ……………………………………… 198
　　不動産鑑定評価基準における手順との相違点の合理的な理由の検証について………… 198

Ⅲ．業務の目的と範囲等に関する成果報告書への記載事項関係……………………… 198
　1．前文関係 ……………………………………………………………………… 198
　　作成担当不動産鑑定士について……………………………………………… 198
　2．「3．依頼目的、調査価格等が開示される範囲又は公表の有無等」関係 ……… 198
　　1) 開示範囲又は公表の有無について ………………………………………… 198
　　2) 事後の公表・開示範囲の拡大の際の承諾の必要性について …………… 198
　3．「4．価格等調査の基本的事項」関係 ………………………………………… 199
　　1) 想定上の条件を付加したことが合理的である理由について …………… 199
　　2) 不動産鑑定評価基準における基本的事項との相違点の合理的な理由について …… 199
　　3) 想定上の条件の付加及び不動産鑑定評価基準に則った鑑定評価との
　　　主な相違点についての合理的理由について……………………………… 199
　4．「5．価格等調査の手順」関係 ………………………………………………… 199
　　不動産鑑定評価基準における手順との相違点の合理的な理由について……… 199
　5．「7．利害関係等」関係 ………………………………………………………… 199
　6．「8．価格等調査に関与した不動産鑑定士の氏名」関係 …………………… 199
附　則

不動産鑑定士が不動産に関する価格等調査を行う場合の業務の目的と範囲等の確定及び成果報告書の記載事項に関するガイドライン(以下「価格等調査ガイドライン」という。)運用上の留意事項は以下のとおり。

Ⅰ．総論関係

1．「2．定義」関係
価格等調査ガイドラインの対象とする価格等調査について
　依頼者、公表される第三者又は開示・提出先に対して価格等を示すことを最終的な目的としていなくても、価格等を求め、それを利用して不動産の利用、取引又は投資に関して相談に応じるなど、その業務の過程で価格等を示すものは価格等調査ガイドラインの対象とする価格等調査に含まれる。

2．「3．本ガイドラインの適用範囲及び不動産鑑定評価基準との関係」関係
他の不動産鑑定業者から再受注する価格等調査への適用について
　なお書きの趣旨は、依頼者から価格等調査を受注した不動産鑑定業者(「元受注業者」という。)が当該価格等調査の全部又は一部を他の不動産鑑定業者(「再受注業者」という。)に委託する場合に、元受注業者に所属する不動産鑑定士が価格等調査ガイドラインに従い依頼者との間で当該価格等調査の目的と範囲等を確定することを前提としており、その前提の範囲内においては、再受注業者が行う価格等調査については、元受注業者との間で改めて価格等調査ガイドラインを適用することとはしないものである。

3．「4．不動産鑑定評価基準に則った鑑定評価とそれ以外の価格等調査との峻別等」関係
1）依頼者の内部における使用の考え方について
　「依頼者の内部における使用」とは、依頼者が企業である場合にその役職員などが売買のために内部での意思決定に使用する、又は、依頼者が金融機関である場合にその役職員などが融資を行うために内部での意思決定に使用する場合などが考えられる。
　一方、社外の弁護士、会計士等へ提出する場合は厳密な意味での依頼者の内部における使用とはいえないが、例えば、価格等調査の依頼者であるＡ企業が、Ａ企業の監査人であるＢ監査法人に対して成果報告書や調査価格等を示す場合は、当該成果報告書や調査価格等がＢ監査法人の内部でのみ利用される場合は、内部における使用に準じたものとして合理的理由があると考えられ、不動産鑑定評価基準に則らない価格等調査が可能となる場合もあると考えられる。その場合でも、このような事態が事前に想定される場合には価格等調査ガイドラインⅡ．2．(2)に基づきその旨を確定・明記する必要がある。
　また、成果報告書の交付後に公表、開示される範囲が拡大されることが成果報告書の交付前から十分予想される場合には、価格等調査ガイドラインⅡ．2．(2)に基づきあらかじめこれを確定・明記するとともに、これを勘案して価格等調査の基本的事項や手順を適

切に判断することが必要である。

2) 不動産鑑定評価基準に則った鑑定評価を行うことを必ずしも求めない場合について
『①調査価格等が依頼者の内部における使用にとどまる場合、②公表・開示・提出される場合でも公表される第三者又は開示・提出先の判断に大きな影響を与えないと判断される場合、③調査価格等が公表されない場合ですべての開示・提出先の承諾が得られた場合、④不動産鑑定評価基準に則ることができない場合、又は⑤その他「Ⅱ．2．依頼目的、調査価格等が開示される範囲又は公表の有無等」等を勘案して不動産鑑定評価基準に則らないことに合理的な理由がある場合』のいずれかに該当すれば、不動産鑑定評価基準に則った鑑定評価を行うことを必ずしも求めるものではない。

3) 公表される第三者又は開示・提出先に大きな影響を与えると判断される場合について
以下の(1)から(6)は、公表される第三者又は開示・提出先に大きな影響を与えると判断される場合である。したがって、(1)から(6)については、不動産鑑定評価基準に則ることができない場合を除き、不動産鑑定評価基準に則った鑑定評価が行われるものである。
(1) 資産の流動化に関する法律第40条における募集優先出資の引受申込者への通知、同法第122条における募集特定社債の引受申込者への通知及び同法第226条における資産信託流動化計画に記載又は記録するための特定資産である不動産の評価
(2) 投資信託及び投資法人に関する法律第11条(第54条において準用する場合を含む。)における投資信託委託会社等による特定資産の価格等の調査及び同法第201条における資産運用会社による特定資産の価格等の調査の際の評価
(3) 会社法第33条における会社設立時、同法207条における募集株式の発行時及び同法284条における新株予約権が行使された時の検査役の検査に代わる現物出資財産等の価額の証明
(4) 一般社団法人及び一般財団法人に関する法律第137条における基金引受けの募集時の検査役の検査に代わる現物拠出財産の価額の証明
(5) 法定外証券化スキーム(合同会社と匿名組合契約を用いて組成した私募ファンドなど、不動産を裏付け資産として当該不動産の運用による収益を投資家に配分することを目的に有価証券(みなし有価証券を含む。)を発行する仕組み(資産の流動化に関する法律及び投資信託及び投資法人に関する法律に基づく特定目的会社、投資法人等に係るものを除く。)を利用して出資を募るものをいう。)における不動産の取得時又は譲渡時の評価
(6) 抵当証券の交付の申請に必要な担保不動産の評価
cf)抵当証券法施行細則第21条ノ2

以下の(7)から(12)は、一般的には、公表される第三者又は開示・提出先に大きな影響

を与えると判断される場合である。
　(7)　倒産法制における否認要件(不動産等売却時の適正価格の判断)
　　　cf)「破産法第161条」、「民事再生法第127条の2」、「会社更生法第86条の2」
　(8)　標準地における公共用地の取得、国有・公有財産の使用や処分に伴うもの。
　　　cf)「公共用地の取得に伴う損失補償基準」(用地対策連絡協議会)、「国有財産評価基準」(財務省)、「公有財産規則」(地方公共団体)
　(9)　担保評価(一定額以上の場合)
　　　cf)「預金等受入金融機関に係る検査マニュアル」(金融庁)
　(10)　関連会社間取引に係る土地・設備等の売買の適正価格の証明としての評価
　　　cf)「関係会社間の取引に係る土地・設備等の売却益の計上についての監査上の取扱い(昭和52年8月8日公認会計士協会監査委員会報告第27号)」
　(11)　訴訟に使用するための評価(原告又は被告が証拠として提出する価格調査、裁判所の要請により行われる価格調査)
　(12)　会社更生法における更生会社の財産評価、民事再生法における再生債務者の財産評価
　　　cf)「不動産鑑定評価基準総論第5章第3節」、「会社更生法第83条」、「民事再生法第124条」

　なお、公表・開示・提出される場合であって、その調査価格等の大きさ等から公表される第三者又は開示・提出先に大きな影響を与えると判断される場合は以上の場合に限られないことから、依頼目的、開示・提出される範囲、調査価格等の大きさ等を勘案して大きな影響を与えないかどうかについて適切に判断することが必要である。

4) 「Ⅱ．2．依頼目的、調査価格等が開示される範囲又は公表の有無等」等を勘案して不動産鑑定評価基準に則らないことに合理的な理由がある場合について
　『「Ⅱ．2．依頼目的、調査価格等が開示される範囲又は公表の有無等」等を勘案して不動産鑑定評価基準に則らないことに合理的な理由がある場合』を例示すれば、調査結果が公表・開示・提出され、公表される第三者又は開示・提出先に影響を与える場合でも、過去に不動産鑑定評価基準に則った鑑定評価が行われたことがある不動産の再評価を行う場合において、自ら実地調査を行い又は過去に行ったことがあり、当該不動産の不動産鑑定評価基準に則った鑑定評価が行われた時点と比較して当該不動産の物的状況や権利関係及び当該不動産の用途や所在地にかんがみて公示地価その他地価に関する指標や取引価格、賃料、利回り等の価格等形成要因に重要な変化がないと認められる場合が挙げられる。

Ⅱ．業務の目的と範囲等の確定関係

1. 前文関係
1)　確定担当不動産鑑定士について

確定担当不動産鑑定士は、価格等調査ガイドラインⅡ．1．から3．までに照らして適切な価格等調査の基本的事項及び手順を決定する不動産鑑定士であり、鑑定評価等業務に関与するものとする。

2) 確定した事項の変更を明記した文書等の交付の時期について
　　確定担当不動産鑑定士は、変更の都度、依頼者に変更を明記した文書等を交付することは求められていないが、成果報告書の交付までに、変更について依頼者に確認した上で確定し、不動産鑑定業者は成果報告書とは別に変更を明記した文書等を交付する必要がある。

3) 業務の目的と範囲等の確定を行う対象となる不動産について
　　価格等調査ガイドラインⅡ．の事項を明記した文書等は必ずしも価格等調査の対象となる不動産ごとに作成・交付する必要はなく、契約ごと等依頼目的や調査価格等又は成果報告書の公表・開示・提出の範囲等を勘案し適当と思われる単位で作成・交付すれば足りる。

2. 「1．依頼者及び成果報告書の提出先」関係
依頼者以外の者に成果報告書を提出する場合の当該提出先について
　　提出先の確定及び明記は、依頼目的等に応じ、必ずしも個別具体的な提出先の名称等は必要ではなく、提出の目的や提出先の属性等利用目的の把握に資するものでも足りる。このため、提出の有無や提出先が未定である場合にも、提出の可能性の有無及び提出の可能性がある場合の提出先の属性や提出目的について確認及び確定の上明記するとともに、これを勘案して価格等調査の基本的事項及び価格等調査の手順を決定することが必要である。また、成果報告書の提出までに判明した提出先が確認及び確定した属性等に含まれている場合には、価格等調査ガイドラインⅡ．1．(2)に定められた内容を確定して明記した文書等を改めて交付する必要はない。

3. 「2．依頼目的、調査価格等が開示される範囲又は公表の有無等」関係
　1) 調査価格等が開示される範囲又は公表の有無について
　　開示される範囲の確定及び明記は、依頼目的等に応じ、必ずしも個別具体的な開示先の名称等は必要ではなく、開示の目的や開示先の属性等利用目的の把握に資するものでも足りる。このため、開示の有無や開示先が未定である場合にも、開示の可能性があるか、開示の可能性がある場合の開示先の属性や開示目的について確認及び確定の上明記するとともに、これを勘案して価格等調査の基本的事項及び価格等調査の手順を決定することが必要である。
　　また、公表の有無が未定である場合についても、公表の可能性があるか又は公表されても支障がないかについて確定の上明記するとともに、これを勘案して価格等調査の基本的事項及び価格等調査の手順を決定することが必要である。

2) 公表・開示・提出される第三者の判断に大きな影響を与えないと判断される合理的理由の検証について

　公表・開示・提出されるにもかかわらず、公表・開示・提出される第三者の判断に大きな影響を与えないと判断される場合は、当該判断が合理的である理由を検証するものとされているが、検証の結果については、業務開始までに文書等に明記することは要せず、価格等調査ガイドラインⅢ．3．(3)に基づき成果報告書に記載すれば足りる。

3) 事後の公表・開示範囲の拡大の際の承諾の必要性について

　事後に公表・開示範囲が拡大する際の承諾は、原則として、作成担当不動産鑑定士の承諾とする。

4. 「3．利害関係等」関係
1) 価格等調査に関与する不動産鑑定士について

　価格等調査に関与する不動産鑑定士とは、他の不動産鑑定業者に業務の全部又は一部を再委託した場合の当該不動産鑑定業者の不動産鑑定士を含め、価格等調査に関与する不動産鑑定士全員をいう。

2) 価格等調査に関与する不動産鑑定士が所属する不動産鑑定業者について

　価格等調査に関与する不動産鑑定士が所属する不動産鑑定業者とは、当該価格等調査に1)にいう不動産鑑定士を従事させている不動産鑑定業者のすべてをいう。

3) 明記すべき特別の資本的関係、人的関係及び取引関係について

　依頼者に交付する文書等に明記すべき関係の有無及び内容は、最低限、以下に掲げる特別の関係の有無及び内容である。ただし、以下に掲げるもののほか、依頼目的、公表・開示・提出される範囲及び公表される第三者又は開示・提出先の判断に与える影響の大きさ等にかんがみ必要な特別の関係がある場合は、その旨を明記するものとする。

① 依頼者と不動産鑑定業者との間の関係

【資本的関係】

・不動産鑑定業者が依頼者の関連会社(連結財務諸表原則にいう関連会社をいう。以下同じ。)である、又は依頼者が不動産鑑定業者の関連会社である→その旨及び出資割合

〈判断時点〉

　確認・確定時及び報告書提出時から前事業年度末までの間で調査可能な時点、前事業年度の財務諸表等が未調製の場合は前々事業年度末

【人的関係】

・不動産鑑定業者又は不動産鑑定業者を代表する者が依頼者又は依頼者を代表する者である→その旨

〈判断時点〉

確認・確定時、報告書提出時

【取引関係】

・不動産鑑定業者の負債の過半が依頼者からの借入れである→その旨及び割合
・依頼者との取引が不動産鑑定業者の全売上(兼業している場合はその業務に係るものも含む。)の過半を占める→その旨及び割合
・依頼者との取引が不動産鑑定業者の鑑定評価等業務受注額の過半を占める→その旨及び割合

〈判断時点〉

確認・確定時及び報告書提出時から前事業年度末までの間で調査可能な時点、前事業年度の財務諸表等が未調製の場合は前々事業年度末

② 依頼者と不動産鑑定士との間の関係

【資本的関係】

・関与する不動産鑑定士が依頼者の議決権の20%以上を保有している→その旨及び割合

〈判断時点〉

確認・確定時及び報告書提出時から前事業年度末までの間で調査可能な時点、前事業年度の財務諸表等が未調製の場合は前々事業年度末

【人的関係】

・関与する不動産鑑定士が依頼者又は依頼者を代表する者である→その旨

〈判断時点〉

確認・確定時、報告書提出時

③ 開示・提出先と不動産鑑定業者・不動産鑑定士との間の関係

①及び②の「依頼者」を「開示・提出先」と読み替えて適用する。

なお、①から③の他、実質的にこれらと同等程度以上の特別の関係があると認められる場合についても、価格等調査ガイドラインⅡ.3.(2)又は(3)に基づき明記するものとする。

5.「4. 価格等調査の基本的事項」関係

1) 想定上の条件を付加することが合理的である理由の検証について

価格等調査ガイドラインⅡ.4.(5)のなお書きに規定する「想定上の条件を付加することが合理的である理由を検証する」とは、当該想定上の条件を付加して不動産鑑定評価基準に則った鑑定評価以外の価格等調査を行ったとしても、依頼目的、調査価格等が開示される範囲又は公表の有無等に照らして当該想定上の条件を付加することとした判断が社会通念上合理的であるかを検証するものである。なお、検証の結果については、業務開始までに文書に明記することは要せず、価格等調査ガイドラインⅢ.4.(5)に基づき成果報告書に記載すれば足りる。

2) 不動産鑑定評価基準における基本的事項との相違点の合理的な理由の検証について

　　価格等調査ガイドラインⅡ．4．(6)のなお書きに規定する「相違点の合理的な理由を検証する」とは、価格等調査の基本的事項と不動産鑑定評価基準における基本的事項とに相違が存在しても、依頼目的、調査価格等が開示される範囲又は公表の有無等に照らして当該相違点が妥当であるとした判断が社会通念上合理的であるかを検証するものである。なお、検証の結果については、業務開始までに文書に明記することは要せず、価格等調査ガイドラインⅢ．4．(6)に基づき成果報告書に記載すれば足りる。

3) 想定上の条件の付加及び不動産鑑定評価基準に則った鑑定評価との主な相違点についての合理的理由の検証について

　　価格等調査ガイドラインⅡ．4．(5)のなお書きに規定する「検証」は、価格等調査ガイドラインⅡ．4．(6)のなお書きに規定する「検証」に含まれるが、(5)では確認的に規定しているものである。

6.「5．価格等調査の手順」関係

不動産鑑定評価基準における手順との相違点の合理的な理由の検証について

　　価格等調査ガイドラインⅡ．5．(5)のなお書きに規定する「相違点の合理的な理由を検証する」とは、価格等調査の手順と不動産鑑定評価基準における手順とに相違が存在しても、依頼目的、調査価格等が開示される範囲又は公表の有無等に照らして当該相違点が妥当であるとした判断が社会通念上合理的であるかを検証するものである。なお、検証の結果については、業務開始までに文書に明記することは要せず、価格等調査ガイドラインⅢ．5．(2)に基づき成果報告書に記載すれば足りる。

Ⅲ．業務の目的と範囲等に関する成果報告書への記載事項関係

1. 前文関係

作成担当不動産鑑定士について

　　作成担当不動産鑑定士とは、成果報告書の実質的な記載内容を決定する不動産鑑定士であり、鑑定評価等業務に関与するものとする。

2.「3．依頼目的、調査価格等が開示される範囲又は公表の有無等」関係

1) 開示範囲又は公表の有無について

　　開示範囲の記載は、依頼目的等に応じ、必ずしも個別具体的な開示先の名称等は必要ではなく、開示の目的や開示先の属性等利用目的の把握に資するものでも足りる。

2) 事後の公表・開示範囲の拡大の際の承諾の必要性について

　　事後に公表・開示範囲が拡大する際の承諾は、原則として、作成担当不動産鑑定士の承

諾とする。

3. 「4. 価格等調査の基本的事項」関係
　1) 想定上の条件を付加したことが合理的である理由について
　　　価格等調査ガイドラインⅢ．4．(5)②に規定する「想定上の条件を付加したことが合理的である理由」とは、想定上の条件を付加して不動産鑑定評価基準に則った鑑定評価以外の価格等調査を行ったとしても、依頼目的、調査価格等が開示される範囲又は公表の有無等に照らして当該想定上の条件を付加することとした判断が社会通念上合理的である理由である。

　2) 不動産鑑定評価基準における基本的事項との相違点の合理的な理由について
　　　価格等調査ガイドラインⅢ．4．(6)に規定する「相違点の合理的な理由」とは、価格等調査の基本的事項と不動産鑑定評価基準における基本的事項とに相違が存在しても、依頼目的、調査価格等が開示される範囲又は公表の有無等に照らして当該相違点が妥当であるとした判断が社会通念上合理的である理由である。

　3) 想定上の条件の付加及び不動産鑑定評価基準に則った鑑定評価との主な相違点についての合理的理由について
　　　価格等調査ガイドラインⅢ．4．(5)②に規定する「合理的である理由」は、価格等調査ガイドラインⅢ．4．(6)に規定する「合理的な理由」に含まれるが、確認的に規定しているものである。このため実現性、合法性、関係当事者及び第三者の利益を害する恐れがないか等の観点から妥当な想定上の条件に該当しないと判断される想定上の条件を付加する価格等調査においては、(5)又は(6)のどちらかに記載すれば足りる。

4. 「5. 価格等調査の手順」関係
　不動産鑑定評価基準における手順との相違点の合理的な理由について
　　　価格等調査ガイドラインⅢ．5．(2)に規定する「合理的な理由」とは、価格等調査の手順と不動産鑑定評価基準における手順とに相違が存在しても、依頼目的、調査価格等が開示される範囲又は公表の有無等に照らして当該相違点が妥当であるとした判断が社会通念上合理的である理由である。

5. 「7. 利害関係等」関係
　　成果報告書に記載すべき利害関係等については、Ⅱ．4．「3．利害関係等」関係を参照することとする。

6. 「8. 価格等調査に関与した不動産鑑定士の氏名」関係

価格等調査は、不動産鑑定評価基準に則っているか否かにかかわらず、不動産の経済価値を判定し、その結果を価額に表示しているかぎり、不動産の鑑定評価に関する法律第3条第1項の業務(鑑定評価業務)に該当するものであり、この場合、成果報告書は、同法第39条第1項の鑑定評価書として、同条第2項の署名押印が必要となることに留意する。

附　則

　この留意事項は、平成22年1月1日から施行し、同日以後に契約を締結する価格等調査から適用する。

「価格等調査ガイドライン」の取扱いに関する実務指針

社団法人 日本不動産鑑定協会

㈳日本不動産鑑定協会の許可なく、複写転載等を禁じます

目　次

1　目的 …………………………………………………………………………… 203
2　適用範囲及び用語の定義 …………………………………………………… 203
3　不動産鑑定評価基準と価格等調査ガイドライン …………………………… 203
4　価格等調査ガイドラインの運用に当たって ………………………………… 204
5　価格等調査の分類 …………………………………………………………… 204
　(1)鑑定評価基準に則った鑑定評価 ………………………………………… 206
　(2)鑑定評価基準に則らない価格等調査 …………………………………… 206
　　①　価格等を示すことが最終的な目的である価格等調査 ……………… 206
　　②　価格等を示すことが最終的な目的ではない価格等調査 …………… 207
6　鑑定評価基準に則らない価格等調査への対応指針 ………………………… 207
　(1)依頼目的 …………………………………………………………………… 208
　(2)公表・開示・提出 ………………………………………………………… 208
　　①　調査価格等の公表 ……………………………………………………… 209
　　②　調査価格等の依頼者以外の者への開示 ……………………………… 209
　　③　成果報告書の依頼者以外の者への提出 ……………………………… 209
　(3)鑑定評価基準に則らない理由 …………………………………………… 210
　　①　内部における使用にとどまるため …………………………………… 210
　　②　鑑定評価基準に則ることができないため …………………………… 210
　　③　公表・開示・提出される第三者の判断に大きな影響を及ぼさないため … 211
　　④　開示・提出先の承諾を得られているため(ただし、公表されない場合に限る。) … 211
　　⑤　依頼目的、開示範囲又は公表の有無等を勘案した合理的理由があるため ……… 212
7　業務の目的と範囲等の確定に係る確認書の交付 …………………………… 212
8　鑑定評価基準に則らない価格等調査を行う場合の成果報告書の対応指針 … 213
　(1)成果報告書のタイトル …………………………………………………… 213
　(2)調査価格等の表題 ………………………………………………………… 213
　(3)価格等の種類 ……………………………………………………………… 213
　(4)鑑定評価基準との主な相違点及び当該相違の合理的な理由 …………… 214
　(5)成果報告書の記載内容 …………………………………………………… 214
　(6)成果報告書への署名押印 ………………………………………………… 215
9　価格等調査に関与した不動産鑑定士について ……………………………… 215
　(1)確定担当不動産鑑定士 …………………………………………………… 215
　(2)作成担当不動産鑑定士 …………………………………………………… 215
　(3)その他の関与不動産鑑定士 ……………………………………………… 216
10　適用時期 ……………………………………………………………………… 216

1　目的

本実務指針は、国土交通省が定めた「不動産鑑定士が不動産に関する価格等調査を行う場合の業務の目的と範囲等の確定及び成果報告書の記載事項に関するガイドライン」(以下「価格等調査ガイドライン」という。)に基づき、不動産鑑定士が価格等調査に関する業務(以下「価格等調査業務」という。)を行う場合の、当該価格等調査ガイドラインの取扱いに関する実務上の指針として示すものである。

2　適用範囲及び用語の定義

本実務指針の適用範囲及び用語の定義は、価格等調査ガイドラインと同様とする。

なお、本実務指針は、不動産鑑定士が行う価格等調査業務以外の業務及び不動産鑑定業者(他の業種を兼業している場合を含む。)に所属する不動産鑑定士以外の者が行う業務は対象としていないものの、当該業務の依頼者等に対して、不動産鑑定士が行う価格等調査と誤解されることがないよう留意する必要がある。

3　不動産鑑定評価基準と価格等調査ガイドライン

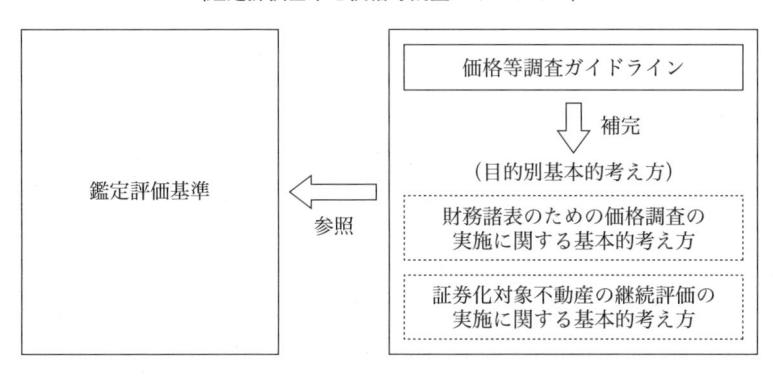

不動産鑑定評価基準(以下「鑑定評価基準」という。)は、不動産の鑑定評価を行うための統一的基準であり、いわば技術的な指針という性格を有している。これに対し価格等調査ガイドラインは、鑑定評価基準に則った鑑定評価であるか否かにかかわらず、価格等調査を行うための業務の実施方法等を示すものであり、いわば手続き的な指針という性格を有していると考えられる。

鑑定評価基準に則らない価格等調査を行う場合には、鑑定評価基準に則った鑑定評価との相違を明確にすることが求められるとともに、一定の範囲で鑑定評価基準に従うことが義務づけられるなど、価格等調査ガイドラインは、鑑定評価基準を参照している場面も多いことから、これら相互の関係に対する十分な理解が必要となる。

〈鑑定評価基準と価格等調査ガイドライン〉

鑑定評価基準	← 参照	価格等調査ガイドライン ↓ 補完 (目的別基本的考え方) 財務諸表のための価格調査の実施に関する基本的考え方 証券化対象不動産の継続評価の実施に関する基本的考え方

4 価格等調査ガイドラインの運用に当たって

価格等調査ガイドラインは、鑑定評価等業務として価格等調査を行う場合に、不動産鑑定士が当該価格等調査の目的と範囲等に関して依頼者との間で確定すべき事項及び成果報告書の記載事項等について定めるものであり、具体的な流れは以下のとおりである。

したがって、同ガイドラインの運用に当たっては、依頼目的、調査価格等が開示される範囲又は公表の有無等を勘案し、どのような価格等調査を行うかを判断することが重要である。

〈価格等調査ガイドラインの運用〉

```
┌─────────────────────────────────────────────────┐
│ 依頼目的、調査価格等が開示される範囲又は公表の有無等を勘案した │
│ 価格等調査の種類の確定                              │
│  ● 鑑定評価基準に則った鑑定評価か、それ以外の価格等調査か      │
└─────────────────────────────────────────────────┘
                        ⇩
┌─────────────────────────────────────────────────┐
│ 価格等調査の種類に応じた価格等調査の基本的事項及び手順の確定     │
│  ● 業務の目的と範囲等を確定・明記した文書等(以下「業務の目的と │
│    範囲等の確定に係る確認書」という。)を契約を締結するまでに依頼 │
│    者へ交付                                       │
│  ● 業務の目的と範囲等に関する成果報告書への記載              │
└─────────────────────────────────────────────────┘
```

5 価格等調査の分類

価格等調査の種類のうち、鑑定評価基準に則らない価格等調査は、鑑定評価基準に従っている程度、成果報告書の記載内容等に応じて様々な形態があるため、これらを網羅的に整理することは困難であるものの、鑑定評価基準に則った鑑定評価を含め、価格等調査を分類すると概ね以下のとおりである。

〈価格等調査の分類〉

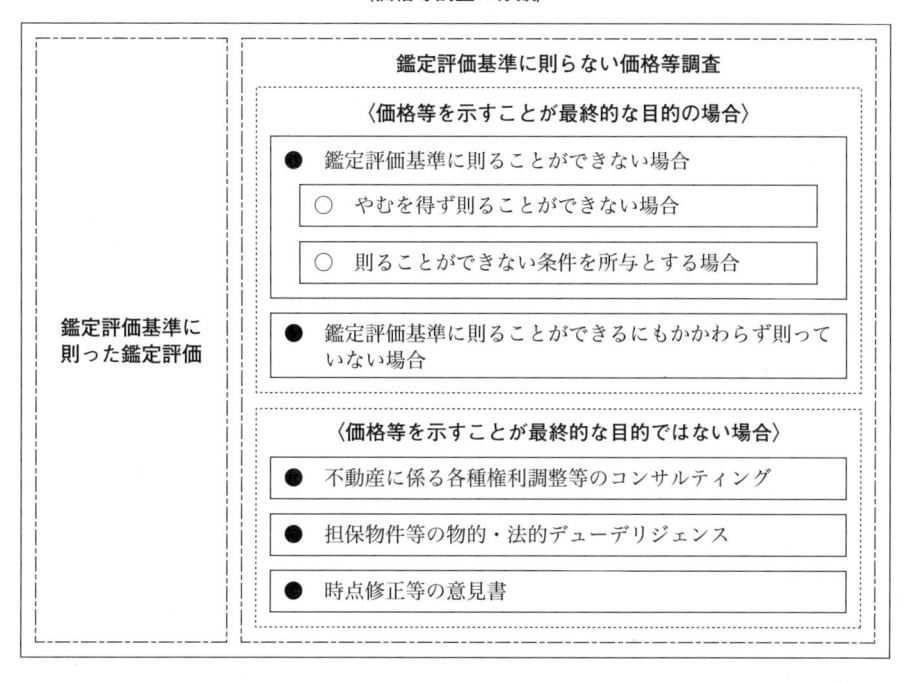

鑑定評価基準に則った鑑定評価	鑑定評価基準に則らない価格等調査
	〈価格等を示すことが最終的な目的の場合〉 ● 鑑定評価基準に則ることができない場合 　○ やむを得ず則ることができない場合 　○ 則ることができない条件を所与とする場合 ● 鑑定評価基準に則ることができるにもかかわらず則っていない場合 〈価格等を示すことが最終的な目的ではない場合〉 ● 不動産に係る各種権利調整等のコンサルティング ● 担保物件等の物的・法的デューデリジェンス ● 時点修正等の意見書

　このように、価格等調査は、鑑定評価基準に則った鑑定評価と鑑定評価基準に則らない価格等調査に大別されるが、この区分は、不動産の鑑定評価に関する法律(以下「鑑定法」という。)第3条第1項の業務(鑑定評価業務)と同条第2項の業務(いわゆる隣接・周辺業務)との区分と一致しているものではなく、鑑定評価基準に則らない価格等調査であっても、同法第2条第1項に定めているとおり「不動産の経済価値を判定し、その結果を価額に表示」している場合には、鑑定法上では鑑定評価業務になることに留意する。

〈(参考)不動産の鑑定評価に関する法律〉

(定義)
第二条　この法律において「不動産の鑑定評価」とは、不動産(土地若しくは建物又はこれらに関する所有権以外の権利をいう。以下同じ。)の経済価値を判定し、その結果を価額に表示することをいう。
　2　この法律において「不動産鑑定業」とは、自ら行うと他人を使用して行うとを問わず、他人の求めに応じ報酬を得て、不動産の鑑定評価を業として行うことをいう。
　3　この法律において「不動産鑑定業者」とは、第二十四条の規定による登録を受けた者をいう。
(不動産鑑定士の業務)
第三条　不動産鑑定士は、不動産の鑑定評価を行う。
　2　不動産鑑定士は、不動産鑑定士の名称を用いて、不動産の客観的価値に作用する諸要因に関して調査若しくは分析を行い、又は不動産の利用、取引若しくは投資に関する相談に応じることを業とすることができる。ただし、他の法律においてその業務を行うことが制限されている事項については、この限りでない。

(1) 鑑定評価基準に則った鑑定評価

価格等調査ガイドラインによれば、「鑑定評価基準に則った」とは、鑑定評価基準の全ての内容に従って行われることをいうとされている。したがって、従来からの実務において「(不動産)鑑定評価書」という名称で発行されていた価格等調査がこれに該当する。

(2) 鑑定評価基準に則らない価格等調査

価格等調査ガイドライン運用上の留意事項「Ⅰ．1．価格等調査ガイドラインの対象とする価格等調査について」によれば、「価格等を示すことを最終的な目的としていなくても、価格等を求め、それを利用して不動産の利用、取引又は投資に関して相談に応じるなど、その業務の過程で価格等を示すものは価格等調査ガイドラインの対象とする価格等調査に含まれる。」とされていることから、鑑定評価基準に則らない価格等調査は、①価格等を示すことが最終的な目的である価格等調査と②価格等を示すことが最終的な目的ではない価格等調査に分かれる。

なお、鑑定評価手法を適用して求めているか否か、単価で示しているか総額で示しているか、単一の価格等で示しているか幅で示しているか等にかかわらず、これらは「価格等を示す」に含まれると考えられる。

① 価格等を示すことが最終的な目的である価格等調査

価格等を示すことが最終的な目的である価格等調査は、a．鑑定評価基準に則ることができない価格等調査と、b．鑑定評価基準に則ることができるにもかかわらず則っていない価格等調査に分けられる。

なお、これらは、鑑定評価基準に従っている程度、成果報告書の記載内容等によって、鑑定評価基準に則った鑑定評価に極めて近い場合もあれば、全く異なっている場合もあるため、鑑定評価基準に則った鑑定評価との相違を明確にしておく必要がある。

a．鑑定評価基準に則ることができない価格等調査

鑑定評価基準に則ることができない価格等調査は、さらに、(a)やむを得ず鑑定評価基準に則ることができない価格等調査と、(b)鑑定評価基準に則ることができない前提条件に基づく価格等調査に分けられる。

(a) やむを得ず鑑定評価基準に則ることができない価格等調査

鑑定評価基準に則ることを要請されているにもかかわらず、実現性、合法性、関係当事者及び第三者の利益を害するおそれがないか等の観点から、やむを得ず妥当と判断できない想定上の条件を付す場合の価格等調査が該当する。

(b) 鑑定評価基準に則ることができない条件を所与とする価格等調査

早期売却市場(特定価格を求める場合を除く。)や特定の資金調達条件を前提とする

など鑑定評価基準に定める価格等の種類と異なる概念の価格等を求める場合や、実現性又は合法性が明確に確認できない想定上の条件を所与とする場合など、鑑定評価基準に則ることができない条件を所与とした場合の価格等調査が該当する。

b．鑑定評価基準に則ることができるにもかかわらず則っていない価格等調査
　　適用可能な鑑定評価手法があるにもかかわらず限定して適用している場合や、土壌汚染やアスベスト等に係る価格形成要因への影響について独自調査を行うことなく考慮外とする場合など、鑑定評価の手順の各段階において、鑑定評価基準に則ることができるにもかかわらず則っていない場合の価格等調査が該当する。

② 価格等を示すことが最終的な目的ではない価格等調査
　　価格等を示すことが最終的な目的ではない価格等調査は、さらに、a．不動産に係る各種権利調整等のコンサルティングの中で価格等が表示される場合、b．担保物件等の物的・法的デューデリジェンスの中で価格等が表示される場合、c．時点修正等の意見書の中で価格等が表示される場合に分けられる。

a．不動産に係る各種権利調整等のコンサルティングの中で価格等が表示される場合
　　共同ビル事業等の権利割合の調査で、権利割合を求める根拠として価格等が表示される場合が該当する。

b．担保物件等の物的・法的デューデリジェンスの中で価格等が表示される場合
　　担保物件、売買物件等の物的・法的デューデリジェンスの中で価格等が表示される場合が該当する。なお、明らかに価格等を示すことが最終的な目的の場合には、前記①に該当することとなる。

c．時点修正等の意見書の中で価格等が表示される場合
　　時点修正率や個別的要因格差率等に関する意見書、セカンドオピニオンやレビューと呼ばれる審査支援業務等の中で価格等が表示される場合が該当する。

6　鑑定評価基準に則らない価格等調査への対応指針

　価格等調査は、本来、鑑定評価基準に則った鑑定評価を行うべきであるが、不動産を取り巻く環境の変化や様々な社会的ニーズにより、必ずしも鑑定評価基準に則らなくてもいい場合もあり、実務上も多く実施されている。
　鑑定評価基準に則らない価格等調査が行われてきた最大の理由としては、時間や報酬等の制約があげられるが、そのレベル感は、鑑定評価基準に従っている程度、成果報告書の記載内容等によって様々な形態がある。

しかしながら、成果報告書がどのように利用され、その結果がどのように依頼者又は依頼者以外の者に影響を及ぼしているかについて、価格等調査の要請があった際に、不動産鑑定業者として必ずしも十分に把握してこなかったとも考えられる。

鑑定評価制度に精通している依頼者を除けば、一般的な依頼者は、不動産鑑定士の名称を用いて行われる価格等調査はいずれも鑑定評価と認識している場合も多いと考えられ、結果として第三者説明用として利用されてきた場合も多かったものと思われる。

したがって、鑑定評価基準に則らない価格等調査を行う場合には、時間や報酬等の制約にかかわらず、以下の点をあらかじめ明確にし、依頼者と合意した上で、適切な価格等調査の基本的事項や手順を定める必要がある。このことは、鑑定評価基準に則った鑑定評価を行う場合であっても同様である。

なお、鑑定評価基準に則らない価格等調査の成果報告書には、調査価格等の近傍に〈鑑定評価基準に則った鑑定評価とは結果が異なる可能性がある旨〉と〈成果報告書に記載された以外の目的での使用及び記載されていない者への調査価格等の開示は想定していない旨〉を記載することについても、併せて依頼者と合意しておく必要がある。

(1) 依頼目的

価格等調査ガイドライン運用上の留意事項「Ⅰ．3．3)公表される第三者又は開示・提出先に大きな影響を与えると判断される場合について」にあるとおり、法令等により鑑定評価基準に則った鑑定評価が義務づけられている場合や、公表される第三者又は開示・提出先に大きな影響を与えると判断される場合もあることから、依頼目的は、鑑定評価基準に則らない価格等調査を行えるか否かを判断するに当たって、極めて重要な事項となる。

したがって、単に「売買」「賃貸借」「担保評価」「資産評価」等形式上の依頼目的のほか、依頼の背景を含めてできる限り詳細に把握する必要がある。

なお、依頼者の事情により、必ずしも詳細な依頼目的が開示されない場合もあるため、その場合には、公表・開示・提出の見込みも含めて慎重に対応する必要がある。

(2) 公表・開示・提出

調査価格等の公表若しくは依頼者以外の者への開示又は成果報告書の依頼者以外の者への提出は、価格等調査の成果が依頼者以外に利用されることを意味するものであることから、鑑定評価基準に則らない価格等調査を行えるか否かを判断するに当たって、極めて重要な事項となる。

また、当初、公表・開示・提出の予定がない場合でも、後日、情報公開請求や訴訟等で公表・開示・提出される場合もあることから、前記(1)の依頼目的と併せて、それらの可能性について、依頼者に確認する必要がある。

特に、価格等調査ガイドラインによれば、鑑定評価基準に則らない価格等調査の場合で、価格等調査終了後に、調査価格等について公表される場合や開示範囲が広がる場合には、当

該公表又は開示の前に依頼者が不動産鑑定業者に文書等を交付することにより、不動産鑑定士の承諾を得る必要があるとされているが、価格等調査の基本的事項や手順の如何によっては、承諾すべきでない場合もあることに留意する。

① 調査価格等の公表
　調査価格等が公表される場合には、依頼者以外の不特定多数の者が当該調査価格等を様々な形で利用することができることとなるが、その基礎となる価格等調査の基本的事項や手順の全てについて公表されることは稀であるため、利用者の判断に大きな影響を与えないと判断できる合理的な理由がない限り、原則として、鑑定評価基準に則った鑑定評価を行うべきである。公表方法を例示すれば、以下のとおりである。
● 財務諸表への注記（会計上の要請の場合）
● 資産運用報告等各種開示資料への掲載（証券化対象不動産の場合）

② 調査価格等の依頼者以外の者への開示
　調査価格等の開示とは、依頼者に提出した成果報告書等（ドラフト等価格等調査作業の過程で提出したものを含む。）を提示し内容を見せることのほか、当該成果報告書等のコピーの提供や当該成果報告書等の内容を依頼者が別途加工して提示することも含まれると考えられる。
　調査価格等が依頼者以外の者へ開示される場合には、開示先の判断に大きな影響を与えないと判断できる合理的な理由がない限り、原則として、鑑定評価基準に則った鑑定評価を行うべきである。
　ただし、価格等調査ガイドラインによれば、開示先が承諾している場合には、鑑定評価基準に則らなくともよいとされているが、当該承諾は、基本的には不動産鑑定士が当該開示先に直接承諾を得る立場になく、依頼者を通じて行うこととなるため、後日の紛争等を避けるためにも、鑑定評価基準に則らないことによるリスク（主として調査価格等へ与える影響の程度）が開示先にも伝わるよう、依頼者に十分説明し、成果報告書へ記載する必要がある。依頼者以外の開示先を例示すれば、以下のとおりである。
● 取引の相手先、親会社（売買、賃貸借等の場合）
● 監査法人又は公認会計士（会計上の要請の場合）
● 監査法人又は公認会計士、弁護士、金融機関、投資家（証券化対象不動産の場合）

③ 成果報告書の依頼者以外の者への提出
　成果報告書を依頼者以外の者へ提出する場合は、一般的に、当該成果報告書が第三者証明用として用いられる場合が多いことから、提出先の判断に大きな影響を与えないと判断できる合理的な理由がない限り、原則として、鑑定評価基準に則った鑑定評価を行うべきである。
　ただし、価格等調査ガイドラインによれば、提出先が承諾している場合には、鑑定評価基

準に則らなくともいいとされているが、当該承諾は、基本的には不動産鑑定士が当該提出先に直接承諾を得る立場になく、依頼者を通じて行うこととなるため、後日の紛争等を避けるためにも、鑑定評価基準に則らないことによるリスク(主として調査価格等へ与える影響の程度)が提出先にも伝わるよう、依頼者に十分説明し、成果報告書へ記載する必要がある。

依頼者以外の提出先を例示すれば、以下のとおりである。
- 取引の相手先、親会社(売買、賃貸者等の場合)
- 親会社(会計上の要請の場合)
- 税務署(売買、賃貸借等に係る税務証明の場合)
- 裁判所(訴訟の場合)
- 管財人又は弁護士、債権者(会社更生法、民事再生法等の場合)
- 債権者(金融機関、ゼネコン等)(担保評価の場合)
- 金融機関、投資家(証券化対象不動産の場合)

(3) 鑑定評価基準に則らない理由

鑑定評価基準に則らない価格等調査を行う場合には、前記(1)、(2)を踏まえて、鑑定評価基準に則らない理由が明確である必要がある。価格等調査ガイドライン「Ⅰ.4. 不動産鑑定評価基準に則った鑑定評価とそれ以外の価格等調査の峻別等」の①から⑤のそれぞれについて、鑑定評価基準に則らない理由の具体例を例示すれば、次のとおりである。

なお、鑑定評価基準に則らない理由は、以下の場合に限られないことから、案件に即して適切に判断する必要がある。

① **内部における使用にとどまるため**

一概に内部における使用といっても、概略の価格水準を把握できればよい場合もあれば、重要な資産の取引等にかかる意志決定の資料として使用される場合もあるなど、その使用方法は様々であるため、依頼目的を勘案の上、鑑定評価基準に則らないことによるリスク(主として調査価格等へ与える影響の程度)が、依頼者の内部の使用にどのような影響を与えるかについて慎重に判断する必要がある。

なお、内部における使用にとどまる場合とは、調査価格等や成果報告書が依頼者以外へ開示されない場合であるが、外部監査人、顧問弁護士等当然に依頼者内部の情報を知りうる立場の者に開示される場合には、内部利用に準じて取扱うことができるとされている。ただし、このような場合であっても依頼者以外の者への開示先(予定を含む。)として、あらかじめ確認しておく必要がある。
- 売買、賃貸借等に係る内部検討資料のため
- 担保評価の支援のため

② **鑑定評価基準に則ることができないため**

鑑定評価基準に則ることができない場合として、a．やむを得ず鑑定評価基準に則ることができない場合と、b．鑑定評価基準に則ることができない前提条件に基づく場合に分けられる。

a．やむを得ず鑑定評価基準に則ることができない場合

やむを得ず鑑定評価基準に則ることができない場合は、極めて限定的なものである。なお、この場合には、鑑定評価基準に則った鑑定評価に準じたものとして取扱うことができると考えられる。

● 価格等調査の時点において、現在造成工事中又は建築工事中の工事が完了したものとしての価格等調査であるが、検査済証の交付又は仮使用の承認を得ていないため。

b．鑑定評価基準に則ることができない前提条件に基づく場合

鑑定評価基準に則ることができない前提条件に基づく場合は、一般的に、実現性又は合法性が確認できず、また、関係当事者及び第三者の利益を害するおそれがある場合も多いことから、このような場合の価格等調査は、原則として、内部の使用にとどまる場合に限定すべきである。

● 価格等調査の時点において、提示の計画どおり、当該造成工事又は建築工事が完了したものとしての価格等調査であるが、当該造成工事又は建築工事が未着手であり、かつ、開発許可又は建築確認等行政上の手続きも未了であることから、実現性・合法性が確認できないため。

● 早期売却を前提とした価格を求めるため（特定価格を求める場合を除く）。

③ **公表・開示・提出される第三者の判断に大きな影響を及ぼさないため**

価格等調査ガイドライン運用上の留意事項「Ⅰ．3．3）公表される第三者又は開示・提出先に大きな影響を与えると判断される場合について」に記載されている場合以外で、公表・開示・提出される第三者の判断に大きな影響を及ぼさないかどうかを、不動産鑑定士が判断することは一般的には困難な場合が多いと考えられるので、当該判断は、依頼者による判断を踏まえて検討する必要がある。

● 企業会計上重要性が乏しいと判断された資産であるため。

④ **開示・提出先の承諾が得られているため（ただし、公表されない場合に限る。）**

開示・提出先の承諾が得られている場合であっても、依頼目的を勘案の上、鑑定評価基準に則らないことによるリスク（主として調査価格等へ与える影響の程度）が、開示・提出先の判断にどのような影響を与えるかについて慎重に判断する必要がある。

● 取引予定先との打合せの参考資料の位置づけにとどまり、概ねの価格水準を把握することが目的であるため。

⑤ 依頼目的、開示範囲又は公表の有無等を勘案した合理的な理由があるため

　公表・開示・提出される場合であって、かつ、鑑定評価基準に則ることができるにもかかわらず、鑑定評価基準に則らない価格等調査を行うことができる合理的理由は、価格等調査ガイドライン運用上の留意事項「Ⅰ．3．4)「Ⅱ．2．依頼目的、調査価格等が開示される範囲又は公表の有無」等を勘案して合理的な理由がある場合について」にある場合や、「財務諸表のための価格調査の実施に関する基本的考え方」、「証券化対象不動産の継続評価の実施に関する基本的考え方」に従っている場合などに限定されると考えられる。

　基本的考え方
- 昨年行った鑑定評価の再評価であり、価格形成要因に重要な変化がないため。
- 国土交通省が定める「財務諸表のための価格調査の実施に関する基本的考え方」に従っているため。
- 国土交通省が定める「証券化対象不動産の継続評価の実施に関する基本的考え方」に従っているため。

7　業務の目的と範囲等の確定に係る確認書の交付

　業務の目的と範囲等については、契約の締結までに必ずしも全ての内容を確定できるとは限らず、現地調査等を踏まえ変更になる場合も多いことから、成果報告書の交付までに最終的な変更後の「業務の目的と範囲等の確定に係る確認書」を再交付することとなる。

　なお、契約の締結までに交付する「業務の目的と範囲等の確定に係る確認書」は、その内容が、一般的な業務委託契約で定める事項も含まれていることから、原則として、契約書面の取り交わしと同時に行うべきである。

　「業務の目的と範囲等の確定に係る確認書」交付の流れは、概ね以下のとおりである。

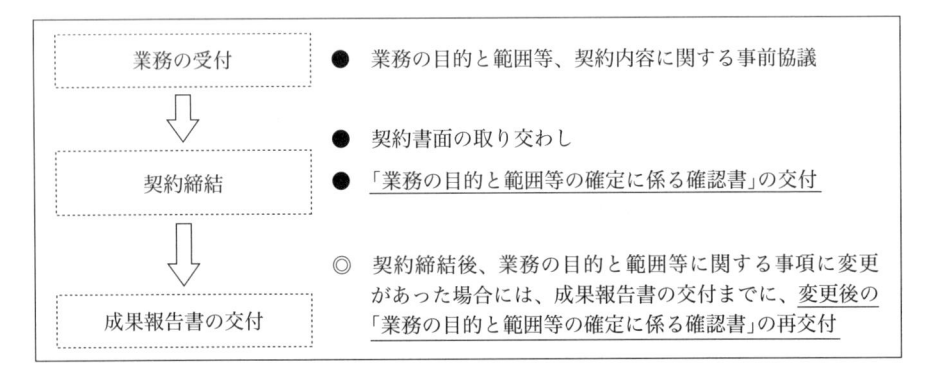

〈「業務の目的と範囲等の確定に係る確認書」交付の流れ〉

業務の受付	● 業務の目的と範囲等、契約内容に関する事前協議
↓	
契約締結	● 契約書面の取り交わし ● 「業務の目的と範囲等の確定に係る確認書」の交付
↓	
成果報告書の交付	◎ 契約締結後、業務の目的と範囲等に関する事項に変更があった場合には、成果報告書の交付までに、変更後の「業務の目的と範囲等の確定に係る確認書」の再交付

8　鑑定評価基準に則らない価格等調査を行う場合の成果報告書の対応指針

　鑑定評価基準に則らない価格等調査を行う場合の成果報告書は、依頼者又は開示・提出先に誤解を与えないよう、鑑定評価基準に則った鑑定評価を行った場合の成果報告書との違いを明確にする必要がある。

　鑑定評価基準に則らない価格等調査を行う場合の成果報告書の記載内容は、鑑定評価基準に従っている程度に応じて様々な形態が想定されるため、網羅的にそれらの対応指針について示すことは困難であるが、鑑定評価基準に則った鑑定評価との違いを明確にすべき主なものをあげれば、以下のとおりである。

(1)　成果報告書のタイトル

　鑑定評価基準に則らない価格等調査であっても、「対象不動産の経済価値を判定し、その結果を価額に表示」している場合には、鑑定法上では鑑定評価業務となることから、その場合の成果報告書は、名称の如何にかかわらず鑑定法第39条第1項の鑑定評価書の取扱いとなる。

　しかしながら、従来からの実務慣行上は、鑑定評価基準に則った鑑定評価を行った場合の成果報告書のタイトルを「(不動産)鑑定評価書」としていた場合が通例であったことから、当該実務慣行を踏襲し、鑑定評価基準に則らない価格等調査の成果報告書については、「(不動産)鑑定評価書」との違いを明確するために、成果報告書のタイトルには「鑑定」又は「評価」という用語を用いた「(不動産)鑑定評価書」に類似した書面の名称(「鑑定調査書」、「価格評価書」、「簡易鑑定書」、「概算評価書」等)を用いず、「(調査件名付)調査報告書」、「価格調査書」、「意見書」等のタイトルにすることとする。

(2)　調査価格等の表題

　「(不動産)鑑定評価書」における調査価格等の表示である「鑑定評価額　○○○円」との違いを明確するために、調査価格等の表題には「鑑定」又は「評価」という用語を用いた「鑑定評価額」に類似した名称(「鑑定調査額」、「価格評価額」、「簡易鑑定額」、「概算評価額」等)を用いず、「調査価格」、「調査価額」、「意見価格」等の表題とするものとする。

　なお、価格等調査ガイドラインによれば、調査価格等の近傍に〈鑑定評価基準に則った鑑定評価とは結果が異なる可能性がある旨〉と〈成果報告書に記載された以外の目的での使用及び記載されていない者への調査価格等の開示は想定していない旨〉を記載することが義務づけられている。

(3)　価格等の種類

　鑑定評価基準で定義付けされた価格等の種類に基づく調査価格等を適正に示すには、鑑定評価基準に則る必要があることから、鑑定評価基準に則らない価格等調査においては「正常

価格」「特定価格」等の用語を用いずに、「収益還元法により算出した価格」など、どのような方法で価格等を求めるのかについて記載するものとする。

ただし、鑑定評価基準に則ることを要請されているにもかかわらず、やむを得ず鑑定評価基準に則ることができない場合は、鑑定評価基準に則った鑑定評価に準じたものとして考えられるため、鑑定評価基準で定義付けされた価格等の種類を用いることができるものとする。

(4) 鑑定評価基準との主な相違点及び当該相違の合理的な理由

価格等調査ガイドラインによれば、成果報告書には、鑑定評価基準に定める「基本的事項」及び「鑑定評価の手順」との主な相違点と依頼目的、調査価格等が開示される範囲又は公表の有無等に照らした当該相違の合理的な理由の記載が義務づけられている。

この、「当該相違の合理的な理由」は、鑑定評価基準に則らないことによるリスク(主として調査価格等へ与える影響の程度)を依頼者又は開示・提出先が負うことが認識されているかという観点から、案件に即して記載する必要がある。

(5) 成果報告書の記載内容

一般的に、報酬の如何によって成果報告書の記載内容が異なる傾向にあることから、後日の紛争等を避けるためにも、鑑定評価基準に定める鑑定評価報告書の記載事項との相違を含め、業務開始前に、成果報告書のアウトプットイメージを依頼者に提示の上、その内容の確認をとることが望ましい。

なお、鑑定評価基準に則らない価格等調査であっても、鑑定法上の鑑定評価に該当する場合の成果報告書の記載事項は、鑑定法第39条第1項に基づく同法施行規則第38条の記載事項(以下「法定記載事項」という。)に最低限従う必要があるが、価格等調査ガイドラインに定める成果報告書の記載事項に従っていれば、実質的には法定記載事項を満たすことになると考えられる。

〈(参考)不動産の鑑定評価に関する法律施行規則〉

(鑑定評価書の記載事項等)
第三十八条　法第三十九条第一項に規定する国土交通省令で定める事項は、次の各号に掲げるものとする。
1　その不動産の鑑定評価の対象となつた土地若しくは建物又はこれらに関する所有権以外の権利(以下この条において「対象不動産等」という。)の表示
2　依頼目的その他その不動産の鑑定評価の条件となつた事項
3　対象不動産等について、鑑定評価額の決定の基準とした年月日及びその不動産の鑑定評価を行なつた年月日
4　鑑定評価額の決定の理由の要旨
5　その不動産の鑑定評価に関与した不動産鑑定士の対象不動産等に関する利害関係又は対象不動産等に関し利害関係を有する者との縁故若しくは特別の利害関係の有無及びその内容

〈(参考)価格等調査ガイドラインによる成果報告書への記載事項(項目のみ)〉

1. 調査価格等
2. 依頼者及び成果報告書の提出先
3. 依頼目的、調査価格等が開示される範囲又は公表の有無等
4. 価格等調査の基本的事項
5. 価格等調査の手順
6. 価格等調査を行った年月日
7. 利害関係等
8. 価格等調査に関与した不動産鑑定士の氏名

(6) 成果報告書への署名押印

鑑定評価基準に則っているか否かにかかわらず、鑑定法上の鑑定評価に該当する価格等調査の成果報告書には、同法第39条第2項に従い、当該価格等調査に関与した不動産鑑定士が署名押印しなければならないことに留意する。

9 価格等調査に関与した不動産鑑定士について

価格等調査に関与した不動産鑑定士(以下「関与不動産鑑定士」という。)は、以下のとおり分類される(不動産鑑定士の役割分担については「不動産鑑定士の役割分担等及び不動産鑑定業者の業務提携に関する業務指針」参照)。

なお、確定担当不動産鑑定士と作成担当不動産鑑定士は、価格等調査ガイドライン上の役割分担の違いによる区分であり、当該名称を成果報告書で記載することが義務づけられているものではない。

(1) 確定担当不動産鑑定士

確定担当不動産鑑定士は、業務の目的と範囲等を確定する不動産鑑定士であることから、実務上は「業務の目的と範囲等の確定に係る確認書」の内容を確定することとなる。

一般的に、業務の目的と範囲等の確定は、価格等調査に係る業務の受付事務を通じて行われることとなるため、受付事務を行う不動産鑑定士が業務の目的と範囲等を確定する場合には、当然に確定担当不動産鑑定士となる。

一方、当該受付事務は、必ずしも確定担当不動産鑑定士が行うとは限らないことから、その場合に当該受付事務を行う者は、確定担当不動産鑑定士を通して業務の目的と範囲等を確定することとなる。

(2) 作成担当不動産鑑定士

作成担当不動産鑑定士とは、成果報告書の作成を担当する不動産鑑定士であり、確定担当不動産鑑定士と同一の場合もあればそうでない場合もある。また、1人の場合もあれば複数の場合もある。

なお、価格等調査ガイドラインによれば、価格等調査終了後公表されることとなる場合や

開示範囲が拡大する場合には作成担当不動産鑑定士の承諾が必要とされているが、複数の作成担当不動産鑑定士が関与している場合には、いずれか1人の承諾があればいいものとする。

(3) その他の関与不動産鑑定士

上記(1)、(2)のほかに、総括不動産鑑定士や価格等調査の一部に関与する不動産鑑定士が想定される。

なお、総括不動産鑑定士が、確定担当不動産鑑定士や作成担当不動産鑑定士となる場合もある。

10 適用時期

本実務指針は、平成22年1月1日以降に契約を締結する価格等調査業務から適用する。ただし、当該日以前から適用することを妨げない。

以　上

不動産鑑定業者の業務実施態勢に関する業務指針

社団法人 日本不動産鑑定協会

㈳日本不動産鑑定協会の許可なく、複写転載等を禁じます

目 次

1 目的 ……………………………………………………………………… 219
2 適用範囲及び定義 ……………………………………………………… 219
3 本業務指針の構成 ……………………………………………………… 219
4 業務実施全般 …………………………………………………………… 219
5 価格等調査業務の受託 ………………………………………………… 220
6 価格等調査業務の実施 ………………………………………………… 220
7 品質管理 ………………………………………………………………… 221
8 情報管理 ………………………………………………………………… 221
9 適用時期 ………………………………………………………………… 222

〈別紙1〉業務過程における本業務指針の構成 ………………………… 223
〈別紙2〉受託審査項目例 ………………………………………………… 224
〈別紙3〉成果報告書等審査項目(例示) ………………………………… 225

1 目的

鑑定評価等業務(不動産の鑑定評価に関する法律第3条第1項又は第2項の業務をいう。以下同じ。)の結果が依頼者以外の広範囲の者に影響を及ぼすことにかんがみ、一層の透明性・信頼性を確保するために不動産鑑定士のみならず不動産鑑定業者の組織としての態勢作りを行うことが求められている。

本業務指針は、不動産鑑定士が鑑定評価等業務を行うに際し、当該不動産鑑定士が所属する不動産鑑定業者の業務実施態勢に関する基本的事項を定め、業務を円滑かつ適切に行い、透明性・信頼性向上を目指すための業務上の指針として示すものである。

2 適用範囲及び定義

本業務指針は、鑑定評価等業務全般を対象範囲とすべきであるが、社会の状況にかんがみ、当面の間は証券化対象不動産又は財務諸表の作成に利用される目的[※1]の価格等調査業務(国土交通省が定めた「不動産鑑定士が不動産に関する価格等調査を行う場合の業務の目的と範囲等の確定及び成果報告書の記載事項に関するガイドライン」(以下「価格等調査ガイドライン」という。)に基づく価格等調査に関する業務をいう。以下同じ。)を行う場合に適用する。

なお、他の不動産鑑定業者が依頼者から受託した価格等調査業務を当該他の不動産鑑定業者から再受託する業務を行う場合については、本業務指針は適用しない。ただし、必要に応じ、本業務指針に準じた措置を取るよう努めるものとする。

また、本業務指針における用語の定義は「価格等調査ガイドライン」によるものとする。

3 本業務指針の構成

本業務指針は価格等調査業務の過程等に照応して、以下の区分に応じた指針から構成される(別紙1「業務過程における本業務指針の構成」参照)。
 (1) 業務実施全般
 (2) 価格等調査業務の受託
 (3) 価格等調査業務の実施
 (4) 品質管理
 (5) 情報管理

4 業務実施全般

 (1) 不動産鑑定業者は、法令等及び不動産鑑定評価基準等[※2]に従って、全ての業務が適切に実施されるように、業務実施の過程に応じて方針と手続を適切に策定し、実行

---

[1] 財務諸表の作成に利用される目的の業務とは、国土交通省が定めた「財務諸表のための価格調査の実施に関する基本的考え方」の「Ⅱ．適用範囲」の定義による業務を指す。
[2] 不動産鑑定評価基準運用上の留意事項、価格等調査ガイドライン、日本不動産鑑定協会の策定した実務指針等

する必要がある。
(2) 不動産鑑定業者における業務を行うに当たっては、役員・職員・臨時雇用者(アルバイト・パート雇用者)・派遣職員等(以下「職員等」という。)に対し、策定された方針と手続きを厳正に遵守させなければならない。
(3) 不動産鑑定業者は、策定された方針と手続きを職員等に適切かつ適時に周知しなければならない。そのためには、不動産鑑定業者は、業務実施等の方針と手続きに関する規程・マニュアル等[※3]を必要に応じて文書化して定めるものとする。
(4) 業務実施等の方針と手続き及び文書化の程度は、個々不動産鑑定業者の規模等の組織体制等に応じて異なるものであり、適切に行うものとする。
(5) 不動産鑑定業者は、業務実施等の方針・手続き等の実施状況について、効果的に運用されているか否かを確認し、必要に応じて変更又は改善を行うものとする。

5 価格等調査業務の受託

(1) 業務の受託に当たっては、不動産鑑定業者として行うことが適切な業務であるかを、原則として受付担当者[※4]以外の者が審査し、不適切と判断されるものは業務を謝絶するものとする。
(2) 受託審査に当たっては、あらかじめ文書化された基準[※5]を定めることとし、それにより受託の適否を判定する。
(3) 受託審査において適切と認められた場合には、定められた書面により依頼者との間で契約を取り交わして、契約の締結までに確定担当不動産鑑定士により確定された業務の目的と範囲等を明記した文書等(「確認書」)を交付するものとする。
(4) 業務報酬については、その基準をあらかじめ定めておき、依頼者等に明示することが望ましい。また、場合によっては見積書の発行等も行うこととする。

6 価格等調査業務の実施

(1) 価格等調査業務の実施は、関与不動産鑑定士等(業務に携わる全ての職員等を含む。)が業務内容に応じて定められた方針・手続き・マニュアル等に従って行うものとする。この方針・手続き・マニュアル等は鑑定評価の手順等における全ての業務実施過程を対象とする。
(2) 上記方針等のほか、価格等調査業務の実施において必要となる適切な資料の収集・整理・利用については、日頃から組織として行えるよう方針・手続きを策定する。

---

[3] 職務規程、業務処理マニュアル等が考えられる。
[4] 受付担当者は、必ずしも確定担当不動産鑑定士とは限らない。その場合には、業務の目的と範囲等の確定は、確定担当不動産鑑定士を通して行うこととなる。
[5] 文書化された例示として別紙2のようなものが考えられる。

(3) 総括不動産鑑定士を置く場合には、総括不動産鑑定士は「不動産鑑定士の役割分担等及び不動産鑑定業者の業務提携に関する業務指針」に規定する業務[6]を行うものとする。

(4) 価格等調査業務の実施等に必要な人員・期間等を確保するとともに、当該業務[7]に関わるすべての不動産鑑定士の独立を保てる態勢を構築する。

(5) 業務提携にて業務を行う場合には、この業務指針のほか「不動産鑑定士の役割分担等及び不動産鑑定業者の業務提携に関する業務指針」に従うものとする。

(6) 業務受託後に依頼者等から成果報告書の提出に先がけて価格等の提示を求められた場合には、あらかじめ定められた手続きに従って対応するものとする。ただし、前提条件や資料が整わない段階における価格等の提示要請に対しては十分な留意が必要である。

7 品質管理

(1) 個々の業務における成果報告書の質を維持・向上させるために、署名不動産鑑定士は当該対象不動産の価格等調査を行う責任者として、不動産鑑定業者が定める価格等調査業務の実施に係る方針と手続きに従うものとする。

(2) 価格等調査業務実施に係るもののほか、業務内容に応じた報告書審査等に対する方針・手続きをあらかじめ策定するとともに、併せて態勢を整備するものとする。

(3) 上記(2)の方針・手続きに定めるべき報告書審査は、署名不動産鑑定士以外の不動産鑑定士1名以上(この場合の審査鑑定士を報告書審査鑑定士という。)が担当することとし、報告書審査の項目等[8]は前項により定めた内容によることとする。

8 情報管理

(1) 不動産鑑定業者内における業務情報(媒体を問わない)は原則業者外秘として、情報管理責任者を定め、情報を保護するための方針・手続き[9]を定めることとする。

(2) 鑑定部門における他業種部門との独立性を維持するために、物理的区画・情報アクセス管理等の必要な態勢等を講じるものとする。

(3) 業務において知り得た上場会社等に関する重要事実を用いて、それらの公表前に特定有価証券等の売買等[10]を行わないように必要な措置[11]を講じるものとする。

---

[6] 総括不動産鑑定士は、依頼者に提出する鑑定評価書について、作成に係る複数の不動産鑑定士を指揮するとともに、鑑定評価の結果を検証することを主たる業務とする。

[7] 価格等調査業務の核となる主たる部分に該当するか否かを問わない。

[8] 報告書審査項目の例示として別紙3のようなものが考えられる。

[9] 情報セキュリティ規程、文書管理規程の規程や指針等が考えられる。

[10] 「特定有価証券等の売買等」とは、金商法第163条及び第166条の定義により、株券・社債券・優先出資証券・優先出資受権証書・新株予約権証券・カバードワラント・他社株償還条項付債(EB債)等に係る売買、その他の有償の譲渡、若しくは譲受け又はデリバティブ取引をいう。

[11] インサイダー取引防止規程等が考えられる。

(4) 不動産鑑定業者及び不動産鑑定士の対象不動産に関する利害関係又は依頼者及び開示・提出先との関係を明確にするためにも、個人情報保護に十分留意しつつ職員等に必要な報告を日頃から求めておく等、適切な方針・手続きを策定する。

9 適用時期

本業務指針は、平成22年1月1日以降に契約を締結する証券化対象不動産又は財務諸表の作成に利用される目的の価格等調査業務から適用する。ただし、当該日以前から適用することを妨げない。

以 上

不動産鑑定業者の業務実施態勢に関する業務指針

(別紙1) 業務過程における本業務指針の構成

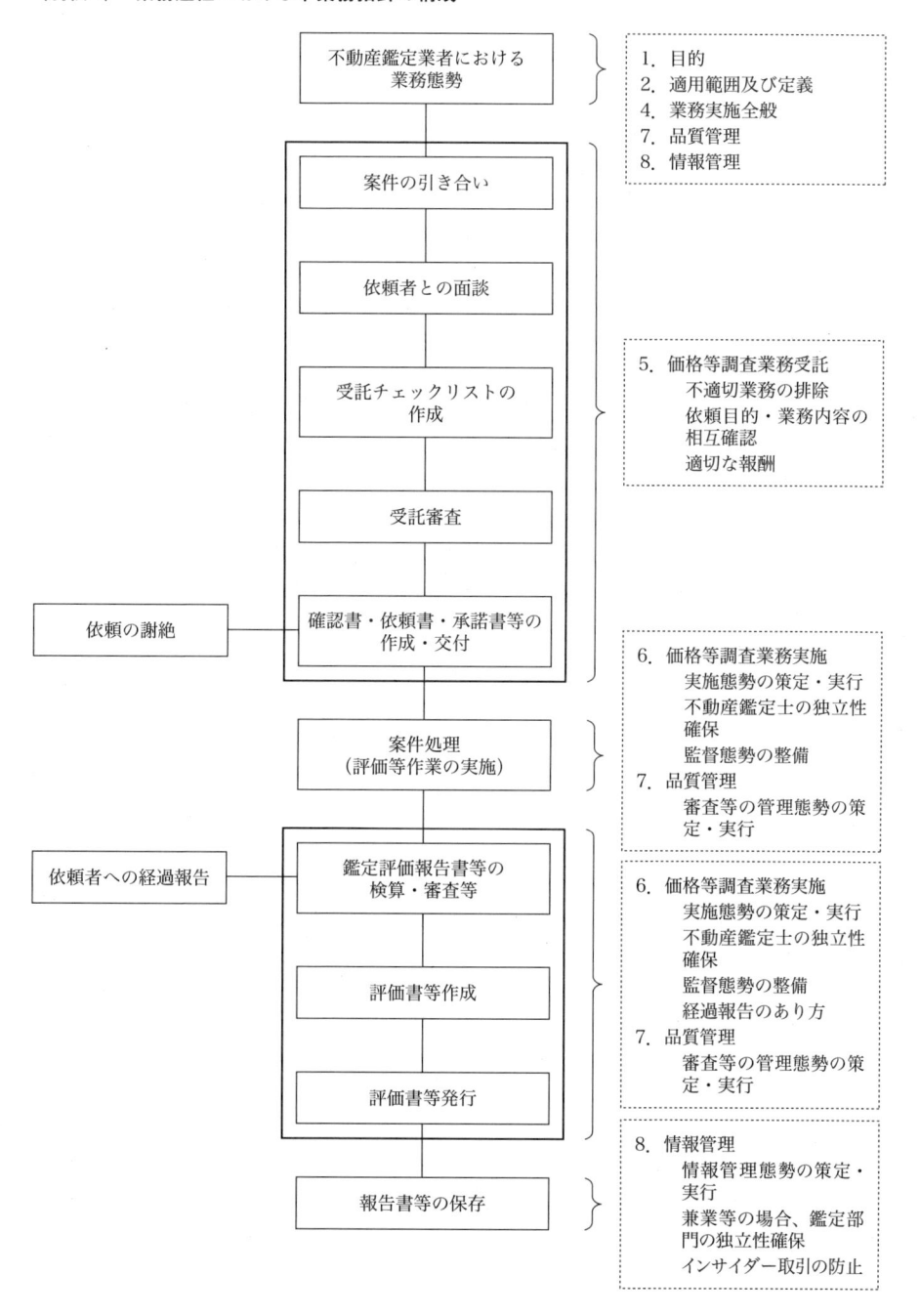

```
不動産鑑定業者における     ┐  1. 目的
     業務態勢              │  2. 適用範囲及び定義
                          ├  4. 業務実施全般
                          │  7. 品質管理
                          ┘  8. 情報管理

    案件の引き合い         ┐
                          │
    依頼者との面談         │
                          │  5. 価格等調査業務受託
                          │     不適切業務の排除
    受託チェックリストの   ├     依頼目的・業務内容の
         作成              │       相互確認
                          │     適切な報酬
      受託審査             │

依頼の謝絶 ─── 確認書・依頼書・承諾書等の
              作成・交付   ┘

                          ┐  6. 価格等調査業務実施
     案件処理              │     実施態勢の策定・実行
  (評価等作業の実施)       ├     不動産鑑定士の独立性
                          │       確保
                          ┘     監督態勢の整備
                             7. 品質管理
                                審査等の管理態勢の策
                                定・実行

                          ┐  6. 価格等調査業務実施
依頼者への経過報告─鑑定評価報告書等の│     実施態勢の策定・実行
              検算・審査等 │     不動産鑑定士の独立性
                          ├       確保
     評価書等作成         │     監督態勢の整備
                          │     経過報告のあり方
                          │  7. 品質管理
     評価書等発行         ┘     審査等の管理態勢の策
                                定・実行

                          ┐  8. 情報管理
    報告書等の保存        ├     情報管理態勢の策定・
                          ┘       実行
                                兼業等の場合、鑑定部
                                門の独立性確保
                                インサイダー取引の防止
```

(別紙2) 受託審査項目例

1. 受託する業務内容の適否	
①不動産鑑定業者として行うことが適当な業務である	☐
②当該区分（※）・類型として行うことが適当な業務である	☐
③無理なく実施できる業務である	☐
④他の専門家の協力を必要としない業務である	☐
⑤他の専門家の協力を必要とする場合、その協力を得ることができる	☐
⑥不当に依頼を誘引することなく受託している	☐
⑦対象不動産等の価格その他判断内容等について、依頼者等から不正な指示を受けることなく受託している	☐
⑧依頼者等との間に縁故または特別な利害関係等はなく、公平な価格等調査を害する恐れのない業務である	☐
⑨対象不動産に関して特別な利害関係等はなく、公平な価格等調査を害する恐れのない業務である	☐
⑩その他不動産鑑定業者としての社会的信頼を損なう危険等のない業務である	☐
（※）鑑定評価基準に則ったものか否かの区分	☐
2. 報酬の適否	
①報酬基準等に従った説明を行った	☐
②不当なダンピング等のない報酬となっている	☐
③報酬基準等に定められた報酬以外の不正な金品等の授受が行われることなく受託している	☐
3. （報酬以外の）依頼者への説明の適否	
①業務の性格（鑑定評価基準に則る鑑定評価であるか否か等）の説明を行った	☐
②業務の具体的な状況を明示し、了解された	☐
③鑑定評価基準に則った鑑定評価業務以外の受託に際しては、鑑定評価基準に則った鑑定評価との相違及び業務の実施方法等の必要な事項の説明を行った	☐

(別紙3) 成果報告書等審査項目（例示）

成果報告書審査項目		審査担当鑑定士	作成担当鑑定士
1. 対象不動産及び調査価格等	①鑑定評価基準に則らない場合、鑑定評価基準に則った鑑定評価とは結果が異なる可能性がある旨の記載があるか	□	□
	②鑑定評価基準に則らない場合、目的外使用・範囲外開示等を想定していない旨の記載はあるか	□	□
	③調査価格等（鑑定評価額等）に転記ミス、誤記（桁違い）はないか	□	□
	④対象不動産の漏れはないか（依頼書・確認書・登記簿と整合しているか）	□	□
	⑤開示範囲・公表の有無等の記載は適切か（依頼書・確認書との整合）	□	□
2. 基本的な事項	①不動産の種別・類型、価格・賃料の種類は適切か	□	□
	②条件は実現性、合法性、関係当事者及び第三者の利益を害さず、過不足なく、適切に付されているか	□	□
	③価格等調査の価格時点は適切か（実査日、価格等調査を行った日、発行日との整合性等依頼書との照合）	□	□
	④価格等調査の鑑定評価との相違点・妥当性の根拠の記載があるか	□	□
3. 対象不動産の確認	①物的確認、権利の確認、賃貸借契約内容の確認に問題はないか	□	□
	②採用数量の妥当性（確認資料との照合）	□	□
4. 価格形成要因の分析	①市場分析は適切か（他の地域・用途の分析が記載されていないか）	□	□
	②対象不動産の行政的規制の記載に誤りはなく、適切か	□	□
	③土壌汚染・アスベスト・地下埋設物等の有無に係る判断・記載内容は適切か	□	□
	④画地条件の記載に誤りはなく、適切か	□	□
	⑤土地建物一体としての市場性の分析は適切か（手法適用の整合性）	□	□
	⑥土地、建物及びその敷地の最有効使用は適切か	□	□
	⑦都市計画図（用途地域・容積率等）・要因資料・ERとの照合	□	□
5. 査定等	①価格等調査の方針はガイドライン・鑑定評価基準・確認書に照らし、必要十分な手法を適用しているか	□	□
	②手法不適用の理由は適切に記載されているか	□	□
	③価格査定において価格形成要因に係る説明は十分か、査定数値は適切か	□	□
	④DCF法において、収支変動の根拠説明、貸室等稼働率と水光費との関係、建物公租公課の経年減価は適切か	□	□
	⑤還元利回り・割引率・最終還元利回り、投下資本収益率、期待利回り等各種利回りは整合性が保たれ適切か	□	□
	⑥土地残余法の想定建物、開発法の開発計画は適切か（CADを適用すべき案件は、適切に適用又は外注しているか）	□	□
	⑦査定ファイル等及び本文の加減乗除の再計算	□	□
	⑧査定ファイル及び要因資料との照合	□	□
	⑨本文と別表の照合	□	□
6. 調査価格等の決定	①試算価格の再吟味及び説得力に係る判断が適切に行われているか	□	□
	②各試算価格の開差の理由及び調査価格等の決定説明は適切か	□	□
7. その他	①公示地、基準地の記載内容と官報・公報との照合	□	□
	②ERとの照合	□	□
	③確認資料・要因資料・査定ファイルとの照合	□	□

成果報告書発行時の確認項目	成果報告書の内容確認	業者最終確認者	作成担当鑑定士
	①原稿等の修正箇所は正しく反映されているか	□	□
	②誤字・脱字等はないか	□	□
	③落丁・誤綴り等はないか	□	□
	④附属資料の内容は適切か	□	□
	⑤記名鑑定士名の記載、署名鑑定士の署名はあるか	□	□
	⑥業者印・鑑定士印は押印されているか	□	□

	依頼書等の確認	業者最終確認者	確定担当鑑定士	作成担当鑑定士
	①正式な依頼書を受領済みか	□	□	
	②確認書・修正確認書は提出済みか	□	□	

不動産鑑定士の役割分担等及び不動産鑑定業者の業務提携に関する業務指針

社団法人 日本不動産鑑定協会

㈳日本不動産鑑定協会の許可なく、複写転載等を禁じます

目　次

1　目的 …………………………………………………………………………… 229
2　適用範囲 ……………………………………………………………………… 229
3　不動産鑑定士の役割分担と署名義務 ……………………………………… 229
4　不動産鑑定業者と不動産鑑定士の責任分担(原則) ……………………… 230
5　署名不動産鑑定士、記名不動産鑑定士が担当する業務 ………………… 231
　(1)総括不動産鑑定士以外の署名不動産鑑定士が担当する業務 ………… 231
　(2)総括不動産鑑定士が担当する業務 ……………………………………… 232
　(3)記名不動産鑑定士が担当する業務 ……………………………………… 232
6　一括再委託の制限 …………………………………………………………… 233
7　業務提携の方法 ……………………………………………………………… 233
　(1)縦分業型業務提携 ………………………………………………………… 233
　(2)横分業型業務提携 ………………………………………………………… 233
　(3)複合型業務提携 …………………………………………………………… 234
8　依頼者への事前説明 ………………………………………………………… 234
9　業務提携に係る契約書面の取り交わし …………………………………… 234
10　適用時期 ……………………………………………………………………… 234

〈別紙1〉不動産鑑定評価書作成業務の手順と業務分担 ……………………… 235
〈別紙2〉不動産鑑定士等の役割分担(業務提携の場合の例示) ……………… 236

1 目 的

本業務指針は、不動産鑑定士の役割分担及び不動産鑑定士と不動産鑑定業者の責任分担を整理し、また、不動産鑑定業者が他の不動産鑑定業者又は専門家と提携して、鑑定評価業務(不動産の鑑定評価に関する法律(以下「鑑定法」という。)第3条第1項の業務をいう。以下同じ。)を行う場合の業務上の指針として示すものである。

2 適用範囲

本業務指針の適用範囲は、当分の間、鑑定評価業務を行う場合とするが、鑑定評価以外の業務(鑑定法第3条第2項の業務をいう。)についても、可能な限り本業務指針を準用して適用することが望ましい。

3 不動産鑑定士の役割分担と署名義務

鑑定法第39条第2項において、「鑑定評価書には、その不動産の鑑定評価に関与[※1]した不動産鑑定士がその資格を表示して署名押印しなければならない。」とされている。

鑑定評価を行うに当たっては、依頼を受けた不動産鑑定業者が単独で業務を行うほか、他の不動産鑑定業者や専門家と提携して業務を行う場合があるので、鑑定評価書の作成に係わる者が、鑑定評価の核となる主たる部分に携わっているか否か、すなわち関与しているか否かにかかわらず、その役割分担を鑑定評価書に記載することは、信頼性・透明性の向上と不動産鑑定士の責任の所在を明らかにする観点から促進すべきと考えられる。

したがって、鑑定評価書の作成に係わる者を次のとおり整理し、鑑定評価に関与した不動産鑑定士(以下「署名不動産鑑定士」という。)は署名押印し、支援業務等を担当した不動産鑑定士(以下「記名不動産鑑定士」という。)は記名表記(押印不要)することとする。また、他の専門家についても、同じく記名表記(押印不要)することとする。

なお、ここでいう鑑定評価書とは、第39条第1項に該当する鑑定評価書を指すものであり、実際に依頼者に交付される成果報告書のタイトルや不動産鑑定評価基準に則っているか否かにかかわらず、第3条第1項の鑑定評価業務の成果として交付されるものであることに留意する。

---

[1] 『逐条解説 不動産鑑定評価法』(ぎょうせい刊2006年)によれば、「不動産の鑑定評価に関与」するとは、「不動産鑑定評価の核となる主たる部分となる行為の全部又は一部について、これを直接に指揮し、実行し、補助する等の方法によりその実施にあずかること」とされており、この考え方は、国土審議会土地政策分科会不動産鑑定評価部会報告書「社会の変化に対応したよりよい鑑定評価に向けて」にも盛り込まれている。
　なお、前掲の解説によれば、「不動産の鑑定評価の行為の核となる主たる部分とは、案件の確認・処理計画の策定・資料の分析・経済価値の判定・価額の表示等である」とされており、これらの業務については、「鑑定評価の結果に重大な影響を与えるため、不動産鑑定士以外の者は行ってはならない。」としている (補助者等による補助は可能)。

鑑定評価書の作成に係わる者
- 関与不動産鑑定士（署名不動産鑑定士）
  - 総括不動産鑑定士
  - 上記以外の不動産鑑定士（定義は後記 5 参照）
- 支援業務等担当不動産鑑定士（記名不動産鑑定士）
- 他の専門家（記名、業者名で可）

　鑑定評価書における表示は、署名不動産鑑定士については冒頭に署名押印することとし、記名不動産鑑定士及び他の専門家については、末尾に記載する役割分担表に明示することとする。

　また、署名不動産鑑定士と記名不動産鑑定士が提携業者に所属する場合は、当該不動産鑑定業者名を併記することとする。

　なお、役割分担表を設けることの意義は、外形上、鑑定評価における役割分担と責任の所在を明確にすることができるとともに、不動産鑑定士に対しては、役割に対する責任の自覚を促すことができるためである。

4　不動産鑑定業者と不動産鑑定士の責任分担（原則）

　依頼を受けた不動産鑑定業者（以下「受託業者」という。）及び業務提携により再委託業務を行う不動産鑑定業者（以下「提携業者」という。）並びに総括不動産鑑定士を含む署名不動産鑑定士及び記名不動産鑑定士の責任分担の原則は、次表のとおりであり、これ以外にも監督省庁からの不動産鑑定業者及び不動産鑑定士に対する行政指導がある。

　なお、記名不動産鑑定士であっても、故意過失があれば、損害賠償責任の対象になると考えられる。

		監督処分（41条）	懲戒処分（40条）	契約上の責任（対依頼者）	損害賠償責任（対依頼者）	説明責任
受託業者	不動産鑑定業者	○		○	○	
	署名不動産鑑定士		○		○	○
	記名不動産鑑定士				○	

		監督処分 (41条)	懲戒処分 (40条)	契約上の責任 (対受託業者)	損害賠償責任 (対受託業者)	説明責任
提携業者	不動産鑑定業者	○		○	○	
	署名不動産鑑定士		○		○	○
	記名不動産鑑定士				○	

(注:監督処分、懲戒処分のかっこ書きは鑑定法上の条文)

5 署名不動産鑑定士、記名不動産鑑定士が担当する業務

署名不動産鑑定士と記名不動産鑑定士が担当する業務は、次のとおりである(別紙1「不動産鑑定評価書作成業務の手順と業務分担」、別紙2「不動産鑑定士等の役割分担(業務提携の場合の例示)」参照)。

(1) 総括不動産鑑定士以外の署名不動産鑑定士が担当する業務

総括不動産鑑定士以外の署名不動産鑑定士が担当する業務は、以下①から⑨までの「鑑定評価の核となる主たる部分に該当する業務」である。

ただし、当該業務において「判断・調整・決定」を伴う業務であって、その補助として行う支援業務等は除くこととする。

署名不動産鑑定士は、以下の①から⑨の全部又は一部の業務を担うものであるが、鑑定評価書について最終的な説明責任を有するため、現地の実査は必要不可欠となる。(総括不動産鑑定士については必ずしも必要とするものではない。)。

① 鑑定評価の基本的事項の確定
② 処理計画の策定
③ 対象不動産の確認
④ 資料の収集及び整理
⑤ 資料の検討及び価格形成要因の分析
⑥ 鑑定評価方式の適用
⑦ 試算価格の調整
⑧ 鑑定評価額の決定
⑨ 鑑定評価報告書の作成・鑑定評価額の表示

なお、業務提携の際に総括不動産鑑定士を置かない場合には、受託業者に所属する不動産鑑定士が、必ず鑑定評価の核となる主たる部分に関与し、署名不動産鑑定士にならなければならない。

(2) 総括不動産鑑定士が担当する業務

　総括不動産鑑定士は、依頼者に提出する鑑定評価書について、作成に係わる複数の不動産鑑定士を指揮するとともに、鑑定評価の結果を検証[※2]することを主たる業務とする。いわゆるコーディネーター的な位置づけとして鑑定評価に関与し、担当した署名不動産鑑定士と共同して責任を負うものであるが、対外的には一次的かつ総括的な説明責任を有することとなる。

　総括不動産鑑定士の鑑定評価への関与の度合いについては、案件に応じて、上記(1)①から⑨の全てを行う場合もあれば、単に指揮及び検証に留まる場合もある(この場合には、現地の実査を行わないこともある)。このように総括不動産鑑定士の業務範囲は一概には定義できないが、対象不動産が複数の場合には、関与する不動産鑑定士が多くなる可能性があるため、代表して対外的な説明をする必要があるという観点から、総括不動産鑑定士を置くことの必然性は高まることとなる。

　また、縦分業型業務提携(後記7(1)参照)を行う場合には、対象不動産の個数にかかわらず、受託業者は、対外的に一次的な説明責任を有することとなるため、受託業者に所属する不動産鑑定士を総括不動産鑑定士として定める必要が生じる。この場合、業務の実態に即して、署名不動産鑑定士とする場合も考えられるが、証券化対象不動産の鑑定評価等その結果が、依頼者のみならず依頼者以外の広範囲の者に影響を及ぼすこととなる依頼目的で縦分業型業務提携を行う場合には、原則として、総括不動産鑑定士を置く必要がある。

　なお、業務提携を行わなくとも、同一不動産鑑定業者において関与する不動産鑑定士が複数の場合には、実態に即して同様の扱いとするが、担当した署名不動産鑑定士の一人が、依頼者又は利用者に対応できる場合は、必ずしも総括不動産鑑定士を置く必要はない。

　総括不動産鑑定士を置いた場合は、その位置づけや役割について依頼者又は利用者に誤解を与えないよう、鑑定評価書の役割分担表にその業務内容を記載することが必要となる。

(3) 記名不動産鑑定士が担当する業務

　記名不動産鑑定士が担当する業務は、総括不動産鑑定士又は総括不動産鑑定士以外の署名不動産鑑定士の指揮監督の下で行う、鑑定評価の結果に重要な影響を与えない程度の支援業務等である。

　具体的には、「鑑定評価の核となる主たる部分に該当する業務」に該当しない、前記(1)④から⑥の一部支援業務等が考えられる。

　なお、署名不動産鑑定士とは独立した立場で行われる受託審査及び鑑定評価報告書の審査[※3]

---

[2] 検証の内容は、鑑定評価への関与の度合いにより一概には定義できないが、鑑定評価を行う当事者として、自らの判断として鑑定評価の結果を変更することもあり得ると考えられる。これに対し、当事者から独立した立場で行われる鑑定評価報告書の審査を行う者は、鑑定評価の結果に対して再検討の指摘等はできるが、鑑定評価の結果の変更等については署名不動産鑑定士が自らの責任により行うものと考えられる。

[3] 受託審査及び鑑定評価報告書の審査が必須とされるのは、当面の間は証券化対象不動産又は財務諸表の作成若しくは企業会計に関連するものに限定している。なお、受託審査は必ずしも不動産鑑定士の業務とは限定しない。

も記名不動産鑑定士の業務に含めるものとする。

6　一括再委託の制限

　前記のとおり、鑑定評価を行う場合に、受託業者に所属する不動産鑑定士は、総括不動産鑑定士又は総括不動産鑑定士以外の署名不動産鑑定士として鑑定評価に関与し、鑑定評価書に署名押印することとなるため、依頼内容の全部を一括して他の不動産鑑定業者に委託すること（一括再委託）は、事実上制限されることとなる。

　このことは、対象不動産が複数の場合であっても同様であり、そのうちの１個の不動産の鑑定評価の全部について再委託することも制限されることとなる。

7　業務提携の方法

(1)　縦分業型業務提携

　縦分業型業務提携は、受託業者（依頼者との契約は受託業者のみが行う。）が他の不動産鑑定業者に鑑定評価の一部を再委託する業務提携の方法である。縦分業型業務提携の類型としては、鑑定補助方式[4]と鑑定検証方式[5]が考えられるが、鑑定検証方式については、当分の間、海外投資不動産の鑑定評価を除き行わないこととする。

　再委託業務の内容については、案件に応じて様々な形態が想定されるため、以下の点に留意して明確にする必要がある。

　なお、対象不動産が複数の場合には、原則として、受託業者に所属する一人の不動産鑑定士が総括不動産鑑定士になる必要がある。

・鑑定評価の核となる主たる部分を再委託する場合の業務範囲
・鑑定評価の核となる主たる部分に該当しない業務を再委託する場合（不動産鑑定業者以外の他の専門家に再委託する場合を含む。）の業務範囲

(2)　横分業型業務提携

　横分業型業務提携は、複数の不動産鑑定業者が共同して受託業者（依頼者との契約は複数の受託業者が連名で行う。）となる業務提携の方法である。

　受託業務の内容については、案件に応じて様々な形態が想定されるため、以下の点に留意して明確にする必要がある。

---

[4] 鑑定補助方式（縦分業型業務提携の一類型）とは、依頼者から鑑定評価の依頼を受けた不動産鑑定業者が提携先不動産鑑定業者に物件調査、価格等形成要因調査等鑑定評価の一部の業務を再委託し、その結果をもとに依頼者から鑑定評価の依頼を受けた不動産鑑定業者に所属する不動産鑑定士が鑑定評価を行うことをいう。

[5] 鑑定検証方式（縦分業型業務提携の一類型）とは、依頼者から鑑定評価の依頼を受けた不動産鑑定業者が提携先不動産鑑定業者に一部の不動産の鑑定評価を再委託し、提携先不動産鑑定業者が行った鑑定評価の結果を依頼者から依頼を受けた不動産鑑定業者に所属する不動産鑑定士が調整・検証を行って依頼者に提出する鑑定評価書を作成することをいう。

なお、対象不動産が複数の場合には、とりまとめを行う一人の不動産鑑定士が総括不動産鑑定士になることが望ましい。

- 対象不動産が単数若しくは複数の場合における業務分担の範囲
- 鑑定評価の核となる主たる部分に該当しない業務を行う受託業者がある場合に、当該受託業者が行う業務の内容

(3) 複合型業務提携

業務提携の方法としては、縦分業型と横分業型が混合した提携も考えられるが、その場合は、上記(1)、(2)の留意点について明確にし、適正な業務提携に努めなければならない。

8 依頼者への事前説明

依頼者への説明責任及び守秘義務の観点から、受託業者は、業務提携を行う場合にあらかじめ再委託先、再委託業務の範囲などの業務提携に係る契約内容等を明示して、依頼者の承諾を得る必要がある。

9 業務提携に係る契約書面の取り交わし

業務提携を行う場合の不動産鑑定業者間の役割・責任分担を明確にする観点から、原則として業務提携に係る契約書面を取り交わすものとする。

なお、契約書に記載する事項については、受託業者が依頼者と取り交わす契約書面に記載される事項を参考として、委託業務の範囲に応じて適切に定める必要がある(「価格等調査業務の契約書作成に関する業務指針」参照)。

10 適用時期

本業務指針は、平成22年1月1日以降に契約を締結する鑑定評価業務から適用する。ただし、当該日以前から適用することを妨げない。

以　上

不動産鑑定士の役割分担等及び不動産鑑定業者の業務提携に関する業務指針

(別紙1) 不動産鑑定評価書作成業務の手順と業務分担

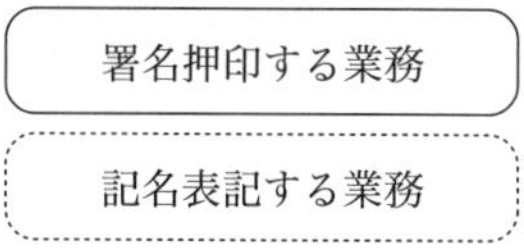

```
                                鑑定評価の受付事務
                                       │
  ┌─────────────┐                       │         ┌─────────────┐
  │ 署名押印する業務 │                       ├────────│  受託審査    │
  └─────────────┘                       │         └─────────────┘
  ┌─────────────┐             ① ┌─────────────────┐
  │ 記名表記する業務 │                │ 鑑定評価の基本的事項の確定 │
  └─────────────┘                └─────────────────┘
                                       │
※総括不動産鑑定士は、少              ② ┌─────────────────┐
  なくとも、署名不動産鑑              │   処理計画の策定    │
  定士を指揮するとともに             └─────────────────┘
  鑑定評価の結果を検証す                 │
  る役割を担う。
                                ③ ┌─────────────────┐
                                   │  対象不動産の確認   │
                                   └─────────────────┘
                                       │
                                ④ ┌─────────────────┐┐
                                   │  資料の収集及び整理  │ │
                                   └─────────────────┘ │
                                       │              │
                                ⑤ ┌─────────────────┐ │   ┌─────────┐
                                   │   資料の検討及び   │ ├──│ 一部支援 │
                                   │  価格形成要因の分析  │ │   └─────────┘
                                   └─────────────────┘ │
                                       │              │
                                ⑥ ┌─────────────────┐ │
                                   │  鑑定評価方式の適用  │ │
                                   └─────────────────┘┘
                                       │
                                ⑦ ┌─────────────────┐
                                   │   試算価格の調整   │
                                   └─────────────────┘
                                       │
                                ⑧ ┌─────────────────┐
                                   │   鑑定評価額の決定  │
                                   └─────────────────┘
                                       │
                                ⑨ ┌─────────────────┐   ┌─────────┐
                                   │  鑑定評価報告書の作成 │──│ 報告書審査 │
                                   │   鑑定評価額の表示  │   └─────────┘
                                   └─────────────────┘
                                       │
                                  鑑定評価書の交付
```

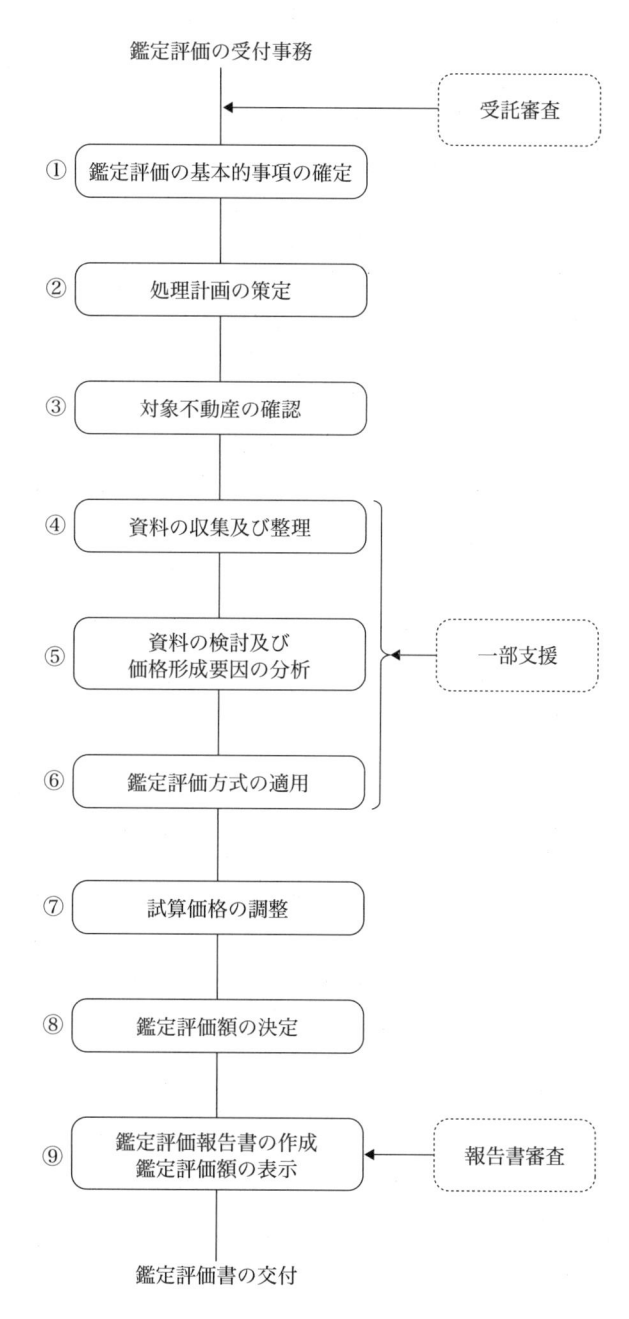

(別紙2) 不動産鑑定士等の役割分担（業務提携の場合の例示）

	業者分類	業者名	不動産鑑定士の氏名	◎総括不動産鑑定士 ○署名不動産鑑定士	業務内容（例示）
1	受託業者	○○○鑑定業者	不動産鑑定士A	◎	・不動産鑑定士の指揮・監督、鑑定評価の結果検証等
			不動産鑑定士B	○	・処理計画の策定、対象不動産の確認、資料の収集及び整理、資料の検討及び価格形成要因の分析、鑑定評価方式の適用、試算価格の調整、鑑定評価額の決定、鑑定評価報告書の作成、鑑定評価額の表示
			不動産鑑定士C		・事例の収集及び整理、鑑定評価方式の適用等の支援 ・受託審査、鑑定評価報告書の審査
2	提携業者	△△△鑑定業者	不動産鑑定士B'	○	・処理計画の策定、対象不動産の確認、資料の収集及び整理、資料の検討及び価格形成要因の分析、鑑定評価方式の適用、試算価格の調整、鑑定評価額の決定、鑑定評価報告書の作成、鑑定評価額の表示
			不動産鑑定士C'		・事例の収集及び整理、鑑定評価方式の適用等の支援
3	提携業者 （専門家）	㈱××調査会社 ㈱□□調査会社 ㈱■■建築事務所			・土壌汚染に関する調査 ・アスベストに関する調査 ・CADによる容積率のボリューム確認

価格等調査業務の契約書作成に関する業務指針

社団法人 日本不動産鑑定協会

㈳日本不動産鑑定協会の許可なく、複写転載等を禁じます

目　次

1　目的 ……………………………………………………………………………… 239
2　適用範囲及び用語の定義 ……………………………………………………… 239
3　契約書作成の意義 ……………………………………………………………… 239
4　契約書作成に関する基本指針 ………………………………………………… 239
5　価格等調査業務の契約に係る法的解釈 ……………………………………… 240
6　契約書の作成時期 ……………………………………………………………… 240
7　契約書に記載すべき事項 ……………………………………………………… 240
8　不当廉売に関する独占禁止法の規定 ………………………………………… 241
9　適用時期 ………………………………………………………………………… 241

〈参考〉標準モデルの提供について………………………………………………… 241
〈別紙〉価格等調査業務依頼書兼承諾書…………………………………………… 244

1 目的

本業務指針は、国土交通省が定めた「不動産鑑定士が不動産に関する価格等調査を行う場合の業務の目的と範囲等の確定及び成果報告書の記載事項に関するガイドライン」(以下「価格等調査ガイドライン」という。)に基づき、不動産鑑定士が価格等調査に関する業務(以下「価格等調査業務」という。)を行うに際し、当該不動産鑑定士が所属する不動産鑑定業者が依頼者と取り交わす契約書の作成に関する業務上の指針として示すものである。

2 適用範囲及び用語の定義

本業務指針の適用範囲及び用語の定義は、価格等調査ガイドラインと同様とする。

なお、本業務指針は、不動産鑑定士が行う価格等調査業務以外の業務及び不動産鑑定業者(他の業種を兼業している場合を含む。)に所属する不動産鑑定士以外の者が行う業務は対象としていないものの、当該業務の依頼者等に対して、不動産鑑定士が行う価格等調査と誤解されることがないよう留意する必要がある。

3 契約書作成の意義

一般的に、契約とは、書面であるか口頭であるかにかかわらず、相対立する意思表示の合致によって成立する法律行為であり、契約書とは、名称の如何にかかわらず、契約当事者間において契約の成立を証明する目的で作成される文書をいうものである。

価格等調査業務の契約については、従来から、国や地方公共団体等の公共依頼については、依頼者が提供する契約書に基づき契約を締結して業務が行われてきたものの、民間依頼については、口頭又は差入方式の依頼書の受領のみによって事実上契約が成立し業務が行われてきた場合が多かった。

しかしながら、昨今の価格等調査業務にかかる社会的ニーズの多様化に伴い、例えば不動産の証券化や財務諸表作成の目的の鑑定評価においては、その結果が投資家をはじめとする不特定多数の者に開示され投資等の判断材料として利用されるなど、その利用者が拡大している。また、鑑定評価書と鑑定評価書以外の調査報告書等の成果物における業務内容の相違の理解不足なども見受けられる。

したがって、契約当事者の誤解や紛争の発生を未然に防ぐためにも、契約書の取り交わしを促進することが重要となってきている。このことは、依頼者が安心して価格等調査業務を依頼できる環境を整備するとともに、不動産鑑定業者及び不動産鑑定士を不測の事態等から守ることにも繋がるものと考えられる。

4 契約書作成に関する基本指針

価格等調査ガイドラインにおいて、不動産鑑定業者は、業務の目的と範囲等を確定した文書等(以下「業務の目的と範囲等の確定に係る確認書」という。)を価格等調査業務の契約の締

結までに依頼者に交付することが義務づけされたところである。

一般的な業務委託契約書においては、業務の目的や内容は当然に契約書において定めるべき事項であり、この「業務の目的と範囲等の確定に係る確認書」はそれらを包含した内容となっている。

そもそも契約行為は、書面で行われることが義務づけられているものではないが、事実上、契約内容の一部を「業務の目的と範囲等の確定に係る確認書」として作成することが義務化されることから、これと併せて契約書を作成することの合理性が認められるところである。

したがって、不動産鑑定士が価格等調査業務を行うに当たっては、当該不動産鑑定士が所属する不動産鑑定業者は、原則として依頼者と契約書を取り交わすものとする。

5　価格等調査業務の契約に係る法的解釈

価格等調査業務は、不動産の鑑定評価に関する法律に定める法律行為をなすものであり、医師、弁護士、公認会計士等の職業専門家の業務と同様、一定の行為について責任を負うものである。したがって、その仕事の結果が必ずしも依頼者の意図に沿わないこともあるため、建築請負のように仕事の完成が目的となる請負契約にはなじまないと考えられる。

また、印紙税法上、「不動産の鑑定評価契約は、委任契約に該当することから請負に関する契約書(第2号文書)その他いずれの課税物件にも該当しないため印紙税の課税義務はない。(「書式500　例解印紙税(税務研究会出版局)」第180例参照)」とされている。

したがって、鑑定評価業務を含む価格等調査業務は、有償委任契約と解することができる。

6　契約書の作成時期

業務の目的や内容、契約当事者双方の責任範囲等は、業務開始前に契約当事者が了解しておく事項であるため、価格等調査業務に関する契約書は、当該業務の開始に先立って作成されなければならないと考えられる。

7　契約書に記載すべき事項

契約書に記載する事項を一概に定めることはできないが、専門職業家である不動産鑑定士としての責務や依頼者を含む利用者保護の観点から、価格等調査業務の契約書に記載する事項としては、対象となる不動産、業務の目的、業務の内容、契約当事者の責務、納期、報酬額とその支払方法、秘密保持、契約解除、損害賠償、再委託、管轄裁判等に関する事項のほか、不動産鑑定士の独立性が担保されるべき旨や損害賠償保険の付保等が考えられる。

一方、これらの事項の一部については、「業務の目的と範囲等の確定に係る確認書」として別途依頼者に交付することとなっているため、契約書に記載する事項については、これとの重複に留意する必要がある。

なお、継続的な取引関係にある依頼者との間においては、上記の内容のうち、共通事項を基本契約として定め、案件ごとの個別事項を個別契約として定める方法も考えられる。

8 不当廉売に関する独占禁止法の規定

不公正な取引方法は、「私的独占の禁止及び公正取引の確保に関する法律(いわゆる独占禁止法)」第19条で禁止されている行為であり、「自由な競争が制限されるおそれがあること」、「競争手段が公正とはいえないこと」、「自由な競争の基盤を侵害するおそれがあること」といった観点から、公正な競争を阻害するおそれがある場合に禁止されている。

この不公正な取引方法については、「不公正な取引方法(昭和57年6月18日公正取引委員会告示第15号)」においてその内容を指定しているが、不当廉売については、同第6項において「正当な理由がないのに商品又は役務をその供給に要する費用を著しく下回る対価で継続して供給し、その他不当に商品又は役務を低い対価で供給し、他の事業者の事業活動を困難にさせるおそれがあること」と規定している。

独占禁止法の目的は、公正かつ自由な競争を維持・促進することにあり、事業者が創意工夫により良質・廉価な商品を供給し一般消費者の利益を確保するものである。

したがって、不動産鑑定業者が効率性によって達成した低価格(報酬)を提供することは望まれるものの、採算を度外視した低価格(報酬)を設定することで他の不動産鑑定業者の活動を妨げることは、正常な競争手段とはいえず、独占禁止法上禁止されていると考えられるため、充分に留意する必要がある。

9 適用時期

本業務指針は、平成22年1月1日以降に契約を締結する価格等調査業務から適用する。ただし、当該日以前から適用することを妨げない。

(参 考)標準モデルの提供について
(1) 標準モデルの作成目的

契約書に記載される内容は、基本的には、契約当事者双方による交渉を踏まえて合意されるものであるが、不動産鑑定業者ごと又は案件ごとに、それぞれ異なる契約書が作成されることは、その内容の確認や合意手続き等、契約当事者双方の事務手続きがはなはだ非効率になることが想定される。

したがって、社団法人日本不動産鑑定協会(以下「当協会」という。)においては、本業務指針で示された内容が適切に実務で運用されるために、弁護士による確認を踏まえ、専門職業家としての責務、依頼者保護の観点、従来からの実務慣行等を総合的に勘案した標準モデルを提供することとした。

(2) 標準モデルの位置づけ

標準モデルは、前記のとおり契約当事者双方の事務手続きが効率的に行われることを目的として当協会が推奨するものであるため、多くの不動産鑑定業者が利用することが望ましい

と考えられる。

ただし、必ずしも標準モデルの利用を義務づけるものではないため、当該標準モデルを加工して契約当事者双方が記名・押印する形式の契約書を作成すること、継続的な取引関係にある依頼者との間において基本契約書と個別契約書を分けて作成すること、別途依頼者から提供された契約書によって契約を行うこと等を妨げる趣旨ではないことに留意する。

なお、標準モデルは、価格等調査業務以外の業務には対応していないものの、当該業務を行う場合には、当該標準モデルを参考に適宜契約書を作成することが望ましいと考えられる。

(3) 標準モデルの作成方針

契約書は、合意すべき内容を記載した書面に契約当事者双方が記名・押印のうえ、1部ずつ持ち合うという形式が一般的であるが、以下の点を考慮して、「依頼書の受領－承諾書の提出」という形式を標準とした「依頼書兼承諾書」(別紙「価格等調査業務依頼書兼承諾書」参照)としてモデルを作成することとした。

① 契約当事者双方が1つの契約書に記名・押印する手続きは、契約当事者双方の社内決裁等で相当程度時間がかかることが予想され、一般的な価格等調査業務の実施期間を勘案すると非効率になる可能性があること。

② 差入方式の依頼書については、従来から実務上も行われており、このような実務慣行を可能な限り踏襲することが、依頼者及び不動産鑑定業者双方の契約事務において過度の負担増にならないと考えられること。

(4) 標準モデル

提供する標準モデルの「依頼書兼承諾書」は、①業務ごとの個別の内容(業務の種類、対象不動産の概要、「業務の目的と範囲等の確定に係る確認書」を別途提出する旨、再委託、業務納期、委託報酬、支払方法、発行部数、特記事項)と②業務を行うに当たり契約当事者双方が遵守すべき共通事項としての「価格等調査業務標準委託約款」から構成される。

この「依頼書兼承諾書」については、事務手続き上の煩雑さ(複数枚にすることによる袋綴じ、割印等の手続き)を防ぐ観点からは、A3用紙1枚又はA4用紙両面コピー1枚で作成することが望ましいと考えられる。

(5) 「依頼書兼承諾書」による契約手続きの流れ

　「依頼書兼承諾書」による契約手続きの流れは、以下のとおりである。

【契約内容、業務内容等の事前打合せ】
　契約内容、「業務の目的と範囲等の確定に係る確認書」に関する概ねの合意

⇩

【依頼の申し込み】
　合意した内容を記載した「依頼書兼承諾書」（以下「依頼書」という。）に依頼者が記名・押印のうえ依頼の申し込みを受ける（受託者欄未記入、依頼書の原本は不動産鑑定業者が保管）。

⇩

【依頼の承諾】
　依頼書をコピーのうえ、当該コピーに不動産鑑定業者が記名・押印した文書（以下「承諾書」という。）を依頼者に提出する（不動産鑑定業者は承諾書のコピーを保管）。また、当該提出をもって契約が成立する。
　なお、承諾の際に、併せて「業務の目的と範囲等の確定に係る確認書」も提出することとなる。

　　　　　　　　　　　　　　　　　　　　　　　　　　　　　　以　上

(別　紙)　価格等調査業務依頼書兼承諾書

価格等調査業務依頼書兼承諾書

　　　　　　　　　　　様
_____

　　価格等調査業務標準委託約款に基づき、下記のとおり価格等調査業務を依頼します。
　　　　　　　　　　　　　　　　　　　　　　　　　平成　　年　　月　　日
　　　　　　　　　　　　　　　　　（委託者）
　　　　　　　　　　　　　　　　　　　　　　　　　_____　印

記

1	業務の種類	☐ 鑑定評価基準に則った鑑定評価 ☐ 鑑定評価基準に則らない価格等調査（　　　　　　　　　　　）
2	対象不動産の概要	☐ 土地　所在・地番： 　　　　地目： 　　　　数量：　　　　　　　　m² ☐ 建物　家屋番号： 　　　　構造・用途： 　　　　数量：　延　　　　　　m²
3	業務の目的と範囲等の確定	受託者は、業務の目的と範囲等の確定に係る確認書を、本依頼の承諾に際して委託者に別途提出すること。
4	再委託	☐ 再委託は行わないこと。 ☐ 再委託を行う場合には、再委託先、再委託業務の範囲等についてあらかじめ当社の承諾を得ること。
5	業務納期	☐ 平成　年　月　日　　☐ その他（　　　　　　　　　　　）
6	委託報酬	☐ 　　　　　　　円（税込み）＋ 実費 ☐ その他（　　　　　　　　　　　）
7	支払方法	☐ 銀行振込による 支払条件（　　　　　　　　　　　） 支払時期（　　　　　　　　　　　） ☐ その他（　　　　　　　　　　　）
8	発行部数	☐ 正本　　部　☐ 副本　　部　☐ その他（　　　　　）
9	特記事項	

　上記のとおり、承諾致します。
　なお、業務開始後において、提供された資料、現地調査等の結果により、業務の種類の変更、業務納期の延長又は報酬の変更の可能性があることをあらかじめ了承願います。
　　　　　　　　　　　　　　　　　　　　　　　　　平成　　年　　月　　日
　　　　　　　　　　　　　　　　　（委託者）
　　　　　　　　　　　　　　　　　　　　　　　　　_____　印

価格等調査業務標準委託約款

(総則)
第1条 本業務委託約款は、委託者(以下「甲」という。)及び受託者(以下「乙」という。)が、乙が不動産の鑑定評価に関する法律第3条第1項又は第2項に定める業務として価格等調査業務(不動産の価格又は賃料を文書又は電磁的記録に表示する調査に関する業務をいい、以下「本件業務」という。)を行うにあたり締結する契約(以下「本契約」という。)について必要な事項を定めるものである。

(契約の成立)
第2条 甲が乙に対して依頼書を提出して依頼し、乙がそれを承諾したときに、依頼書兼承諾書(以下「本契約書」という。)記載の内容で本契約が成立する。

(業務の目的と範囲等の確定)
第3条 乙は、甲に対し、本契約締結時に、国土交通省が定める「不動産鑑定士が不動産に関する価格等調査を行う場合の業務の目的と範囲等の確定及び成果報告書の記載事項に関するガイドライン」に基づき確定した「業務の目的と範囲等の確定に係る確認書(以下「確認書」という。)」を交付しなければならない。なお、調査等により確認書記載の事項に変更が生じたときには、乙は、変更事項に対応して変更された確認書を再度交付するものとする。

(責務)
第4条 甲及び乙は、日本国の法令を遵守し、信義を重んじ、誠実に本契約を履行する。
2 甲及び乙は、乙が本件業務を遂行するにあたり、次に掲げる責務を遵守しなければならない。
(1) 甲は、乙に対して、本件業務を遂行するために必要となる資料、情報等を遅滞なく提供し、現地調査が支障なく行われるよう協力しなければならない。また、本件業務が証券化対象不動産に係る場合であって、甲がエンジニアリング・レポートを別途依頼する場合には、発注後すみやかにその仕様を乙に開示しなければならない。
(2) 甲は、乙に対して、専門職業家としての独立性や客観性を損なう恐れのある働きかけを行ってはならない。
(3) 乙は、本件業務を、社団法人日本不動産鑑定協会の会員であって、かつ、本件業務が証券化対象不動産に係る場合には同協会が実施する証券化研修等を修了している不動産鑑定士に担当させなければならない。
(4) 乙は、善良なる管理者の注意義務をもって本件業務を遂行し、本件業務の成果として鑑定評価書等を作成し、甲又は甲の指定する者に対して交付しなければならない。
(5) 乙は、本件業務の内容、進捗状況等について甲から説明を求められたときは、誠意をもって対応しなければならない。

(免責事項)
第5条 甲は、本件業務の特性を鑑み、次に掲げる事項について了承する。
(1) 対象不動産の権利関係、契約関係の確認及び物的状況の調査は、登記記録及び同付属地図並びに甲が乙に提供した資料に基づいて行われるものであり、その事実関係、内容等について乙が明示的又は黙示的に保証するものではないこと。
(2) 対象不動産の確認は、目視の範囲において外観から調査するものであり、土壌汚染、地下埋設物、埋蔵文化財、アスベスト、建物内部に存在する瑕疵等については、鑑定評価書等に記載するもの以外はそれらがないものとしていること、かつ、将来それらの存在が判明したとしても乙が責任を負うものではないこと。
(3) 本件業務の結論として提示する鑑定評価額等は、現実の取引価格及び将来において成立する取引価格等を保証するものではないこと。

(地位の承継)
第6条 甲は、あらかじめ乙の承諾を得て、その地位を承継することができる。

(業務種類の変更)
第7条 乙は、業務開始後の調査等により必要が生じた場合には、甲の承諾を得て、本契約の業務の種類を変更することができる。

(業務の納期の変更)
第8条 乙は、やむを得ない事由がある場合には、甲の承諾を得て納期を延期することができる。

(再委託)
第9条 乙は、本件業務の全部(対象不動産が複数ある場合には各対象不動産ごとに全部か一部かを判断する。以下同じ。)を一括して第三者に再委託してはならない。なお、本件業務の一部を第三者に再委託するときは、再委託の前に詳細を示して、甲の承諾を得なければならない。
2 前項の規定は、乙がコピー、ワープロ、印刷、製本等の軽微な業務を再委託しようとするときには、適用しない。

(業務の完了)
第10条　本件業務は、乙が甲に対して、鑑定評価書等の成果報告書を交付することにより完了する。ただし、業務完了後であっても、乙は、甲に対して、本件業務の内容に関する正当な問い合わせに対応しなければならない。

(委託報酬の支払い)
第11条　本件業務の委託報酬は本契約書に定める額とする。ただし、乙の業務遂行にあたって、本契約成立時に予測できない事情が生じた場合には、甲乙協議の上、委託報酬を増減することができる。
2　甲は、前項の委託報酬を、本契約書に定める時期に、乙の指定する方法で支払うものとする。

(鑑定評価書等の取扱い)
第12条　甲は、鑑定評価書等の全部又は一部を、第3条で定める確認書に記載する目的および利用方法以外に使用してはならない。ただし、あらかじめ文書等で乙の承諾を得た場合にはこの限りではない。

(秘密保持)
第13条　乙は、不動産の鑑定評価に関する法律第38条に基づき、甲の承諾がある場合又は正当な理由がある場合を除き、本件業務を遂行するにあたって知り得た秘密(以下「本件秘密情報」という。)を第三者に漏らしてはならない。
2　前項の正当な理由には、以下の事項が含まれるものとする。
　(1)　甲より開示されるまでに既に乙が本件秘密情報を保有していたとき
　(2)　本件秘密情報が甲より開示されるまでに既に公知であったとき
　(3)　乙が甲より本件秘密情報の開示を受けた後、乙の責めによらずに公知となったとき
　(4)　乙が法令により本件秘密情報を開示する義務を負うとき、又は法律上権限ある官公署により当該情報の開示を命じられたとき
　(5)　第9条に基づき、再委託を行ったとき

(個人情報の取扱い)
第14条　乙は、本件業務に関して知り得た個人情報を、本件業務以外に使用してはならない。

(甲による合意解約)
第15条　甲は、いつでも、甲乙協議の上、本件業務の終了した部分に相応する委託報酬額を支払って、本契約を解約することができる。

(乙による合意解約)
第16条　乙は、次の各号に該当するときは、本契約を解約することができる。
　(1)　天災その他不可抗力により本件業務の履行ができないと認められる時
　(2)　対象不動産の確認が困難な場合等、本件業務の履行ができないと認められる時
　(3)　甲の行為により本件業務の履行ができないと認められる時
　(4)　甲が本契約の解約に同意した時
2　乙は、本件業務の開始後において、前項の規定により本契約を解約した時は、本件業務の終了した部分に相応する委託報酬を請求することができる。

(契約の解除)
第17条　甲又は乙は、相手方が本契約に違反し、その違反により契約の目的を達成できないことが明らかとなったと認められる時には、本契約を解除することができる。

(損害賠償)
第18条　甲又は乙は、債務不履行により損害が生じた場合には、相手方に対し、これによって生じた損害を賠償する責任を負う。
2　乙が前項の損害賠償責任を負う場合、乙が本件業務を行うにつき善意でかつ過失がないときは、前項の規定にかかわらず、本件業務の委託報酬額の2倍をその責任限度額とする。

(損害保険の付保)
第19条　乙は、業務の遂行にあたり、可能な限り賠償責任保険を付するものとする。

(裁判管轄)
第20条　本契約に関する紛争については、日本法に準拠するものとし、その専属的合意管轄裁判所は、＿＿＿＿＿地方裁判所とする。

(その他)
第21条　本契約に定めのない事項は、法令、慣習に従い甲乙誠意を持って協議するものとする。

社団法人日本不動産鑑定協会　(平成21年9月1日作成)

企業会計のための時価評価
～財務諸表のための価格調査に関する実務指針～

平成22年6月30日　初版発行

編　著　㈳日本不動産鑑定協会
　　　　　財務諸表に係る鑑定評価等対応特別委員会
発行者　中　野　博　義
発行所　㈱住宅新報社
　　　　編　集　部　105-0003　東京都港区西新橋1-4-9（TAMビル）
　　　　　（本　社）　　　　　　　　　　　電話（03）3504-0361
　　　　出版販売部　105-0003　東京都港区西新橋1-4-9（TAMビル）
　　　　　　　　　　　　　　　　　　　　電話（03）3502-4151
大阪支社　530-0005　大阪市北区中之島3-2-4(大阪朝日ビル)　電話（06）6202-8541㈹

印刷・製本／㈱アイワード　　　　　　　　　　Printed in Japan
落丁本・乱丁本はお取り替えいたします。　　ISBN978-4-7892-3273-9　C2030